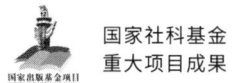

对外汉语教学语法丛书

◎**总主编** 齐沪扬

宾 语

郭晓麟 ◎主编 ｜ 鹿荣 ◎著

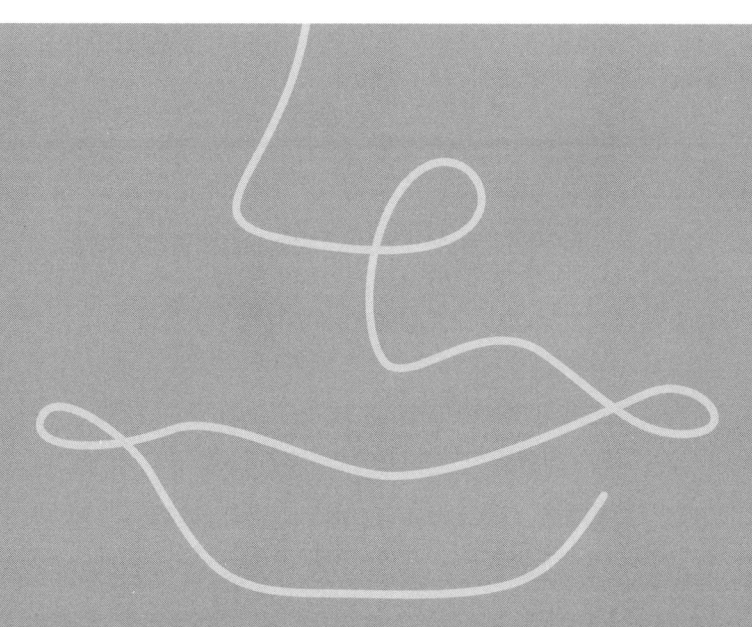

北京语言大学出版社
BEIJING LANGUAGE AND CULTURE UNIVERSITY PRESS

© 2023 北京语言大学出版社，社图号 23189

图书在版编目（CIP）数据

宾语 ／ 郭晓麟主编 ；鹿荣著． -- 北京 ：北京语言大学出版社， 2023.11
（对外汉语教学语法丛书 ／ 齐沪扬总主编）
ISBN 978-7-5619-6410-1

Ⅰ．①宾… Ⅱ．①郭… ②鹿… Ⅲ．①汉语－宾语－对外汉语教学－教学研究 Ⅳ．①H195.3

中国国家版本馆CIP数据核字（2023）第197081号

宾语
BINYU

排版制作：北京光大印艺文化发展有限公司
责任印制：周　燚

出版发行：北京语言大学出版社
社　　址：北京市海淀区学院路 15 号，100083
网　　址：www.blcup.com
电子信箱：service@blcup.com
电　　话：编 辑 部　8610-82303647/3592/3395
　　　　　国内发行　8610-82303650/3591/3648
　　　　　海外发行　8610-82303365/3080/3668
　　　　　北语书店　8610-82303653
　　　　　网购咨询　8610-82303908
印　　刷：北京联兴盛业印刷股份有限公司
版　　次：2023 年 11 月第 1 版　　印　　次：2023 年 11 月第 1 次印刷
开　　本：787 毫米 × 1092 毫米　1/16　印　　张：16
字　　数：264 千字
定　　价：80.00 元

PRINTED IN CHINA
凡有印装质量问题，本社负责调换。售后QQ号1367565611，电话010-82303590

总　序

摆在读者面前的，是国家社科基金重大项目"对外汉语教学语法大纲研制和教学参考语法书系（多卷本）"（17ZDA307）的所有成果。这些成果包括大纲系列 1 册、书系系列 26 册、综述系列 0 册，以及选取研究过程中发表的 部分优秀学术论文集辑而成的论文集 1 册，共计 39 本著作，约 700 万字。这个项目的研制，历时 5 年有余，参加的研究人员多达 50 余人，来自国内和海外近 30 所高校。

2017 年 11 月，全国哲学社会科学工作办公室正式公布"2017 年度国家社科基金重大项目立项名单"。2018 年 4 月 14 日，国家社科基金重大项目"对外汉语教学语法大纲研制和教学参考语法书系（多卷本）"的开题报告会举行。2019 年 8 月，2017 年度国家社科基金重大项目中期检查评估报告提交，2023 年 1 月召开课题结项鉴定会。

根据专家组意见，特别是专家组组长赵金铭教授两次谈话的意见，按照全国哲学社会科学工作办公室立项通知书上的要求，本项研究牢固树立问题意识、创新意识和精品意识，立足学术前沿，体现有限目标，突出研究重点，注重研究方法，符合学术规范。项目的执行情况、所解决的问题和最终成果如下：

大纲、书系和综述是主要的研究成果。三类不同的成果面对的读者是不一样的：大纲是给教师教学与科研使用的，同时也顾及学习汉语、研究汉语的一些国际学生；书系主要是给在一线教学的对外汉语教师看的，以解决这些教师在教学过程中的实际问题为目的；综述是对大纲和书系的补充，主要面向对外汉语教师、汉语国际教育专业研究生和本科生，以及需要进一步了解、研究相关领域的群体，为这些人继续研究相关问题提供材料和方法。三种不同的读者群体决定了三类成果的不同写法。

1. 大纲研制

大纲研制的最终成果是两套大纲：分级大纲（初级大纲和中级大纲）和分类大纲（书面语大纲和口语大纲），共4册。语法大纲不局限于语法知识本身，而是以学习者语言能力的培养为目标。凡是能促进学习者语言能力的语法项目都应析出为大纲的项目。语法项目的编排依据的是语法形式，使用条件式来描述细目的功能。使用条件式有利于促进语法知识转化为语言能力。

分级大纲中语法项目的等级不宜简单理解为语言本身的难度区分，更应理解为习得过程性的内在要求。以促进学习者生成语言能力为目标，支持学习者语言能力生成的语法项目都应列目，项目编排以语法结构为基础，细目的描写以促进语言能力生成为重。大纲体现习得的过程性，总体上为螺旋形呈现。

目前对外汉语教学和科研依据的都是通用语体的语法大纲，至今尚没有分语体的大纲问世，这种状况显然与发展迅速的第二语言教学事业不相适应。书面语语法大纲和口语语法大纲的研制，填补了大纲研究的空白，在今后的教学指导、教材编撰、汉语水平测试等方面，都能发挥很大的作用。

2. 书系研发

我们在全国范围内分三批次遴选和推荐了撰稿人，这些撰稿人都有长期从事对外汉语教学的经历，且都是语法专业背景出身。从目前情况看，学术界和教学界都需要这一类书，这套书也具有填补空白的作用。而且，这套书是开放性的，条件成熟了可以再继续做下去，达到30本到50本的规模，甚至再多一些都是可能的。

书系的研发应以"语法项目"作为书名，不求体系完整，成熟一本撰写一本；专业性不能太强，要考虑到书系的读者需求，他们阅读这本书是为了解决教学上的问题，除了必要的理论阐述和说明之外，要尽量早一点儿切入到教学中去；提出的问题要切合教学实际，60～80个问题，其实就是这本书的目录，有人来查，很快就能对症下药，找到自己想要的东西；提的问题要有针对性，要有实用性，针对学生的水平等级，围绕这个语法项目，把教学上可能遇到的问题按等级排序。总之，这是一套深入浅出的普及性小册子，一定会受到广大对外汉语教师的欢迎。

3. 综述编著

按照标书要求，阶段性成果包括两套综述汇编。编著这两套综述汇编，首先是项目研制的需要，是和大纲研制、书系研发互相支撑、互相配合的；其次是近20年的综述汇编，学术界和出版界均尚无相关成果问世，很多研究者迫切需要这方面的资料；最后是这套综述汇编的写法与其他综述成果不同，两套综述不仅仅是"资料汇编"，里面更有很多作者的评议和引导，是"编著"类的"综述"，这类"综述"其实是不多的。这样的写法比目前在做的或者已经出版的"综述"要科学得多，实用得多。

综述分为两套：《近20年对外汉语语法教学研究》和《近20年汉语作为第二语言语法习得研究》。综述的主要读者应该是研究者，是关心该领域的研究者，作者收集的材料要尽可能齐全，作者所做的分析要有依据，作者做出的解释要能让研究者信服。两套综述都能做到对相关问题做出梳理，述评结合，突出评价的学术性、原创性和实用性，力图使读者对相关论题有一个全面的认识和深刻的思考，并为进一步的研究提供方向。

对上述这些成果的介绍只能点到为止，事实上，具体到每一本著述，都是有必要重点介绍的。好在每套书都另有主编，请读者自行阅读每套书的主编写的"序"吧。我这里还想向读者介绍的是这些著述的作者们，没有他们，这些成果难以问世。

本项课题涉及面广，研究人员多，在最初填写招标书时我们已经意识到了："本项研究工程浩大，……大纲和书系非一校之力可完成，将集中全国不同高校共同承担。"本课题前后参加研究的人员有50多人，分布在国内及海外近30所高校。如何将这些研究人员组织起来，集思广益，凝神聚力？课题组在"集全国高校之力"上，下了大力气。

原先设想由某个高校具体负责某块项目研究，但该想法在实际操作中遇到了问题。开题报告会后，课题组调整后的组织方式体现出优势来。四个研发小组的组长取代了原来子课题负责人的职位和功能，优势体现在：他们面对的是具体的项目，而不是具体的研究人员；他们针对项目选取研究人员，而不是为已有的研究人员配备研究内容；他们可以从全国高校选择自己相中的研究人员，而不需采取先满足校内再满足校外的程序和方式。人尽其才，物尽其用，效率提高，质量保证，自然是意料之中的结果。例如，书系组的20多位作者来自15所高校，综述组的作者来自12所高校。这是第一个方面。

第二个方面，就是充分利用会议的机会，将会议定位于有目标的会议、有任务的会议，让会议开出成效来。自课题立项之后，围绕着课题的研究进展，课题组已经开过多次会议。一是一年一度的"教学语法学术讨论会"，课题组所有人员都参加，至今已经开过多届：淮北（2017）、扬州（2018）、南宁（2019）、黄山（2020），等等。二是一年多次的课题专项讨论会，有需要就开。如在杭州，就分别开过综述组、数据平台组、书系组的专项讨论会；在南京、上海都开过大纲组的专项讨论会；2020年7月，在腾讯会议上开过两次大纲组的专项讨论会；等等。这些会议目标明确，交流便捷，解决问题能力强，时间跨度短，是联络不同高校研究人员的好方式。

这套书的所有主编和作者都十分尽力。对外汉语教师的工作量很大，大多数人都有每周10节以上的课时量；况且，大多数人的手上还有自己的科研项目要做，还有自己指导的研究生的论文要看，还有各自的不同研究论文要写。种种忙碌和辛苦之中，要挤出这么多时间和精力，去从事另外一块研究任务，还是高标准、有要求、无报酬的研究任务，如果没有一种对对外汉语教师这个职业的由衷热爱，没有一种为对外汉语教学事业做点儿贡献的精神支撑，他们是断然不可能接受这样的研究任务的。更何况有些作者接受了两项不同的研究任务，研究强度和研究压力可想而知。因此可以这么说，这些成果渗透着作者们的辛劳，饱含着作者们的心血，每一本都是"呕心之作"，这样的赞誉是得当的。

北京语言大学出版社是这个项目的合作者和推动者。项目立项不久，出版社和课题组就有过接触。出版社前后两任社长和总编辑都向课题组表过态，希望这个课题的所有成果能在北京语言大学出版社出版，出版社愿意为课题的宣传、推广、出版尽责任，做贡献。2020年1月，课题组和出版社有过进一步的密切联系，敲定了详细的合作计划。2022年3月，出版社申报的"对外汉语教学语法丛书"成功入选2022年度国家出版基金资助项目。这些成果的出版，没有出版社的支持是做不到的。

再次感谢在漫长的研究过程中给予我们支持、帮助的所有老师和朋友。

对于这套教学参考语法书系，这里想重点介绍下这套书系的编撰特点和编撰原则。编撰特点可以归纳为以下四点："设计理念要接受多元的语言学理论指导""编撰方针是两种语法分析方法的结合""结构框架要考虑本体研究和教学研究的需要""问题设计要以'碎片化'语法为主"。关于这四点的具体阐述就不再展开了，事实上读者通过这四点已经可以大致了解这套书系的编撰理念了。入选的26本专著选取了不同的语法项目作为书名，面对不同的主题，每本书都会在不同层面、不同角度、不同对象上反映出这套书系的整体面貌和阐述形式，以及结构框架和问题设计，值得一读。

这套教学参考语法书系两个必须遵守的编撰原则是普及性和实践性。普及性原则体现在要做到对读者进行语法知识的普及。语法知识普及要考虑两个方面的问题：一是理论知识的普及，一是语法术语的普及。书系的编写还要遵守实践性的原则，这个原则体现在三个方面：一是面向教学实践，二是面向教师群体，三是面向教学语法。这套书系不以学术高度与理论深度为目标，而以是否能够解决实际问题为标准。出版这样的系列丛书尚属首次，相信普及性原则和实践性原则会使这套书系更接地气，更受欢迎。

教学参考语法书系研发是和汉语教学语法大纲研制平行的、互相支撑的一项研究，书系是以大纲为参照编写的，作为本体研究和教学研究的重要工具书，是对大纲的深化和阐述。书系书目的确定，编写方式的确定，以至于作者队伍的确定，都尽量做到和大纲的研制同质同步。当然，由于书系服务的目标人群和大纲不完全一样，作者会更多地关注语法教学的实效性，对具体问题的一些处理，可能会有与大纲不同的地方，这一点也是需要说明的。

谨以此作为总序。

齐沪扬

初稿于 2020 年 7 月

二稿于 2022 年 5 月

三稿于 2022 年 12 月

序

本专辑包括《宾语》《定语》《结果补语》和《趋向补语》四部著作,是齐沪扬教授主编的系列教学参考语法书系六大专辑之一。

在汉语作为第二语言的语法教学中,句法成分是一个重要的教学内容。同时,句法成分研究也是汉语语法研究界所关注的热点问题。有关句法成分的讨论和探索一直没有停止过,比如主宾语大讨论、主语和话题之辨、补语分类的讨论、名词短语中"的"的隐现规律的探讨、各类补语的历时与共时研究,等等。这些研究无疑为句法成分的教学提供了深厚的理论基础与教学参考。但同时,这些研究有的偏于宏观,有的偏于理论,所以教学中遇到的一些具体问题无法直接从中得到解答。比如我们可以说"吃食堂",为什么不能说"吃餐厅"?可以说"我见过他一次",为什么不能说"我见过中国人一次"?还有一些问题学界虽然讨论不少,但始终没有统一的解释,这无疑就会影响到这些语言点的教学,处所宾语与趋向补语位置关系就是一个典型的例子,虽然教师在课堂中一再强调,但学生仍然会出现大量偏误。另外,有些语言现象的描写多,针对汉语教学的解释少,也会直接影响学生对于这些语言点的理解,比如"的"的隐现问题,就需要思考如何结合认知分析让学生更容易地习得其中的规律。此外,更有一些教学中的问题是理论研究未涉及的,比如跟"进教室、走进教室"相比,"走进教室去"极其复杂,我们在表达中什么时候需要用这种复杂的结构?这些理论语法研究界没有解决的问题,在教学语法研究界同样没有得到重视。杨德峰和范麾京（2016）①统计了三部影响力较大的汉语语法教材，在三本语法教材的三个语法体系中，作为语法项目共同出现的句法成分只有定语、状语和补语，其中有两本教材甚至没有出现主语、谓语和宾语。由此一斑可窥全豹，句法成分的教学问题甚至没有引起语法教学研究人士的充分关注。我们也在知网上以句法成分作为主题，不限定年度来检索教学研究的成果。截至 2022 年 5 月，有关主语、谓语、宾语、定语、状语、补语教学研究的文章数量分别为 9、14、22、58、66、546。除了补语，其他句法成分的研究成果数量十分稀少。

　　句法成分专辑正是在这样的状况下应运而生。本专辑的作者敏锐地观察到了上述情况，尝试从一名汉语教师的角度对教学中遇到的以及可能会遇到的问题做出解答，为汉语教师的教和学习者的学提供帮助。本专辑四部著作具有以下共同特点：一是系统全面。全书以问题为纲，这些问题涵盖了理论篇、知识篇、习得篇、教学篇四方面的内容，包含了教学中可能涉及的所有领域。理论篇对四种句法成分的范围、定义、分类、意义进行了界定，对该成分在汉语中的独特性进行了说明，对该成分在其他语言中的表达形式进行了分析；知识篇是对教学可能涉及的具体知识点进行讲解；习得篇是就学生的常见偏误进行分析，探讨偏误原因，并就如何避免偏误提出建议；教学篇则对教学环节和教学方法等的具体操作进行介绍。在教学准备、课堂教学以及课后反思等各环节都可以为读者提供全面的参考。二是深入浅出。句法研究的相关成果有的理论性比较强，难于直接运用到教学中。考虑到海内外汉语教师队伍专业背景不一，作者对于一些已有的研究定论从教学的角度进行了转化，或者将自己对于一些问题的思考用浅显易懂的语言进行表达，使得不论何种专业背景的读者都能够有所收获，得到直接的参考。三是实用性强。每一本书提出的问题题目的设计都是从实际教学出发，例如习得篇中的偏误现象，都来源于作者多年教学中积累的问题。对于这些现象的分析，可以帮助读者解决遇到的同类偏误问题。教学篇则是针对教学的具体步骤、具体方法和基本环节进行设计，这样的内容能够直接帮助读者设计一堂语法教学课。

---

① 杨德峰、范薝京（2016）对外汉语教学语法体系反思及构建原则刍议——从三本语法教材谈起，《国际汉语教学研究》第2期。

更有慕课及翻转课堂的设计，可以为读者提供网络教学资源建设方面的帮助。

除了上述共同特点，本专辑的四本书也分别具有各自的特点，这与作者的学术背景有关，同时也与研究对象的特点有密切关系。《宾语》一书尤其注重对相关研究成果的继承和发展，特别在理论篇，将传统研究中的热点问题进行了梳理，并从教学语法的角度将这些成果进行了系统转化。《定语》一书则注重汉语言的类型特点，从世界语言语序类型学的角度关注汉语定语的特点，并从这一角度出发，系统集中地讨论定语教学中出现的偏误点，例如"的"的遗漏与误加、定语与中心语的错序、定语的误加与误用等问题。《结果补语》一书尤其关注相近动结式表义的异同，例如"写上"和"写下"，"用光、用尽"和"用完"等。相信很多读者在看到这样的问题时也会莞尔一笑，想到自己在课堂中被学生追问同类问题的情景。《趋向补语》一书则对于教学篇的内容更加重视，比如对于教学例句如何选择、教学活动和练习如何设计、如何运用任务型教学法展开教学都进行了细致的讨论。另外，对于教学环节的设计也提出了建议，比如如何导入、如何讲练，等等。相信这些内容对于读者的课堂教学能够提供一些思路和帮助。

郭晓麟

2022 年 5 月 13 日

目 录

引 言 / 1

第一部分 宾语概说 / 13

1. 什么是宾语? / 13
2. 哪些谓词性词语可以带宾语? / 16
3. 动词都能带宾语吗? / 19
4. 动词可以以光杆形式带宾语吗? / 21
5. 哪些词语可以充当宾语? / 24
6. 宾语是不是都是动作的受事? / 28
7. 宾语是不是句子的表达焦点? / 31
8. 宾语都是无定的吗? / 34
9. 介词介引的成分是宾语吗? / 36

第二部分 宾语的数量及隐现 / 40

10. 及物动词只能带一个宾语吗? / 40
11. 双宾语最常见的语义类型有哪些? / 42
12. 只有予取类动词才能带双宾语吗? / 46
13. 两个动词可以带一个宾语吗? / 49

14. 带宾动词在句中一定要带宾语吗？／51

15. "上海队打败了"与"上海队打败了北京队"有何不同？／55

16. "上海队打赢了"与"上海队打赢了北京队"有何不同？／58

第三部分　宾语的句法位置 ／ 62

17. 古代汉语的宾语可以前置吗？／62

18. 20世纪50年代以前语法学界认可现代汉语有宾语前置的说法吗？／64

19. 20世纪50年代以后语法学界认可现代汉语有宾语前置的说法吗？／66

20. 为什么语法学界逐步取消了宾语前置的说法？／68

第四部分　宾语与动词 ／ 71

21. 非动宾式离合词可以带宾语吗？／71

22. 动宾式离合词可以带宾语吗？／73

23. "张三追累了李四"与"张三骑累了马"有何不同？／76

24. "吃面包、吃食堂、吃大碗"中"吃"后宾语有何不同？／80

25. "打鼓""打麻将"与"打今儿（起）"中"打"后宾语有何不同？／82

26. "搞对象"与"搞建设"中"搞"后宾语有何不同？／84

27. "弄"后宾语与"搞"后宾语有何不同？／87

28. "作客"与"做客"有何不同？／90

第五部分　宾语与主语 / 93

29. 宾语和主语可以互换位置吗？ / 93

30. 什么情况下主语和宾语可以自由换位？ / 96

31. 主宾可换位的可逆句有否定形式吗？ / 99

32. "来客人了"与"客人来了"有何不同？ / 102

33. "王冕死了父亲"与"王冕的父亲死了"有何不同？ / 103

34. "一锅饭吃不了十个人"与"十个人吃不了一锅饭"有何不同？ / 107

35. "一锅饭吃不了十个人"与"一锅饭不能吃十个人"有何不同？ / 109

36. "她恨死我了"与"我恨死她了"有何不同？ / 112

第六部分　宾语与补语 / 116

37. 宾语和补语有什么不同？ / 116

38. 动词后的量词性成分都是宾语吗？ / 119

39. 宾语与补语排序的一般规则是什么？ / 123

40. 哪些补语相对宾语的位置基本固定？ / 126

41. 宾语与量词补语排序的一般规则有哪些？ / 130

42. "个别性"程度如何影响量词补语与宾语的排序？ / 133

43. 宾语与单纯趋向补语如何排序？ / 136

44. 位移动词如何影响宾语与补语"来、去"的排序？ / 138

45. 处所宾语与复合趋向补语如何排序？ / 142

46. 非处所宾语与复合趋向补语如何排序？ / 145

第七部分　宾语与"把"字句、"被"字句 / 149

47. "把"字句中动词后可以直接带宾语吗？ / 149

48. "把"字句中动补结构可以带宾语吗？ / 153

49. "把"字宾语有什么特点？ / 156

50. 无定成分可以做"把"字宾语吗？ / 159

51. "'一'+量词+名词"形式做"把"字宾语都是无定的吗？ / 163

52. "被"字句中动词后面可以带受事宾语吗？ / 166

53. "被"字句中动词后面可以带非受事宾语吗？ / 169

第八部分　动宾结构与其他结构辨析 / 173

54. "这本书是图书馆的"与"他是会来的"中"是"后成分有何不同？ / 173

55. "没有钱"与"没有挣钱"中"没有"后成分有何不同？ / 177

56. "红脸"与"脸红"有何不同？ / 180

57. "他同意我去"与"他让我去"有何不同？ / 183

58. "我们称呼他老师傅"与"我们称呼他为老师傅"有何不同？ / 187

第九部分　宾语偏误例析 / 190

59. 为什么不能说"读和写一本书"？ / 190

60. 为什么"很有朋友"不可以说，"很有学问"却可以说？ / 191

61. 为什么不能说"特别会汉语"，却能说"特别会说话"？ / 193

62. 为什么不能说"我带在身边孩子"？ / 195

63. 为什么不能说"爬上来山顶"？/ 196

64. 为什么不能说"吃了方便面一个月"？/ 198

65. 为什么不能说"主张张老师"？/ 199

66. 为什么不能说"我想结婚她"？/ 200

67. 为什么不能说"我把他的鬼话相信了"？/ 202

第十部分　宾语相关教学建议 / 205

68. 如何进行不同构成材料宾语的教学？/ 205

69. 如何进行不同语义类型宾语的教学？/ 207

70. 如何进行双宾语的教学？/ 209

71. 如何进行不及物动词带宾语的教学？/ 213

72. 如何进行主宾可换位句的教学？/ 216

参考文献 / 220

后　记 / 234

引 言

一、选题缘起

选择宾语来进行研究，是由宾语在对外汉语语法教学中的特殊性决定的。不管是在现代汉语语法教学还是对外汉语语法教学中，宾语都占有重要地位。而且，宾语涉及的相关知识点非常多，与宾语相关的汉语习得方面的偏误问题也非常普遍。因此，我们把关注点投射到宾语上，以期能对宾语的对外汉语教学起到一定的指导作用。

（一）宾语的重要性

对于一般人来说，提到句法成分，大家脱口而出的一句话就是"主谓宾"。从句法地位来说，宾语并不跟主语、谓语处于同一层面，而是谓语部分的连带成分，也即只有当谓语中心是动词时，谓语中心才有可能充当动语，后面才有可能出现动语的配对成分——宾语。虽然句法地位并不处于最高层级，但是宾语在各种句法成分中却显得格外突出。首先，传统语法研究中的成分分析法在对句子进行句法分析时，定语、状语、补语都可以只分析到短语层面，但宾语却要求像主语、谓语一样找到其中心词，其在传统语法中的重要性由此可见一斑。此外，宾语常常和地位处于最高层级的主语放在一起讨论，"似乎不妨说，主语只是动词的几个宾语之中提出来放在主题位置上的一个。好比一个委员会里几个委员各有职务，开会的时候可以轮流当主席，不过当主席的次数有人多有人少，有人老轮不上罢了"（吕叔湘，1979）。由此看来，宾语的重要性并不低于主语，甚至可以说，有些情况下，有些词语是先有了宾语身份，进而通过移位获得主语身份的，比如"吃面包→面包吃了""写文章→文章写了"等。此外，虽然汉语属于孤立语，语序相对固定，但现代汉语中依然存在着一些主语和宾语可以自由换位而并不改变其逻辑真值义的可逆句式，例如"一锅饭吃三个人⟷三个人吃一锅饭""大地覆盖着白雪⟷白雪覆盖着大地""酒喝醉了老王⟷老王喝醉了酒""校门对着车站⟷车站对着校门"等。因此，宾语的句法地位不容小觑。

从语义角度来看，宾语和主语一样，可以由多种语义成分来充当。虽然受事充当宾语是汉语中最常见的语义句法搭配关系，但是，宾语也可以是动作的施事，如"站着一个人、飞走一只鸟儿"，动作的结果如"熬小米粥、写文章"，动作的材料如"刷油漆、擦鞋油"，动作的工具如"吃大碗、写毛笔"，动作的原因如"避乱、抓痒痒"，动作的目的如"跑资金、考研究生"，动作的处所如"去北京、回山东"，动作的方式如"存活期、写楷书"等。如此纷繁复杂的语义成分，都可以充当宾语，因此，宾语也是语义分析的重要对象。

从语用角度来看，很多学者认为汉语属于话题性语言，句子的主语有时并非句子的话题；但是，与主语话题地位的不确定性相比，宾语由于常常位于句末，因此常常是句子的自然焦点。也就是说，宾语往往是一个句子所要表达的最重要的新信息的那个部分。因此，作为信息传递的关键部分，宾语也是语用分析的重中之重。

（二）宾语相关问题的繁杂性

宾语作为一种重要的句法成分，涉及的问题相当复杂。

从充当宾语的词类来看，不但名词性词语可以经常充当宾语，如"吃大餐、学口语"等，很多谓词性词语也可以放在宾语位置上，如"进行研究、看到他欺负人"等。从宾语的语义角色来看，能够充当宾语的语义成分非常复杂，远不止常充当宾语的受事成分这一种。

从宾语是否出现来看，有的句子宾语正常出现，而有的句子则存在空宾语现象。从宾语的数量来看，一般动词只能带一个宾语，而有的动词则可以带双宾语，如"给他一本书、问她一个问题、拿他一个桃子"等。

从宾语的位置来看，在宾语和补语都出现在动词后面时，有的宾语放在补语之前，如"看他两次"；有的宾语放在补语之后，如"看清一个人"；有的宾语则要求放在两个补语之间，如"跑回家去"。

从能够带宾语的词语的角度来看，除了我们公认的及物动词可以带宾语外，不及物动词有时候也可以带施事宾语，如"死了一头猪、过来一个战士"；兼属名词和动词，或者兼属形容词和动词的兼类词也可以带宾语，如"编辑一份文件、导演一部电影""方便大家的生活、活跃现场气氛"等；离合词介于词和短语之间，部分也能带宾语，如"操心他的婚事、缺席了这次会议"等；介词都是由动词虚化而来的，其所介引的成分也可以称为宾语，如"关于妇女解放问题、对他的一份心意"等。

就带宾语的及物动词而言，每个动词各有各的语义特点，对其所带宾语的要求也各不相同：有的只能带名词性宾语，如"修理（机器）、砍（柴）"等；有的只能带谓词性宾语，如"准备（上课）、开始（讨论）"等；有的则既可以带名词性宾语，也可以带谓词性宾语，如"看见（一个人/他回了家）、担心（孩子/做不完作业）"等。除此之外，很多动词为多义动词，而越常用的动词，其义项越多，这些动词在不同义项上所带的宾语类型也各不相同，如"打、搞"等。以"打"为例，当表示"通过一定手段使成为"的意义时，可以带"毛衣、井、洞"等结果宾语，形成"打毛衣、打井、打洞"等动宾组合；当表示"从事某种行为、活动、游戏等"意义时，可以带"麻将"等受事宾语，也可以带"官腔"等方式宾语。

就主语和宾语的关系而言，大多数句子的主语和宾语不能自由换位，同一个词语，放在主语位置上和放在宾语位置上，其语义上也会存在一定的差别，如"客人来了/来客人了"，其中的"客人"除了句法身份的主宾差异外，在语义上也存在着"有定"和"无定"的不同。但是汉语中却存在着少数句子，主语和宾语可以自由换位，句子的逻辑真值义却保持不变，这就是我们常说的可逆句或者主宾易位句。此外，宾语也可能是主语的类别、复指主语的代词、主语的数量等，如"他是我的老师""以前的恩怨不要提它了吧""西红柿我买了三斤"等。

从句中宾语是否出现的角度来看，有宾语和无宾语的句子，其语义有时候基本一致，如"中国队打赢了日本队／中国队打赢了"；有时候则正好相反，如"中国队打败了日本队／中国队打败了"。就宾语出现的句式而言，在不同句式如"把"字句、"被"字句等中，宾语的表现也不尽相同。

以上我们只是对与宾语相关的问题做了举例说明，其所涵盖内容的繁杂性已经可见一斑。如此繁杂的内容，很多中国人可能都是一头雾水，更不要说学习汉语的外国人了。因此，跟宾语相关的汉语偏误问题也就特别多，比如我们最常举的例子"我见面他、我结婚她"就属于汉语离合词带宾语的偏误问题。鉴于宾语在句子中的重要地位，与宾语相关的句法偏误问题对汉语表达正确性的影响也会特别明显。

基于宾语在汉语句法结构中的重要性，以及与宾语相关问题的繁杂性，我们拟把宾语这种句法成分单独拿出来，对其进行尽可能细致的描写，对与其相关的句法偏误问题进行尽可能清晰的剖析，对与宾语相关的对外汉语问题提出尽可能简洁可行的相关教学建议。

二、宾语的研究现状

（一）宾语的本体研究

基于宾语在句法结构中的重要性，汉语语法学界对于宾语的研究由来已久，取得的成果也非常丰富。丁声树等（1961）的《现代汉语语法讲话》中，把宾语和主语放在一起进行讨论，分析了宾语的不同语义类型、宾语和主语的关系、准宾语等。其中提到的施事宾语的不确定性、主语和宾语的可换位性等，都对后来的宾语研究影响很大，可以说确立了宾语本体知识框架的基本格局。吕叔湘（1979）的《汉语语法分析问题》重点讨论了主语和宾语的纠纷问题，简单说，即受事成分居于句首到底是受事主语还是宾语前置的问题，帮助我们厘清了主语和宾语的概念。朱德熙（1982）的《语法讲义》按照句法成分的对应关系，把述语和宾语放在一起讨论，讨论了宾语的各种语义类型，宾语和主语的关系，黏合式述宾结构和组合式述宾结构，时间宾语、处所宾语和存现宾语，双宾语和准宾语，以及虚指宾语、程度宾语和谓词性宾语等。虽然其中讨论到的一些类型的宾语，现在我们一般看作是补语，但著作对于宾语的讨论，内容丰富而全面，其中涉及的很多问题都是我们熟视无睹的语言现象，使得宾语研究更深一层，让我们眼前一亮，耳目一新。应该说，上述三本著作，奠定了现代汉语宾语研究的基础，一直到今天，这三本书中涉及的关于宾语的相关问题，都是我们宾语研究的主攻方向。

在此基础上，之后的宾语研究也取得了丰硕的成果。李泉（1994）、王启龙（1995）考察了形容词带宾语的情况，任鹰（2000）、王占华（2000）、张云秋（2004）、胡勇（2016）等考察了非受事成分充当宾语的理据，范开泰（1985）、方经民（1994）、方梅（1995）、刘丹青（1998）等分析了句子焦点与宾语的关系问题，朱德熙（1979）、马庆株（1983）等讨论了双宾语问题，尹世超（1991）、杨锡彭（1992）、吴锡根（1994）、毛颖（2010）等考察了必须带宾语的动词的情况，龚千炎（1997）、陈昌来（2002）等梳理了语法学界取消宾语前置说法的过程及原因，张伯江（1991a、1991b）、陆俭明（2002a）、杨德峰（2005）、李劲荣（2017）等讨论了宾语和补语的排序问题，等等。总之，语法学界对于宾语，从不同角度、运用不同的理论展开了不断深入的分析与探讨。

宾语的本体研究取得了丰硕的成果，但是对于对外汉语教学，却没有起到与其丰富性相匹配的指导效果。首先，本体研究和对外汉语教学研究的出发点不同，因此，本体研究关注的重点往往并非对外汉语教学所必需，其成果无法直接用于对外汉语教学。此外，本体研究的成果丰富，不同的研究者站在不同的角度，采用不同的理论，对相关问题进行描写与解释，得到的结论往往也各有新意，不尽相同。研究角度多，成果各有千秋，这一方面说明我们对于相关问题的认识越来越全面，越来越深入；但另一方面，对于对外汉语教学而言，结论不统一往往会使得相关问题的教学无所适从。

比如在这本关于宾语的小书中，宾语与补语的排序是我们无法绕开的重要问题，但是查找相关研究资料，我们发现关于宾语与补语特别是与复合趋向补语排序的研究成果异常丰富，光是直接讨论这一问题的论文就有几十篇。其中，从讨论对象看，有从总体上讨论补语与宾语的排序问题的，如杜道流、何升高

(1998），以及董秀芳（1998）、孙淑娟（2012）、李劲荣（2017）等；有讨论趋向补语与宾语的排序问题的，如张伯江（1991a、1991b）、陆俭明（2002a）、叶南（2005）、杨凯荣（2006）等；有专门讨论复合趋向补语与宾语的排序的，如杨德峰（2005）、张金圈（2010）；更有细化到讨论"来、去"或者单独一个"来"与宾语的排序的，如贾钰（1998）、王丽彩（2005）、高艳（2007）、陈忠（2007）、刘慧（2011）、盛楚云（2018），以及吴玉珍、陈兆雯（2018）；还有专门讨论趋向补语与宾语中特定类型的排序的，如郭春贵（2003）、蔡瑱（2006）等。从讨论的角度来看，有从传统语法角度入手的，如陆俭明（2002a）；有从认知角度入手的，如杨德峰（2005）、陈忠（2007）、刘慧（2011）、孙淑娟（2012）等；有从语用角度入手的，如高艳（2007）、李劲荣（2017）等；有从历时角度入手的，如张金圈（2010）等。

大家的研究范围并不完全重合，研究视角各不相同，得出的结论自然不能够统一。这就使得我们在梳理补语与宾语的语序问题时，常常处在一种犹疑徘徊的状态中，想结合各家观点，又无法达成统一的认识，这反而成了我们这本小书编写的瓶颈问题。

（二）宾语的对外汉语教学研究

虽然宾语的本体研究和对外汉语教学研究的发展并非同步，但在汉语本体研究不断深入的大环境下，随着对外汉语教学事业的蓬勃发展，宾语的对外汉语教学研究也开始全方位推进，并逐渐开枝散叶，开花结果。

常辉、周岸勤（2013）与常辉（2014）的研究都涉及第一语言非汉语的学习者空宾语的习得情况与相关研究；王洪磊（2017）也讨论了母语为英语的留学生对于汉语空宾语的习得问题，并侧重于从跨通道启动的角度，观察被试在限时的实验任务中的语言信息加工情况。

就特定类型宾语的对外汉语教学而言，王静（2009）从自然语料和问卷调查两方面研究了名动词宾语的习得情况，并据此提出了名动词宾语应放在中级阶段来教等相应的教学建议。王静（2013）分析了留学生中介语语料库中收集到的双宾语偏误，发现从偏误类型来说，遗漏、误加和误用比较多，错序和搭配不当较少。从双宾语类别来说，体词性双宾语偏误较多，小句双宾语其次，谓词性双宾语最少。潘淼（2015）以100名留学生为研究对象，采用问卷调查的方式，收集了留学生在习得"给予"义双宾语的过程中出现的偏误，并分析了偏误出现的原因。李昱（2015）以语言类型学对双及物构式的研究为基础，考察了汉语双宾语动词和双宾语论元的习得问题。王红厂、郑修娟（2014）以汉语中介语语料库（ILC-CORPUS）中级阶段语料为基础，将双宾句式分为三大类五小类，讨论了中级留学生双宾语句式小类的学习难度顺序，并进行了偏误分析，发现留学生更倾向于使用给予类的双宾语句式，存在泛化的倾向。郑丽娜（2015）基于"HSK动态作文语料库"，考察了英语背景学习者对汉语不及物动词带宾语结构的习得情况，发现他们使用的汉语不及物动词带宾语结构仅限于非宾格动词，句法、词汇、母语和目标语输入都对他们习得汉语不及物动词带宾语结构产生了重要影响，而语义没有。

关于不同类型宾语的习得顺序与难度，王静（2006）依据宾语的结构性质，将宾语分为体词性宾语（一般体词宾语、处所词宾语）、谓词性宾语（动词宾语、名动词宾语、形容词宾语）、小句宾语和双宾语（体词性双宾语、谓词性双宾语、小句双宾语）等四大类九小类，分析了各类宾语的各种形式的偏误（误代、误加、遗漏、杂糅、错序等）；还从语际干扰、语内干扰、教材和教学的误导、学习策略的干扰、交际策略的干扰等五个方面探讨了产生偏误的原因。王静（2007a、2007b）考察了几部现行大纲和教材对宾语这一语法点的安排和介绍情况，同时，对其所在学系的留学生使用宾语的情况进行了三次调查（包括自然语料和问卷调查），提出了宾语的习得难度顺序，由难到易依次为：名动词宾语，双宾语，动词宾语，小句宾语，处所词宾语，形容词宾语，一般体词宾语。她所发现的习得难度顺序可供教学人员在安排不同类别宾语教学顺序时参考。

此外，范妍南（2007）对动宾式离合词带宾语的现象进行了集中研究，论文对外国留学生必须掌握的233个动宾式离合词进行了词义分析，认为动宾式离合词的词义与其能否带宾语存在着极为密切的关系，并找到了20个可以带宾语的离合词。徐开妍（2017）讨论了韩国学生句末误加宾语的偏误，发现尽管韩语是SOV型语言，但韩国学生仍易出现此类偏误。经考察，造成这种偏误的原因主要有不及物动词后误带宾语、离合词后误带宾语、误加个别动词、遗漏介词并将状语误用为宾语、"一……也／都"句式中误加宾语以及成语后误加宾语六种。

宾语的对外汉语教学研究虽然取得了一定的成果，但是其丰硕程度远逊于宾语的本体研究，也远远不能满足宾语的对外汉语教学实践。例如不同类型的宾语教学中，大家对双宾语教学的关注度较高，研究成果也相对丰富，而对其他类型的宾语教学则用力不足。再比如宾语的偏误分析，鲁健骥（1994）的遗漏、误加、误代、错序等四种偏误类型沿用至今，母语负迁移、目的语规则泛化等偏误原因也一直被研究者普遍套用。整体而言，当前的研究缺乏对偏误问题的新发现，缺乏对相关偏误的深入思考。

以上我们只是对宾语本体研究和对外汉语教学研究的成果进行了一个例举性质的梳理，应该说，不管是本体方面还是对外汉语教学方面，宾语相关问题的研究都取得了令人瞩目的成果。而我们《宾语》一书的编写，虽然也融合了作者本人的观点和对部分问题的独到见解，但其主旨并非要对宾语某方面的问题进行创新性研究，而是要梳理、总结前人已有的研究成果，将其以对外汉语教学语法参考用书的形式呈现出来。

三、编写原则和基本知识框架

根据我们这套丛书的受众对象，以及现有成果中存在的一些问题，我们确立了《宾语》一书的编写原则及基本知识框架。

（一）编写原则

《宾语》这本书，我们在编写过程中基本遵循以下几个原则。

1. 普及性

近些年来，对外汉语教学事业处在蓬勃发展的阶段，对外汉语教师队伍不断壮大，其人员构成也日渐复杂，不但有来自对外汉语专业或者语言学专业的专门人才，更有海外各国没有专业基础但有志于从事汉语教学的当地华人或外国人，而且从目前来看，这部分海外本土教师所占比例日渐增大。因此，我们在编写过程中，不追求理论的创新性和高端性，而是力求向下辐射，使相关知识尽可能照顾到这部分教学人员。这样，我们在理论知识部分，首先从"什么是宾语"谈起，介绍了能够带宾语的词语、宾语的构成材料、宾语的语义类型、宾语的语用地位等与宾语相关的基础知识，以使非汉语教学专业出身的汉语教师能够对宾语建立起相关的基本概念体系。

2. 实用性

由于《宾语》一书是一部教学用书，所以教学的实用性就成为我们编写时需要考量的一个重要标准。我们在编写过程中，以方便教学、更有利于教学活动的展开为基本宗旨，理论上不拘泥于以认知语法或者转换生成语法等某一种语法理论贯穿始终，而是实用当先，对于某一个问题的阐释，哪种理论更简洁、更有说服力，我们就选择哪种理论。

此外，在内容编排上，我们也是兼收并蓄，平各家之长，不追求使用理论的前沿性和自己观点的创新性，而是综合研究者们对于某一相关问题的认识，各取所长，从而形成对某一问题更为科学也更便于教学的观点。我们所选取的也常常不是学界的最新研究成果，而是那些已经出现一段时间、在学界影响较大、接受度与认可度较高的观点。

第三，在描写与解释的关系上，从教学出发，我们以描写分析和说明为主，解释为辅。我们把编写重点放在对相关语言事实的描写分析和相关语言规则的说明上，至于为什么有如此规则的解释，则不是我们的论述重点。这是因为一方面，对于某一问题，语法研究者站在不同角度运用不同理论的解释各不相同；另一方面，在教学中说清楚规则可能比说明原因更重要。

最后，为了方便教学，我们力避长篇大论，追求论述的简洁性，每一个问题的字数尽量控制在1500字左右。但具体写作中也并不能做到完全均衡，多到3000字也有，少到几百字也有，基本标准就是把围绕这一问题的主要观点讲清楚即可，并不追求面面俱到。语言表述上，我们也尽量避免使用过于专业的术语和概念，而是以尽可能浅显的表达方式，争取把问题讲得深入浅出。

3. 散点式

这点其实也是跟我们编写的实用性原则相辅相成的。我们的定位不是教材，而是一本教学语法参考用书。在编写过程中，我们并不追求内容体系的完整性，不追求面面俱到，而是力求有话多说、无话少说或不说。我们特别注重解决对外汉语教学中出现的实际问题，因此，教学中的重点问题和难点问题，特别是学生在汉语习得中容易搞不清楚的问题，容易出现偏误的问题，是我们讨论的重点；而那些不影响学生汉语表达、偏误出现率较低的知识点，我们则一笔带过或者忽略不计。因此，整本书的各个知识点，呈现出来的不是一个严整的系统，而是围绕宾语这个主题而又各自相对独立的散点图。

（二）基本知识框架

基于以上几个编写原则，我们确立了本书的基本知识框架和具体呈现方式。本书是教学参考语法书系（多卷本）中的一本，因此在编写体例上，我们和书系其他著作一致，采用问答式展开论述，每节都围绕一个问题作答。

本书共设计了72个问题，分别从宾语相关理论、宾语习得及偏误、宾语教学三个角度展开讨论。在内容编排上，本书共分成十个部分。第一部分是宾语概说，主要是介绍与宾语相关的基本概念、基本构成、基本分类、基本特点等。第二部分是宾语的数量及隐现，讨论与双宾语以及宾语是否出现等相关的理论问题。第三部分是宾语的句法位置，主要介绍了古代汉语中的宾语前置这种语法现象，以及语法学界逐步认可凭借句法位置确定宾语身份从而取消宾语前置说法的基本过程。第四部分是宾语与动词，主要讨论了离合词带宾语的问题，并进行了不同动词和动词的不同义项带宾语的异同辨析。第五部分是宾语与主语，讨论了宾语与主语能否自由换位的问题，以及相同词语在宾语位置和在主语位置的差异问题。第六部分是宾语与补语，讨论了宾语和补语的辨别，以及宾语和补语的排序问题，其中宾语和复合趋向补语的排序问题相对复杂，也是我们讨论过程中遇到的较为棘手的问题。第七部分是宾语与"把"字句、"被"字句，具体阐述了"把"字句、"被"字句中与宾语相关的问题，比如"把"字句中宾语的特点等。第八部分是动宾结构与其他结构辨析，对动宾结构和容易与其发生混淆的其他句法结构如兼语结构、双宾结构等进行了辨析。

《宾语》十个部分中的前八个部分，虽然也有相关习得问题的讨论，但更多是对与宾语相关的基本理论问题进行的讨论，如"什么是宾语？""哪些谓词性词语可以带宾语?""哪些词语可以充当宾语?"等。我们坚持认为,搞清楚本体相关理论问题,是能够有效进行对外汉语教学的基础和关键。因此,与宾语相关的基本理论问题是我们编写的重点部分,着力最多。我们并不关注理论的创新性,而是从教学出发,对目前学术界比较认可的相关成果进行系统的梳理和介绍,以期使读者能对宾语有一个较为清晰的认识。当然,这八个部分中也穿插讨论了与宾语相关的几种具体表达方式在句法、语义或语用方面的具体差异。例如"'来客人了'与'客人来了'有何不同?""'上海队打败了'与'上海队打败了北京队'有何不同?""'他同意我去'与'他让我去'有何不同?"等,教师在教学实践中遇到相似表达格式有何细微差别等类似问题,可以直接在这部分找到参考答案。

第九部分是宾语偏误例析,对在二语习得中容易出现的宾语偏误问题以举例方式进行了分析,主要是指出相关表达偏误的原因,并给出正确的表达示范。这部分的基本格式为"为什么不能说……",例如"为什么不能说'*读和写一本书'?""为什么不能说'*我带在身边孩子'?"等。这里提到的偏误表达也大多是我们在对外汉语教学中经常碰到的,我们通过具体实例的示范呈现,力求使读者在遇到类似偏误问题时能够方便快捷地找到一语中的的解决办法。这可能是一线教师在教学实践中可以直接参考或获取的知识信息,能够在教学中起到正中靶心、立竿见影的教学效果。

第十部分是宾语相关教学建议,对如何展开与宾语相关的教学活动提出自己的意见和建议。以"如何进行……的教学"等基本方式呈现,如"如何进行不同材料宾语的教学?""如何进行不同语义类型宾语的教学?"等。这部分我们只设计了大约5个问题,比重较小,这是因为"教无定法",每位老师根据实际的教学环境,都会摸索、总结出自己行之有效的教学方法。因此,我们这里只能是抛砖引玉,介绍最基本、最常用的教学方法,实践中还需要教师们因材、因地、因时施教。

四、余论

关于这本小书的编写,我们还有几个小问题需要交代。一个是《宾语》虽然是在重新研制的对外汉语教学语法大纲的指导下编写的,但出于方便讨论和方便参考的考虑，《宾语》设计的问题并没有完全按照大纲来编排，甚至有部分内容还可能超纲或者与大纲的说法并不完全一致。此外，书中用到了个别古汉语的例子，我们一般会标注出处。而书中所用的现代汉语的例子，有的源自自省，有的来自CCL等相关网络语料库，有的引自现当代作家作品，还有的引自其他学者的相关论文或著作。为了行文简洁，除了引自其他学者的例子，一般不再标注示例出处。

总之，虽然宾语并非汉语中所特有的句法成分，但是由于宾语在汉语句法结构中占有重要地位，且与宾语相关的语法问题也颇为繁复庞杂，我们选择了宾语作为这本教学语法参考用书的主攻方向。与宾语相关的本体研究成果无法直接用于对外汉语教学，而现有的对外汉语教学研究的成果也相对薄弱，无法给目前的对外汉语宾语教学实践提供令人满意的答案。鉴于目前这种情况，我们不求解决关于对外汉语宾语教学的所有问题，而是在普及性、实用性、散点式原则的指导下，搭建关于宾语的基本知识框架，以期在理论知识、宾语习得和宾语教学方面提供一些具体可行的教学参考与帮助。

第一部分　宾语概说

1.什么是宾语？

目前我们对于句子的分析，主要是从句法、语义和语用三个角度来进行的。一般我们提到的主语、谓语、宾语、定语、状语、补语等，就是我们通常所说的句法成分；施事、受事、工具等则是我们从语义的角度对于句子中各种成分所承担的语义角色进行的说明；而话题[①]、说明、焦点等，则是我们从语言使用的角度分析句子时所用到的一些概念。

一、宾语是一种句法成分

句法成分，是我们从句法角度分析句子时所用到的，但是实际上，句法成分的分析并不仅仅局限于句子。"句法成分是句法结构的组成成分。句法结构是由若干词按语法规律组成的。"（黄伯荣、廖序东，2017）"若干词按照语法规律组成的"语法单位，可以是短语，也可以是句子。换句话说，我们提到的主语、谓语、宾语等句法成分，它们既可以出现在短语中，也可以出现在句子中。比如由"吃"和"面包"两个词组合在一起构成的"吃面包"，就是一个短语，其中"吃"是动语，"面包"是宾语；而"我来！"是由"我"和"来"这两个词组合在一起加上句调构成的句子，其中"我"是主语，"来"是谓语。

句法成分往往是成对出现的，也是分层次组装在一起的，不同句法成分的地位并不平等。最高一级的句法成分是"主语"和"谓语"这一对。"谓语里如

[①] 有的称之为"主题"，意思是一样的，我们在这里统一称之为"话题"。

果有宾语，就会有动语[①]。动语在前，表示动作行为，是支配、涉及后面的宾语的成分，宾语位居动语后头，表示人、物或事情，是动作所支配、所涉及的对象。"（黄伯荣、廖序东，2017）此外的"定语""状语""补语"等和它们所修饰、限制或补充的"中心语"则组成更低一层次的几对句法成分。

对于一个一般的句法结构，我们首先可以将其分成"主语"和"谓语"两个部分，比如句法结构"学校的江老师认认真真地写这部书稿"，首先我们可以把它分成主语"学校的江老师"和谓语"认认真真地写这部书稿"两部分。其次，谓语部分的中心语动词"写"有自己的支配成分，所以谓语部分我们可以继续分成动语"认认真真地写"和宾语"这部书稿"两部分。

由此可见，我们通常提到的"主谓宾"结构中，"主语"和"宾语"这两种句法成分并不处在同一个句法层面上，"主语"和"谓语"相对，而"宾语"则是在谓语内部跟"动语"相对的。"主语是对谓语而言，宾语是对动词而言。主语是就句子格局说，宾语是就事物和动作的关系说。主语和宾语的位置不在一个平面上，也可以说是不在一根轴上，自然不能成为对立的东西。"（吕叔湘，1979）换句话说，在各种句法成分中，宾语要比主语低一层[②]，主语和宾语并不是相对的句法成分。

二、宾语是相对于动语的句法成分

此外，我们还需要注意的是，各种句法成分一般都是成对出现的，"宾语"是跟"动语"相对的句法成分，"动语和宾语是共现共存的两个成分，句内有宾语，就必有动语，无宾语就没有动语。"（黄伯荣、廖序东，2017）也就是说，一个句法结构中有无动语，决定了这个句法结构中有无宾语，反之亦然。而动语"由动词性词语构成"（黄伯荣、廖序东，2017）。所以，首先来讲，如果一个句法结构中没有动词，那么它肯定没有宾语。这包括两种情况，第一种是主谓结构中，谓语部分不是动词性词语的情况。如名词性谓语"今天晴天、鲁迅浙江绍兴

[①] 有的教材称之为"述语"，如北京大学中文系现代汉语教研室编写的《现代汉语》（2002）。
[②] 当然，这不包括一个句法结构是非主谓结构的情况，比如"互相伤害啊""好棒""浙江绍兴人"等。

人"，形容词性谓语"你太棒了、这个姑娘真漂亮"等，这些主谓结构中的谓语是非动词性词语，其中当然不可能有动语，更不可能有宾语。第二种是一些非主谓结构，也即不是由主语和谓语两部分构成的句法结构的情况。如名词性非主谓结构"好兆头、大晴天"，形容词性非主谓结构"太棒了、真差劲"等，这些结构不是由主语和谓语两部分构成，也没有动词性成分，当然也不会有动语、宾语成分。

其次，一个句法结构中包含动词，这个动词能否充当动语，并带有自己的宾语成分，也还要看这个动词是否带有自己的支配成分。有些动词没有带支配成分的能力，如"他在跑步"中的"跑步"，"他生病了"中的"生病"等，这些动词不能带支配成分，自然不能充当动语，不能带自己的宾语。而另外一些动词虽然能带自己的支配成分，但是在某些句法结构中其支配成分并未出现，也同样不能充当动语。如"学习"可以带支配成分"汉语、中国话"等，但在"孩子正在学习"这一句法结构中，"学习"后面并未出现自己的支配成分；"吃"也可以有自己的支配成分如"面包、饭、苹果"等，但在"我不吃"这一句法结构中，"吃"后面同样没有出现自己的支配成分，因此在"孩子正在学习"和"我不吃"这样的句法结构中，"学习"和"吃"当然也不能充当动语，带自己的宾语。

三、宾语在汉语句法结构中的重要性

我们前面提到，在"主谓宾"结构中，"宾语"跟"主语"并不是同一个层面的概念，但这并不是说宾语在句法结构中不重要。很多学者认为，汉语属于话题性语言，有些位于句首的名词性成分，很多人并不承认其主语的合法身份，而只是认为其是句子在语用层面的话题。比如"昨天刚下了雪"中的"昨天"，"刚才来了位顾客"中的"刚才"，很多人并不承认"昨天"和"刚才"主语的句法身份。相比较主语身份的较难界定，宾语身份的界定则简单明确，一般来讲，放在动词后面的名词性成分[①]，我们一般都会看作是宾语成分。甚至有的学者认为，主语是从几个宾语中挑选出来放在句首的那一个。"似乎不妨说，主语只是动词

---

① 当然，宾语也并非只能是名词性成分。

的几个宾语之中提出来放在主题位置上的一个。好比一个委员会里几个委员各有职务，开会的时候可以轮流当主席，不过当主席的次数有人多有人少，有人老轮不上罢了。"（吕叔湘，1979）由此看来，宾语的重要性并不低于主语，甚至可以说，有些情况下，有些词语是先有了宾语身份，进而通过移位获得其主语身份的，比如在"西昌通铁路了/铁路通西昌了""窗户已经糊了纸/纸已经糊了窗户"（吕叔湘，1979）等中，后面例句中的主语"铁路""纸"等就都是通过前面例句中的宾语移位来获得其合法身份的。

2.哪些谓词性词语可以带宾语？

我们知道，从总体上来说，名词性词语主要充当主语或宾语的句法角色，而只有动词性词语才能够在后面带上自己的支配成分，从而充当动语，后面带上宾语。动词和形容词同属于谓词，都可以在句子中做谓语或谓语中心。但是，多数动词后面可以带宾语，而形容词却绝对不能带宾语。这应该是同为谓词的动词和形容词在语法特征上的一个重大分野。但是，语言中还存在着词的兼类和借用现象等。

一、有些兼属动词的名词和形容词可以带宾语

"词的兼类是某个词经常具备两类或几类词的主要语法功能。即在甲场合（位次）里有甲类词的功能，在乙场合里有乙类词的功能。"（黄伯荣、廖序东，2017）现代汉语中常见的兼类现象，有名词兼形容词的，如"科学（学科学/科学养猪）、经济（当地经济有了很大发展/这个饭店经济实惠）、困难（困难是纸老虎/我们当时的生活十分困难）"等；有名词兼动词的，如"决定（我做了个决定/我决定回家）、编辑（他是报社编辑/我编辑了一段文字）、导演（她是这部电影的导演/他导演了这部闹剧）"等；还有形容词兼动词的，如"方便（我们的生活非常方便/方便周边群众的生活）、端正（他的态度很端正/端正自己的学习态度）、明白（我心里明白得很/明白了一个道理）"等。这些名、动兼类和形、动兼类的词，在有些场合是以名词或形容词的身份出现的；但是在另外一些

场合，它们又是以动词的身份出现的，这时候有些词就可以合法身份带上自己的支配、涉及对象，有自己的宾语。名、动兼类和形、动兼类的词，都属于在不同场合可以两用的，只是名词和动词的语法特征差别很大，一般不会引起混淆；而形容词和动词因为同属于谓词，所以有时候会给我们造成形容词带宾语的错觉。

事实上，兼属动词从而带宾语的形容词全部都是性质形容词，且只占形容词中的很少一部分。李泉（1994）考察了1230个单纯性质形容词，其中只有170个能带宾语，占总数的14%；王启龙（1995）考察了2098个形容词，其中能带宾语的总共只有119个，约占6%。

此外，从这些带宾语的形容词所表达的语义类型来看，绝大多数形容词带宾语后表达使动意义，意思是使宾语具有形容词所提到的某种性质特征，如我们前面提到的例子"端正自己的学习态度"义为"使自己的学习态度端正"，再如"方便群众生活"义为"使群众生活方便"，"繁荣地方经济"义为"使地方经济繁荣"等。

除了表达使动意义外，有些带宾语的形、动兼类词表示意动，义为"以＋名＋为＋形"或"认为/觉得＋名＋形"（李泉，1994），如"重感情""重效益"等；有的表示自动，表示宾语由于"外在的、自然的因素"（李泉，1994）具有了某种性状，如"好了疮疤、花了眼"等，其中宾语多为施事，可以移到形容词前面做主语。

此外，在形、动兼类词中，还有一种需要特别注意的情况，即少数单音节形容词，需要借助"形＋宾（名词）＋数量成分（比差）"的格式才能带宾语，整个结构表示比较，可以变换成"比＋宾＋形＋数量成分"（李泉，1994），其中的宾语则是比较对象，如"矮他一头"，义为"比他矮一头"。这类词只有9个，除了"矮"之外，还有"强/你许多、弱/他一些、差/他两分、低/我一级、短/款几百元（会计术语）、高/他两公分、小/你两岁、大/我三岁"（王启龙，1995）等[①]。

---

① 我国第一部语法著作《马氏文通》（1898）就已经注意到了汉语"形+宾"的这种情况，而关于形容词带宾语的语义类型，吕叔湘（1966）也早就进行了类似的讨论。

二、有些借用作动词的词可以带宾语

借用是"甲类词临时借用作乙类词"（黄伯荣、廖序东，2017）。古代汉语中的词类活用基本就相当于我们这里说的借用，是一种比较常见的语法现象。比如《齐晋鞌之战》（《左传·成公二年》）中有"从左右，皆肘之"的表达，其中，"肘"就是名词临时活用为动词，义为"用肘击"，后面还带了"之"做宾语。《史记·项羽本纪》中的"王关中"，"王"也是名词活用作动词，表示"称王"的意思，后面也带了宾语"关中"。

现代汉语中其他词类临时借用作动词带上宾语，往往更多的是为了追求新奇的修辞效果。比如英语中的"fans"，汉语译为"粉丝"，简称"粉"，是个名词，如"路转粉"；而"我最近粉了这个男明星"中，"粉"临时借用作动词，表示"成为……的粉丝"的意思，因此带上了宾语"这个男明星"。类似的再如"你看看他又来论坛水经验了、一个大招被秒了"等，其中的"水、秒"都是名词临时借用作动词的情况，其中的"水"作为临时动词还带了宾语"经验"。

三、"名词/形容词+名词语"的结构关系

有些名词或形容词可能兼类或者临时借用为动词，从而带上宾语，形成表面上的"名词+名词语"或"形容词+名词语"的动宾结构。这样，定中关系的"名词/形容词+名词语"与动宾关系的"名词/形容词+名词语"，就需要我们借助形式上的标记仔细进行辨别。

一般来说，一个名词兼类或者借用为动词时，往往会表示出比较明显的动作义，比如"编辑"的动词义，《现代汉语词典（修订本）》的解释是"对……进行整理、加工"[①]，"导演"的动词义是"……组织和指导演出工作"[②]。因此，当它们放在其他名词语前面的时候，我们很容易把它们理解为动词。例如：

（1）导演了这部闹剧　导演的这部闹剧
（2）编辑了这首歌曲　编辑的这首歌曲

---

① 中国社会科学院语言研究所词典编辑室（1996）。
② 中国社会科学院语言研究所词典编辑室（1996）。

当它们后面加"了"时，整个结构是动宾关系；后面加"的"时，整个结构是定中关系。但这两种情况下，"导演、编辑"等都是以动词身份出现的。

但"形容词+名词语"的情况就有些不同。例如：

（3）方便了生活　方便的生活

（4）丰富了经历　丰富的经历

"方便、丰富"等，后面加"了"，整个结构是动宾关系；后面加"的"时，整个结构是定中关系，这与名动兼类的词具有相似之处。不同的是，"方便、丰富"等形成动宾关系时，它们是动词；而在定中关系中，它们的身份就变成了形容词。

以上我们分析了兼属动词的名词和形容词后面再带名词语的不同情况。总之，只有动词性词语后面带的名词语才有可能是宾语。不管是词的兼类还是借用，只要是后面带上了宾语，这个词此时的身份就只能是动词而非属于其他词类了。

3.动词都能带宾语吗？

一、及物动词可以带宾语

及物动词和不及物动词的区分最早源自英语。"能带一个直接宾语（例如 He saw the dog. 他看见那条狗了。）"的是及物动词，"不能带直接宾语（例如 *He went a ball. 他去一只球。）"的是不及物动词。（戴维·克里斯特尔，2000）汉语中引入了及物动词和不及物动词的概念，但是对于及物动词和不及物动词的界定，又有些模棱两可。有的教材认为，"能带受事宾语的动词叫及物动词"（黄伯荣、廖序东，2017），有的教材则认为"动词后面可以带宾语的是及物动词"（齐沪扬，2005），无论如何，从概念名称上我们就可以看出，及物动词后面肯定是可以带宾语的。如"给予（给予相应的政策倾斜）、博得（博得阵阵掌声）、吃（吃馒头）、学习（学习政府工作报告）、送（送我一本书）、问（问老师一个问题）"等。

那么不及物动词是不是就是不能带宾语的动词呢？对于不及物动词的界

定,同样有不同的意见。有的观点认为,"不能带受事宾语的动词叫不及物动词"(黄伯荣、廖序东,2017)。不能带受事宾语,又包括两种情况。一种是不能带包括受事在内的所有类型的宾语,如"休息(*休息床、*休息人们)、生存(*生存地球、*生存人类)、完毕(*完毕作业、*完毕考试)、巡逻(*巡逻马路、*巡逻安全)"等。一种则是虽然不能带受事宾语,但并不能限定其带其他类型如处所宾语、施事宾语的能力。比如"来、去"(黄伯荣、廖序东,2017),可以说"来北京、来了一个人""去上海、去了一个营的官兵",这里的"来""去"就分别带了处所宾语和施事宾语。对于不及物动词的另外一种观点则认为,除了那些什么宾语都不能带的"休息、生存"等,那些能带宾语的不及物动词所带的宾语只能是施事宾语(齐沪扬,2005;齐沪扬,2007;张斌,2008)。如"死(死了一头牛)、活(养了三只鸡,只活了一只)、病(病了三个人)、过来(过来一位老师)"等等。这类不及物动词,虽然可以带宾语,但是却只能带施事成分做的宾语,而这些施事成分是动作行为的主体,一般情况下放在动词前面做主语,可以看作是为了表达的需要从主语位置后移到宾语位置的,所以习惯上仍被归入了不及物动词(张斌,2008)。

虽然对部分能带宾语的不及物动词所带宾语的语义类型的认识存在分歧,但上面两种观点都认可一个事实,那就是部分不及物动词是可以带宾语的。这样来看,可以带宾语的除了及物动词外,还包括部分不及物动词。

二、能愿动词都不能带宾语

动词根据所表示的语义内容,大致又可以分为动作动词如"走、跑、跳、学习、讨论"等,存现动词如"在、有、发生、死"等,关系动词如"是、成为、属于、叫"等,能愿动词如"能、会、应该、敢"等,趋向动词如"来、去、过来、上去"等,心理活动动词如"爱、恨、喜欢、盼望"等和使令动词如"使、让、命令、请求"等[①]。在除了能愿动词的其他6类中,即使有些个例不能带宾语,但也存在着表达同类语义内容可以带宾语的其他个例。比如我们前面提到的

---

① 动词的这一语义分类我们参照的是齐沪扬(2005)。

不能带宾语的例子"休息、巡逻、完毕"等，它们属于动作动词，而实际上，大多数动作动词都是可以带宾语的，如"吃、玩、学习、研究"等。而唯独能愿动词，这一语义类型中的所有成员都不能带宾语。

能愿动词"又叫助动词，能用在动词语、形容词语前边表示客观的可能性、必要性和人的主观意愿，有评议作用"（黄伯荣、廖序东，2017）。能愿动词的意义可以分为三类，表示可能的如"能、会、可能、可以"，表示必要的如"要、应该、应当"和表示意愿的如"肯、敢、愿意"等。能愿动词最常用在动词语、形容词语前面做状语，如"能来、应当学习、敢跟你叫板"等；此外，能愿动词也可以在句子里做谓语或谓语中心，如"我可以、我愿意、你敢不敢"等[①]。但是能愿动词与一般动词不同，"它不能用在名词前面"（黄伯荣、廖序东，2017）。能愿动词用在动词语、形容词语前面是做状语的，而这类词又不能用在通常可以做宾语的名词前面，这也就说明能愿动词是不能带宾语的。

但是，我们在日常的言语表达中，也会发现"要钱、要你帮他写信""会这道题、会英语"这种"要、会"后面带名词的情况。需要说明的是，这里的"要"是"希望得到、索取"或"请求"（孟琮、郑怀德等，1999）的意思，"会"是"理解、懂得"或"熟习、通晓"（孟琮、郑怀德等，1999）的意思。"要、会"虽然后面带了宾语，但它们这时候的身份是一般动词而非能愿动词。总之，只要是能愿动词，在任何情况下都不能带宾语。

4. 动词可以以光杆形式带宾语吗？

所谓动词的光杆形式，是指动词在句法结构中出现的时候，就像一个光杆司令，如果它处在句子的谓语部分，那么它不用动词的重叠形式，前面没有状语，后面也没有补语、宾语或动态助词、语气词等其他修饰限定、补充说明、支配关涉成分或者表达情态、语气的成分。

---

① 这一部分内容同样是参考黄伯荣、廖序东（2017）。

一、动词光杆形式可以带宾语

有些动词，可以以光杆形式带宾语①，我们来看下面的例子。

（1）他喝酒，我抽烟。（惯常行为）

（2）一天是二十四个小时。（规律）

（3）我们学习会议精神。（意愿）

（4）上课！（祈使）

（5）孩子喜欢围棋。（纯抽象动作）

上面的例（1）～（5），谓语部分除了动词和它们后面带的宾语外，没有任何其他成分，而句子仍然是成立的。这种动词以光杆形式带宾语的情况虽然成立，但往往属于非现实句。

沈家煊（1999）在研究否定句时指出，"现实"和"非现实"属于情态范畴，说话人用现实句表明他认为相关命题表达的事情是现存的、实际的，用非现实句表明他认为相关命题表达的事情只是可能发生的，或虚设的。张雪平（2009）也指出，"'现实'指说话人认为相关命题所表达的是现实世界中已经/正在发生或存在的事情，'非现实'指说话人认为相关命题所表达的是可能世界中可能发生/存在或假设的事情。"非现实情态可以表达习惯嗜好等惯常行为、规律、意愿、祈使、纯抽象动作等（郭锐，1997），否定一般用"不"，不用"没"，上面的例（1）～（5）就是如此。此外，张雪平（2009）还指出，由于非现实句一般表达未定且也是未然的事情，所以，若不考虑语义的差异，"了、着、过"等已然义时体标记在非现实句中一般不强制使用，以不用为常。而光杆动词正是不用动态助词的情况，所以，动词的光杆形式跟非现实句，正是无标记搭配②。

二、动词更常以非光杆形式带宾语

在具体言语交际的句子中，动词常常是以非光杆形式来带宾语的。比如下面的例子：

---

① 就是说这个动词除了带宾语外，不带我们上文提到的任何其他成分。当然，从整个句法结构来看，因为动词带了宾语，所以它就不是以光杆形式做谓语了。

② 当然我们也并不否认有光杆动词带宾语但是现实句的情况，比如"他看见一个人"等。

（6）我终于看清了黑板上的字。

（7）孩子们瞪着正在发呆的他。

（8）我曾经到过拉萨。

（9）他写完作业了。

（10）这个明星正在直播卖货呢。

上面的例（6）中，"看"前面带了状语"终于"，后面带了补语"清"和动态助词"了"。例（7）中"瞪"后带了动态助词"着"。例（8）中"到"前面带了副词状语"曾经"，后面带了动态助词"过"。例（9）"写"后面带了补语"完"，句末带了语气词"了"。例（10）"直播"前面带了状语"正在"，后面带了语气词"呢"。郭锐（1997）曾经指出，动态动词做谓语时，非现实句不带"了、着、过、在、正在、呢"等时间性成分也能成立，而现实句则必须带这些成分才能成立。上面的例（6）～（10），正是这样的句法形式，它们都属于现实句。也即动词的非光杆形式带宾语，跟现实句属于无标记搭配。

但这也并不是说动词的非光杆形式带宾语都是现实句，张雪平（2009）指出，动词重叠的 VV 式不能出现在自足的现实句中，却可以出现在自足的非现实句中。例如：

（11）咱们商量商量这件事儿。（意愿）

（12）你可怜可怜我们吧！（祈使）

上面的例（11）（12）分别表示意愿和祈使，都属于非现实句。再比如非现实句一般都是用"不"来进行否定的，动词前带了否定副词"不"做状语，句子仍然还是非现实句。例如：

（13）他不熬夜。（惯常行为）

（14）我不喜欢钓鱼。（纯抽象动作）

（15）他不上学。（意愿）

三、有时必须构成动补结构才能带宾语

除了经常以非光杆形式带宾语外，有时候，有些动词还必须在后面带上补语，构成动补结构后才能共同带宾语。例如：

(16) 孩子哭湿了枕头。

(17) 他跑丢了一只鞋。

(18) 他输红了眼。

(19) 他走进了人民大会堂。

(20) 窗前飞过一群大雁。

例（16）中，如果"哭"后面不带结果补语"湿"，整个句子就成了病句"*孩子哭了枕头"；例（17）（18）后面的结果补语去掉，句子也都不再成立。例（19）中，"走"后面不带趋向补语"进"，"*他走了人民大会堂"也是不成立的，例（20）也不能去掉趋向补语"过"。这是因为，"哭、跑、输、走、飞"等后面的宾语主要跟补语发生某种语义上的联系，补语是整个动补结构的语义中心，因此，离开补语，它们就不能以合法身份来带宾语了。当然，除了带补语外，这些动词还常常需要与"了"共现，才能使整个句子成为合格的现实句。

不只动词，有些形、动兼类词也是只有在带上补语的情况下才能带宾语，如"酸死我了""困死我了""难受死我了""美坏你了"等（李泉，1994），"酸、困、难受、美"等形容词，如果后面不带补语"死、坏"，整个动宾结构就不合法，这种"'形+死/坏+我/你/他+了'格式是对感觉到的某种性状进行夸张性的估量。"（李泉，1994）

总之，动词可以以光杆形式带宾语，但这样的句子一般是非现实句；而更常见的情况是动词以非光杆形式带宾语，这样的句子更多的属于现实句。而有些情况下，不管是否是现实句，动词后面需要强制性地带上补语，后面才能再带宾语。

5.哪些词语可以充当宾语?

动词性词语做动语，名词性词语做宾语，这是我们对动宾搭配与词类关系的一般认识。动语只能由动词性词语来充当，而宾语除了可以由名词性词语来充当外，有时候也可以由包括动词在内的谓词性词语来充当。

一、宾语由名词性词语来充当

宾语由名词性词语来充当，这是我们最常见的情况。名词性词语包括名词、代名词、定中短语、同位短语、数量短语、"的"字短语、方位短语、名词性的联合短语等各种情况。来看下面的例子。

（1）我喜欢苹果，他喜欢香蕉。（名词做宾语）

（2）刚才我在家门口看见了他。（代名词做宾语）

（3）她穿着特别漂亮的衣服。（定中短语做宾语）

（4）昨天我们爬了五岳之尊——泰山。（同位短语做宾语）

（5）他们家有二百平方米。（数量短语做宾语）

（6）刚才遇见一个碰瓷儿的。（"的"字短语做宾语）

（7）我的字帖在书包里。（方位短语做宾语）

（8）他手里拿着一个篮球和一双球鞋。（名词性的联合短语做宾语）

二、宾语由谓词性词语来充当

虽然大多数情况下，宾语都是由名词性词语来充当的，这也并不是说谓词性词语就绝对不能充当宾语。有些情况下，动词、形容词、动宾短语、状中短语、中补短语、主谓短语、连谓短语、兼语短语、复句形式或者以谓词为中心的定中短语等谓词性词语也可以做宾语。来看下面的例子。

（9）他热爱游泳。（动词做宾语）

（10）——这件衣服你觉得怎么样？

——我觉得漂亮！（形容词做宾语）

（11）我打算卖掉这辆车。（动宾短语做宾语）

（12）学生们敢于向权威挑战。（状中短语做宾语）

（13）我感觉累得要死！（中补短语做宾语）

（14）我赞成他这样做。（主谓短语做宾语）

（15）这么冷的天，我拒绝出门逛街。（连谓短语做宾语）

（16）我们大家都很期待请他来担任出场嘉宾。（兼语短语做宾语）

（17）渐渐地我们发现，雪不下了，孩子们也都出来了。（复句形式做宾语）

（18）我们向远道而来的朋友们致以亲切的问候。（以谓词为中心的定中短语做宾语）

谓词性宾语跟动语的关系不像名词性宾语跟动语的关系那样紧密，所以在动语和宾语之间，往往可以有语音停顿，特别是当宾语比较长的时候[①]，比如上面的例（17），因为带了复句形式做宾语，所以在动语和宾语之间加了逗号。

三、宾语的构成材料可以作为动词分类的标准

以上我们讨论了宾语的构成材料。我们发现，虽然大多数动词都是带名词性词语做宾语，但是也有一部分动词可以带谓词性词语做宾语。这样，动词就可以根据其可带宾语的构成材料进行分类。

有些动词只能带名词性词语做宾语，不能带谓词性词语做宾语，这类动词属于名宾动词[②]，如"修理（机器/自行车）、收割（庄稼/麦子）、砍（树/柴）"等；有些动词正好相反，只能带谓词性词语做宾语，不能带名词性词语做宾语，这类动词属于谓宾动词，如"认为（应该来/他很好）、准备（考试/上课）、开始（工作/认真地讨论）"等；还有一些动词则既可以带名词性词语做宾语，也可以带谓词性词语做宾语，这类动词属于名谓宾动词，如"看见（一道光/一道光闪过天际）、担心（他/完不成工作）、表明（自己的态度/自己不喜欢熬夜）"等。

需要注意的是，有一部分谓宾动词和名谓宾动词，如果后面出现谓词性宾语，则只能是谓词或以谓词为中心的定中短语，而不能是其他类型的谓词性词语，特别不能是状中短语。因此，当宾语中出现偏正短语的标志"de"的时候，这个"de"只能是定语的标志"的"，而不能是状语的标志"地"。这类动词很少，在谓宾动词中，主要是"给以、加以、予以、致以、进行"等，在名谓宾动词中主要是"得到、有、做"等（黄伯荣、廖序东，2017）。例如上面例（18）"致以亲切的问候"不能换成"致以亲切地问候"，再如"进行热烈的

[①] 关于这点，朱德熙（1982）有比较明确的说明。
[②] 朱德熙（1982）叫作"体宾动词"。

讨论"不能换成"进行热烈地讨论","做了深刻的检讨"不能换成"做了深刻地检讨"等。

此外，谓宾动词和名谓宾动词可以带的谓词性宾语除了一般的陈述句形式外，有时候还可以是疑问句形式的。但是，有些动词带了疑问形式的宾语后，整个动宾短语也表示疑问，例如：

（19）打算（明天去）（什么时候去？）
（20）准备（明天的演讲稿）（上台讲两句）（上台讲什么？）
（21）觉得（不错）（怎么样？）
（22）主张（放弃）（什么时候放弃？）
（23）认为（这件事是真的）（这件事是真的吗？）

而有些动词带了疑问形式的宾语后，整个动宾短语并不表示疑问，例如：

（24）讨论（这件事）（*对公司进行管理）（谁来管理整个公司）
（25）研究（这个问题）（*安置退伍军人）（退伍军人如何安置）
（26）打听（一个人）（*这个人善良）（这个人怎么样）
（27）商量（今年的招生数量）（*今年招学生）（今年到底招多少学生）
（28）问问（情况）（*他是干保安）（他是干什么的）

我们发现，带疑问形式谓词性宾语但却不表示疑问的动词，也都能带名词性宾语，也即它们主要是名谓宾动词；带疑问形式谓词性宾语表示疑问的动词，多数不能带名词性宾语，为谓宾动词，但是也有例外，如"准备"就是名谓宾动词。可见，带疑问形式谓词性宾语时，整个动宾结构是否表示疑问，跟动词是名宾动词还是名谓宾动词并没有直接关系。我们认为，真正决定整个动宾结构是否表示疑问的关键因素是其中动词的语义特征，如果动词含有[-待定]的语义特征，那么带疑问形式谓宾后整个动宾结构就表示疑问；如果动词含有[+待定]的语义特征，那么带疑问形式谓宾后整个动宾结构就不表示疑问，比如上面的"讨论、研究、打听、商量、问问"等，都是在还没有形成定论的情况下进行的动作行为（朱德熙，1982；张斌，2008）。

6.宾语是不是都是动作的受事?

前面的"哪些词语可以充当宾语",这是从构成材料的角度对宾语进行的分析。这一部分"宾语是不是都是动作的受事",我们则主要从语义的角度继续对宾语展开讨论。

我们知道,从主语和宾语的语义配置来看,施事做主语,受事做宾语是现代汉语无标记的语义配置模式,所以,最常见的宾语的语义类型是动作的受事成分。

一、受事宾语

宾语是动作、行为直接支配、关涉的人或者事物,包括动作的直接承受者和动作的对象。动作的承受者比如"喝矿泉水、削苹果、修理机器、平整土地"等,动作的对象比如"问老师、训孩子、关心同学、尊敬师长"等。

二、施事宾语

宾语是动作、行为的发出者,可以是人或者自然界的各种事物。由于施事的主要句法位置是主语,所以施事宾语要比受事宾语少得多,常出现在一些特定句式中。比如存现句中的宾语常常是施事宾语,而且施事宾语往往表示不确定的人或事物,宾语中心前面可以出现"一个、几条"等数量修饰语,且句中动词也可以是不及物动词,例如"前面来了一个人、村子里死了一头牛、草尖上挂着晶莹的露珠、下冰雹了、出太阳了"等。当然,施事宾语也可以出现在其他特殊句式中,比如"一张床睡两个人、一锅饭吃三个人、三瓶酒喝醉了老王、重复课讲烦了老师"等。

三、中性宾语

宾语既不是动作的施事,也不是动作的受事,而是动作的结果、工具、材料、处所等其他语义成分,我们统一称之为中性宾语。这类宾语又可以细分为不同的类别,可以借助不同的变换格式来进行辨别:

结果宾语：织毛衣　堆雪人　写小说　糊风筝（动+"成"+宾）
处所宾语：来学校　回北京　吃食堂　坐沙发上（动+"到"+宾、"在"+宾+动）
时间宾语：起五更　过端午节（"在"+宾+动）
工具宾语：写毛笔　吃大碗　跳大绳（"用"+宾+动）
材料宾语[①]：刷油漆　打鞋油　糊白纸（"用"+宾+动）
方式宾语：存活期　唱低音　写隶书　寄快件（"用"+宾+的方式+动）
原因宾语：愁孩子上学问题　抓痒痒　避雨（"因"+宾语+"而"+动）
目的宾语：筹备开业　躲清静　跑课题（"为了"+宾语+"而"+动）
类别宾语：是三好学生　成为工会干部　等于五（"是/成为/等于"+宾语）
其他宾语：闯红灯　出风头　上年纪　吃父母

有时候，动词后面所带的宾语在语义上并没有明确的所指对象，而是表示虚指。比如反问句中疑问代词做宾语的情况，来看下面的例子：

（1）写什么？别写了。

（2）还做什么？都该交卷了。

例（1）（2）都是反问句，表示否定意义，表示不该写或者不该做，其中的宾语"什么"是虚指的。

另外，"动+'他（个）'+其他"格式，比如"睡他（个）昏天黑地""玩他（个）三天三夜"中的代词宾语"他"也并非实指，属于动词所带的虚指宾语（朱德熙，1982）。

四、非受事宾语的形成机制

通过上面的分析我们可以发现，动词的宾语未必是动作行为的受事，也可能是动作行为的施事或者其他语义成分等非受事成分[②]。甚至同一个动词，可以带的宾语类型也不止一种，比如"写"，"写日记"是带的受事宾语，"写毛笔"是带

[①] 材料宾语跟工具宾语都不是动作行为的主要支配对象，二者的差别在于材料成分在动作行为完成后会发生一定的变化，而工具不会，比如"吃大碗"，"吃"过之后"大碗"没有发生变化，而"浇水"之后，"水"就被消耗掉了，"刷油漆"后，"油漆"也没有了。

[②] 当然，非受事成分处在宾语位置上，或多或少会带上一定的受动性特征（陈平，1994）。

的工具宾语，"写黑板"是带的处所宾语。按说处所、工具、时间、原因、目的等非受事语义成分，并不是动作行为的支配、关涉对象，其在句中经常出现的句法位置也往往是状语、补语等，它们能突破自己的常规句法位置而出现在宾语位置上，其中的机制何在？

对于这一问题，认知语法和转换生成语法都给出了自己的解释。认知语法认为，像"写毛笔"这类动宾结构是通过语法转喻生成的。所谓语法转喻，有些类似于修辞上的借代手法，但认知语言学认为，转喻是人类最为普遍的认知手段之一（李惠超，2019），是指两个认知范畴借助"相关性"建立联系。比如像"写毛笔"这种结构，其中的"毛笔"与"用毛笔写的字"之间具有动作工具和动作结果之间的相关性，因此，就可以用"毛笔"转指"用毛笔写的字"，从而使"写毛笔"这一结构获得合法性。其他非受事宾语的实例如"吃食堂"等也都可以做类似解释。

转换生成语法比较有代表性的观点是运用轻动词理论进行解释。轻动词理论是一种假设的理论，它假设有些结构，包含有语义内容但没有语音形式的轻动词，这种轻动词最大的特点就是一定要黏附在实义动词身上。这样，像带工具宾语的例子"写毛笔"，其实是因为有个轻动词结构"V[用]毛笔写"，由于轻动词"V[用]"要求黏附在实义动词身上，所以"V[用]"就把后面的实义动词"写"提到它的位置上来，从而变成了"写毛笔"。类似地，轻动词结构"V[用]白纸糊、V[用]低音唱、V[因为]痒痒抓"等，后面的实义动词也都分别被轻动词提到了前面，从而形成了"糊白纸、唱低音、抓痒痒"等分别带材料宾语、方式宾语、原因宾语、目的宾语的一个个具体语言实例[①]。

[①] 用轻动词理论对非受事宾语进行的解释，主要观点来自陆俭明（2009a）主讲的超星学术视频http://video.chaoxing.com《现代汉语语法研究——乔姆斯基生成语法分析（七）》。

7.宾语是不是句子的表达焦点?

一、何为焦点

"焦点（focus）是音系学、句法学、语义学、话语分析等语言学各个学科共同感兴趣的问题，也是形式语言学、功能语言学等语言学各个学派共同感兴趣的问题。"（徐烈炯，2001）

功能语言学派的 Halliday（1967）最早用"focus"来指称句子中韵律突显的部分，认为焦点就是新信息（new information）。这一学派一直关注焦点的语用功能，认为焦点是与话题（topic）相对待的概念，而"话题—焦点"结构，则代表了从旧信息到新信息的传递方式。20 世纪 70 年代，生成语法学家们也开始关注焦点问题，Jackendoff 把焦点与来自语义学的概念"预设"放在同一框架下给焦点下定义，认为焦点是"说话人假设不为听话人所共知的信息"（转引自祁峰，2012）。

20 世纪 80 年代中期，焦点理论被引入国内，成为国内语法学家们讨论的热点问题。范开泰（1985）认为，由心理重音表示的交际上的兴趣中心，即为语用上的"焦点"；张黎（1987）认为焦点是说话人所要传达的信息重点，也是听话人接收的新信息（new information）中的重点信息；方梅（1995）认为一个句子的焦点是句子语义的重心所在；范开泰、张亚军（2000）认为焦点是新信息的重点。此外，徐杰、李英哲（1993），刘丹青、徐烈炯（1998），刘丹青（2008）等也都对焦点问题提出了自己的看法。

纵观国内外对于焦点问题的各种讨论，我们认为，焦点是一个语用概念，从信息传递的角度来看，焦点是说话者所传递信息的重点所在（叶蜚声、徐通锵 2010）；从信息接收的角度来看，焦点是说话者希望听话者在接收信息时特别注意的部分。

二、焦点的分类

作为句子中新信息的重点，焦点又有不同的类型。祁峰（2012）指出，关于焦点的分类，语法学界有自然焦点和对比焦点（张黎，1987；方经民，1994；方梅，1995等）、无标记焦点和有标记焦点（刘鑫民，1995；陈昌来，2000）、绝对信息焦点和相对信息焦点（刘鑫民，1995）、结构性焦点和语气性焦点（范开泰、张亚军，2000）等不同的分类。

我们这里采用无标记焦点和有标记焦点的分类方法。"所谓无标记，指在没有上下文及语境干扰的情况下，一个句子的默认的信息安排模式。"（祁峰，2012）无标记焦点（unmarked focus）也就是句子的自然焦点，常规焦点。一般来说，句子中新信息的核心，总是在述题[①]结束的地方，也就是句尾的实词位置。有标记焦点（marked focus）则是借助于语音手段如逻辑重音、词汇手段如表示强调的副词"是""就"等、句法手段如平行句式等（刘鑫民，1995）各种标记手段来标示的焦点。

三、焦点与宾语

通过上面的分析我们发现，焦点和宾语是属于两个不同层面的概念，焦点是在对句子进行语用分析时用到的概念，而宾语则是句法分析的概念，二者并不属于同一概念范畴，因此也不可能完全重合。

（一）无标记焦点的情况

一般来讲，无标记焦点往往是在句尾位置，而很多时候句子末尾的句法成分正好是宾语，这时候句子的宾语就是句子的无标记焦点。例如：

（1）他倒掉了昨天的米饭。
（2）武松打死了一只老虎。
（3）银行里走进来一个小孩儿。

上面例（1）~（3）中末尾的宾语成分"昨天的米饭""一只老虎""一个小孩儿"等也正好是句子所传递新信息的重点，这时候宾语和焦点是重合的。但是，一个句子可以没有宾语，句子的末尾也可以是宾语以外的其他句法成分，这时候，句子的无标记焦点就不再是宾语了。例如：

---

① 句子从语用角度分为话题和述题两部分。

（4）春天的校园真是太美了。

（5）我家的房子拆迁了。

（6）他跑得满头大汗。

（7）妈妈一晚上看了他三次。

（8）他们给敌人以沉重打击！

（9）我写字写得手腕疼。

上面的例（4）是形容词谓语句，例（5）句中谓语中心语虽然是动词，但是后面只带了动态助词兼语气词"了"，例（6）句中谓语动词只带了补语。以上三个句子都没有宾语成分，而例（7）～（9）中，动词虽然带了宾语成分，但宾语成分后面又出现了补语，因此，句尾的无标记焦点自然落在了补语而非宾语上。

（二）有标记焦点的情况

以上我们分析的是无标记焦点的情况。而有标记焦点则是标记所提示的焦点成分，标记提示了哪个部分，哪个部分就是焦点，因此，有标记焦点跟宾语重合的概率可能就更小了。例如：

（10）我们在楼梯间发现了小王。

（11）是小王躲在了楼梯间。（比较：小王是躲在了楼梯间。）

（12）昨天就他没有来。（比较：他就昨天没有来。）

（13）春天的山上，红的、黄的、白的、粉的，开满了花儿。（比较：春天的山上，开满了红的、黄的、白的、粉的花儿。）

上面的例（10），我们的重音放在"楼梯间"，那么"楼梯间"就是句子的有标记焦点；例（11）和（12），使用了标记词"是""就"，且标记词的位置不同，句中的有标记焦点就不同；例（13）宾语中的定语成分"红的、黄的、白的、粉的"，突破了其常规句法位置而放在了句中，成了有标记焦点。以上的有标记焦点都不是句中的宾语。

总之，焦点和宾语是两个不同层面的概念，两者有重合的情况，但更多是不一致的情况。

8.宾语都是无定的吗？

在句法结构中，名词性成分常常会被安排在句中主语或宾语位置上。赵元任（1968）指出，汉语中有一种强烈的趋势，即主语所指的事物是有定的，宾语所指的事物是无定的。大多数语法研究者也基本认同这样的看法。但是，主语有定，宾语无定，这只是一种"趋势"，而并非绝对的情况。范继淹（1985）专门讨论了"无定 NP 主语句"，后面也有很多语法学者关注这种无定 NP 主语句。应该说，虽然主语倾向于有定，但汉语中也同样存在着少量无定成分充当主语的情况。与此相对，大家比较认可的情况是，宾语无定也只是一种"趋势"，汉语中同样也存在着有定成分充当宾语的情况。

一、宾语可以是有定的

学界对"有定"（definite）和"无定"（indefinite）这两个概念的认识基本是一致的。有定成分指的是说话人认为听话人可以识别的人或事物，无定成分则指说话人认为听话人不能识别的人或事物。按照陈平（1987），人称代词、专有名词和"'这/那'+（量词）+名词"是典型的无定 NP 成分；而光杆普通名词既可以是有定的，也可以是无定的；"数词+量词+名词""'一'+量词+名词""量词+名词"等则往往是无定的。

汉语中，无定成分充当的宾语是大量存在的。我们随便就能举出很多例子。例如：

（1）过年我在大门上贴了一副对联。
（2）他怒气冲冲，手里拿了一把刀。
（3）我什么也没有带，就买了三斤苹果。

与此同时，我们也能举出很多有定成分充当句子宾语的例子。例如：

（4）那女孩儿无时无刻不在思念着这个男孩儿。
（5）香秀恨透了他。
（6）我们热爱自己的母校——上海师范大学。

通过上面的例子我们发现，句子中的宾语并非都是无定的，也可以是有定的。

二、宾语大多是有定的

按照赵元任（1968），虽然我们不排斥有定宾语，但"宾语所指的事物是无定的"毕竟是汉语的一种强烈趋势，换句话说，宾语大多数应该是无定的。

王红旗（2014）提出了不同看法。他对汉语中的口语语料和包括叙事、新闻和科技三种语体在内的书面语料共计131300字进行了统计。通过分析发现了两对数据。第一对，有定的主语（95%）与无定的主语（5%）相比占绝对优势，有定的主语（95%）也比有定的宾语的比率（76%）多19%。因此，说汉语主语有定是一种强烈的趋势或倾向符合汉语的事实。第二对，宾语中无定的（24%）仅仅占四分之一，大部分的宾语还是有定的；宾语中无定的（24%）比主语中无定的比率（5%）[①]多，但也只多19%。因此，说汉语宾语无定是一种强烈的趋势或倾向则不符合事实。赵元任的观点应该修正为：汉语的主语和宾语都倾向于有定，只是宾语有定的数量比主语低（王红旗，2014）。

决定汉语中有定和无定宾语数量之比的，王红旗（2014）认为主要是语用因素。汉语表达一般遵循从旧信息到新信息的顺序，有定成分常常传递旧信息，而无定成分则一般传递新信息。因此，在信息传递原则的作用下，有定成分可以自由地做主语、宾语，无定成分由于做主语很受限制，绝大多数都做宾语；由于有定成分有经济表达的功能，所以话语中有定成分的数量远远大于无定成分。信息传递原则与经济原则在主语位置上不竞争，绝大多数主语是有定的；信息传递原则与经济原则在宾语位置上竞争，大多数宾语也是有定的，但数量低于主语。

总之，通过王红旗（2014）的分析，我们认为，首先，汉语中既有无定宾语，又有有定宾语，且有定宾语的数量远多于无定宾语。但是如果一个句子需要同时出现有定和无定两类名词性成分，且有主语和宾语两个句法位置时，我们一般会让有定成分充当主语，无定成分充当宾语。这样看来，"汉语有一种很强的倾向，即让主语表示已知的确定的事物，而让宾语去表示不确定的事物"（朱德熙，1982），这种说法也并无不妥。

[①] 据王红旗（2014），主语中的无定成分是119个，占体词性成分总数的5%，而宾语中的无定成分是579个，占体词性成分总数的24%。

9.介词介引的成分是宾语吗?

介词是虚词中的一种,不能独立充当句法成分,主要起相关的语法作用。介词的主要语法作用是介绍引进,介词与其介绍引进的实词或短语共同构成"介词短语",介绍引进"时间、处所、方式、原因、目的、施事、受事、对象等"(黄伯荣、廖序东,2017)。例如:

(1)时间:自开学(开始) 从2点到5点 打今儿(起) (诞生)于战火年代

处所:到北京(上学) 在上海(工作) 沿着马路(走) 朝着灯塔(开炮)

方式:按老师的要求(写) 本着互利原则(签合同) 依据相关法规(判定)

原因:因为天气原因(迟到) 由于不熟悉地形(开得很慢) 因公(受伤)

目的:为了大家(努力) 为着伟大的理想(奋斗)

施事:被他(打了) 让他(揍了一顿) 叫他(羞辱了一番) 由你(做主)

受事:把烂了的苹果(扔了) 管他(叫二诸葛)

对象:对孩子们(很好) 向他(问好) 对于个人问题(考虑不多)

介词短语又叫"介词结构"或"介宾短语",习惯上我们会把介词所介引的成分叫作"宾语"。但这只是一种传统的叫法,出于使用方便的考虑,介词介引的所谓"宾语",跟我们提到的动语后面所带的句法成分宾语,并不是一回事,介词的宾语只是对介词所介引的成分的俗称。

一、介词由动词虚化而来

介词的介引成分之所以像动词的支配关涉成分一样,被俗称为宾语,跟介词的来源有很大关系。我们知道,现代汉语中的介词绝大多数都是由古代汉语中的动词虚化而来的。有的介词,现代汉语中完全没有动词的用法,例如"被、于、和(hé)、关于"等;而有些则除了发展出虚化的介词身份外,现代汉语中仍然还保留了其动词的身份。现代汉语中存在着很多动、介兼类词，例如：

（2）　　　　动词　　　　　　　　　介词

我们要把好质量关。　　　　你把那个水杯带着。

这栋楼坐东朝西。　　　　　他朝学校走去。

这个房间向阳。　　　　　　你向东走！

她凡事都要和我比。　　　　我比他高一头。

我在家呢。　　　　　　　　我在图书馆看书呢。

不是自己的东西就别拿。　　妈妈总拿我跟别人对比。

请让一让！　　　　　　　　行李让雨给淋了。

我来替你吧！　　　　　　　大家都替他高兴。

如果一个动词后面带了自己的支配关涉对象，从句法成分的角度来看，这个动词就充当了动语，后面的支配关涉对象就充当了宾语。介词后面黏附自己的"介引成分"，跟动词后面连带自己的支配关涉成分，从结构形式上来看，存在相似之处；而很多情况下，介词和动词又是同形的，所以我们会顺带着把介词的"介引成分"也称为介词的"宾语"。

二、介词属于虚词

虽然大多数介词和动词有很密切的同源关系，但是介词是动词虚化的结果，经过虚化，介词的动作性已经基本消失，不再能够充当句法成分，变成了虚词。

（一）介词和动词的差别

介词和动词的差别主要有几点。

第一，介词不能单独做任何句法成分，而动词可以做谓语中心。上面例（2）中的各个词，作为介词时，只能跟后面的介引成分作为一个整体充当状语或补语等，而作为动词，则都可以充当谓语中心。

第二，介词不能重叠，不能带"着、了、过"等动态助词，而作为动词，有些则可以重叠，可以带动态助词。例如：

（3）　　　　动词　　　　　　　　　介词

你们两个比比吧！　　　　＊我比比他高一头。
我们两个比了一下。　　　＊我比了他高一头。
他们两个正比着呢。　　　＊我比着他高了一头。
我没和他比过。　　　　　＊我比过他高了一头。
谁来替替我啊？　　　　　＊他替替她高兴了。
他替了我。　　　　　　　＊他替过她高兴了。
他替过我。　　　　　　　＊他替过她高兴了。
孩子跟了妈妈。　　　　　＊不要跟了陌生人说话。
孩子紧紧跟着妈妈。　　　＊不要跟着陌生人说话。
孩子跟过妈妈。　　　　　＊没跟过陌生人说话。

有些介词如"为了、除了、通过、经过"等，并不是介词带动态助词的情况。其中的"了、过"并不是动态助词，而是这些介词中的构词语素，它们跟前面的"为、除"等语素一起构成了介词"为了、除了"等。

第三，介词和它介引的成分之间是一种黏合关系，介词依附于后面的实词或短语，不能独立存在；而动词和它所带的宾语则是一种组合关系，很多情况下，动词不带宾语，或者把宾语提前，也能独立存在。例如：

（4）　　　　动词　　　　　　　　　介词

我们两个比了一下。　　　＊我比高一头。
（书）我拿了。　　　　　＊我拿没办法。
我一把把车把把住了。　　＊我把吃了。
（房租）我已经给了。　　＊他给打了疫苗。
请让一让！　　　　　　　＊手机让弄坏了。
你别管了！　　　　　　　＊别人管叫"活雷锋"。

（二）介词介引的成分不是真正的宾语

我们知道，只有实词才能充当句法成分。介词是虚词，不能像动词那样充当谓语中心或者动语，它所介引的成分自然也就不能像动词后面所带的支配关涉对象那样，充当宾语这样的句法成分。介词只有和它所黏附的成分构成一个介词短语后，作为一个整体的介词短语才具备了像实词一样的句法功能，可以充当状语、补语或定语等句法成分。例如：

（5）他最近老是〈冲自己的妻子〉发火。（状语）

　　我〈为了考研的事情〉焦头烂额。（状语）

　　他生〈于战乱年代〉。（补语）

　　（关于提前放假）的通知已经发布了。（定语）

此外，从语义上看，作为实词的动词，[+动作性]的语义特征往往较为明显，这样，动词的支配关涉对象，也即动词所带的宾语，在动词的作用下也往往具有或强或弱的[+受动性]特征。而虚化以后的介词，已经看不出它们语义的[+动作性]特征，这样，它们介引的成分也就不会因为前面成分的动作性特征而具有宾语的受动性特征。

总之，传统意义上所说的介宾结构，其中的介词只有介引功能，不能充当句法成分；而它们后面所黏附的成分，也并不是真正意义上的宾语。

第二部分　宾语的数量及隐现

10.及物动词只能带一个宾语吗？

前面我们指出，及物动词是可以带宾语的。那么，及物动词都只能带一个宾语吗？这里我们有必要引入配价的概念。

一、配价理论

"价"的概念源自化学。我们在化学中讲到元素时，为了说明分子结构中各元素原子数目之间的配比关系，都会提到"价（valence）"或"原子价""化合价"等。最早把化学中'价'的概念引入语法研究的是法国的语言学家特斯尼耶尔。把"价"的概念引入语法学中，是为了说明一个动词能支配多少种不同性质的名词性成分。"动词的'价'就决定于动词所支配的不同性质的名词性词语的数量。"（陆俭明、沈阳，2016）

特斯尼耶尔指出，动词是句子的中心，它支配着句子中其他的成分，而不受任何其他成分的支配。动词直接支配的成分有"副词词组"和"名词词组"（陆俭明、沈阳，2016）。副词词组属于"状态元"，指表示动作发生的时间、处所等的词语。因为任何动作行为都是处在一定的时间和空间的维度中，或者说任何动作行为都是在一定的时间和一定的处所发生的，因此，"状态元"不是动词的配价成分。而受动词直接支配的名词词组属于"行动元"，这也就是动词的配价成分。

二、动词的"价"与双宾语

根据动词所带"行动元"数量的多少，汉语中的动词也有各不相同的价。不强制要求与某种性质的名词性词语相关联的动词，是零价动词 V_0。零价动词往往是反映自然现象的动词，如"地震、刮风、下雨、下雪"等（陆俭明、沈阳，2016）。跟它们相关联的名词性词语常常是处所词语或时间词语，比如"去年地震了、那里刮风了、北京下雪了"等，但这些处所词语和时间词语属于状态元而非行动元。

可以与一种性质的名词性行动元相关联的动词，是一价动词 V_1，例如"病、休息、游泳、生存、工作"等，例如"孩子病了、我今天休息、她在游泳"等，这一个名词性行动元往往会被分配在主语位置上。由此可见，一价动词也往往不能带宾语。

可以与两种性质的名词性行动元相关联的动词是二价动词 V_2，例如"吃、干、买、研究、参观、编辑"等，这两个行动元往往就分别被分配在主语和宾语的句法位置上，例如"猫吃小鱼、我干这个事儿、我们昨天参观了博物馆"等。

可以与三种性质的名词性行动元相关联的动词是三价动词 V_3，例如"给、送、买、借、称"等，这三个行动元往往会被分配在主位和两个宾位，例如"我给他一份大礼、我买他三斤韭菜、房东借我两千块钱、他们称他老大哥"等。

由此可见，二价动词可以带一个宾语，而三价动词可以带的宾语不止一个，三价动词可以带两个宾语，也即双宾语。

那么有没有可以带四个名词性行动元的四价动词，或者换句话说，有没有可以带三个或三个以上宾语的动词呢？"从理论上说，句子中的'状态元'可以是无限多的，而一个动词结构中'行动元'不得超过三个。"（陆俭明、沈阳，2016）也就是说，动词的价最高为三，动词可以带的宾语最多也只能是两个。

三、对及物动词和不及物动词的再认识

前面在讨论及物动词带宾语的问题时，我们指出及物动词都可以带宾语，而对于不及物动词，语法学界对它的界定则较为模糊。虽然各家都承认部分不及物动词可以带宾语，但有的认为不及物动词只是不能带受事宾语，也即不及物动词可以带非受事宾语（黄伯荣、廖序东，2017），而有的则认为能带宾语的不及物动词所带的宾语只能是施事宾语（齐沪扬，2005；齐沪扬，2008；张斌，2008）。

引入配价理论后我们发现，零价动词没有行动元，因此不可能带宾语，一价动词只有一个行动元，一般放在主语位置上；而二价和三价动词则肯定有可以分配在宾语位置上的行动元。因此我们认为，从外延来看，不及物动词基本等于零价动词和一价动词[①]；而及物动词则指二价动词和三价动词。由于二价动词和三价动词肯定可以带宾语，所以被称为及物动词；而零价动词和一价动词一般没有可以分配到宾语位置的行动元，所以被称为不及物动词。

零价动词因为没有行动元，所以是绝对不能带宾语的动词；而当某些一价动词把唯一的名词性行动元由主语位置后移至宾语位置时，也就出现了不及物动词带宾语的情况。由于一价动词所带的宾语，其常规句法位置是句子的主语，那么由此推断，这个宾语从语义上来讲，一般也就应该是动作的施事。由此看来，不及物动词所带的宾语只能是施事宾语的观点还是比较有道理的，例如我们前面举的例子"死（死了一头牛）、活（养了三只鸡，只活了一只）、病（病了三个人）"等都是如此。那么为什么"来、去"等可以说"来北京 / 来了一个人、去上海 / 去了三个人"而带处所宾语或施事宾语呢？我们认为，"来、去"这类表示位移行为的动词，其终点处所不是状态元，而应该是它们的行动元[②]，也即"来、去"等词应该有两个行动元，是及物动词中的二价动词而非不及物动词。

11.双宾语最常见的语义类型有哪些？

我们知道，动词的配价数最低为零，最高为三；动词可带的宾语最少为零个，最多为两个。当一个动词是三价动词时，它的后面可以带两个宾语，也就是双宾语。

---

① 陆俭明、沈阳（2016）认为"一价动词差不多就是一般说的不及物动词"，我们认为，不及物动词也还应该包括零价动词。

② 除了终点处所，"来、去"等还跟其他处所成分比如起点处所相关联，而这种处所成分就应该是它们的状态元而非行动元了，比如"从济南来北京、从北京去上海"中的"从济南、从北京"都是在句中做状语的。

一、近宾语和远宾语

动词带双宾语的句子就是双宾句。动词的两个宾语都是直接与动词发生关系，两个宾语相互之间并没有什么句法关系，且这两个宾语的性质也并不相同。离动词 V[①] 近的宾语叫近宾语 O_1，往往指人，回答"V 谁"的问题，是动作行为的间接参与者，因此也被称为间接宾语；离动词远的宾语叫远宾语 O_2，往往指物或者事儿，回答"V 什么"的问题，是动作行为的直接支配对象，因此也被称为直接宾语。

在双宾句中，近宾语 O_1 紧贴动词，往往由名词、代词充当，音节形式较短，与动词间没有语音停顿；而远宾语 O_2 远离动词，可以由词、短语甚至是复句形式充当，较为复杂，音节形式较长，前面可以稍做停顿。

二、双宾语最常见的语义类型

给予类动词和取得类动词所表示的动作行为，总是要牵涉到给予者/取得者、给予物/取得物、给予对象/取得对象等三种名词性成分，因此，它们成为最常见的三价动词，最容易带上双宾语，也即最常见的双宾语就是给予类双宾语和取得类双宾语。

（一）给予类双宾语

这类双宾语构造中的动词 V 含有"给予"义，主语 S 是事物的给予者，近宾语 O_1 表示给予的对象，远宾语 O_2 表示给予物，整个结构含有主语 S "把 + 远宾语 O_2 + 给予 + 近宾语 O_1"的意思；也即在动词的作用下，远宾语 O_2 由主语处转移至近宾语 O_1 处，近宾语 O_1 是远宾语 O_2 的位移终点。

可以进入这种双宾语构造的动词有"送、给、赠送、卖、还、归还、退、交、转交、奖励、输、赔、补、贴补、拨、孝敬、托付、推荐、嘱咐、告诉、喂、款待、灌、扔、踢"等。由于动词含有"给予"义，这类双宾语构造常常可

---

① 由于动语主要就是由带宾动词来充当的，所以一般情况下，为了方便理解，我们直接用"动词"来称说动语。

以在动词后面或前面加上"给"字①，也往往可以转换成"把"字句。另外，动词很多时候也可以只带双宾语中的一个宾语而仍然成立。例如：

（1）我送了小姑娘一个芭比娃娃。→我送（给）了小姑娘一个芭比娃娃。→我把一个芭比娃娃送给小姑娘了。→我送小姑娘了。→我送了一个芭比娃娃。

（2）老板卖了我一辆车。→老板卖（给）了我一辆车→老板把一辆车卖给我了。→老板卖我了②。→老板卖了一辆车。

（3）宾馆退还了我两百块钱押金。→宾馆退还（给）了我两百块钱押金。→宾馆把两百块钱押金退还给了我。→*宾馆退还我了。→宾馆退还了两百块钱押金。

（4）公司奖励了他一万块钱。→公司奖励（给）了他一万块钱→公司把一万块钱奖励给他了。→公司奖励他了。→公司奖励了一万块钱。

（5）妈妈喂了孩子几勺米粉。→妈妈给孩子喂了几勺米粉。→妈妈把几勺米粉喂给了孩子。→妈妈喂了孩子。→妈妈喂了几勺米粉。

（6）我嘱咐了孩子几句话。→我给孩子嘱咐了几句话。→*我把几句话嘱咐给了孩子。→我嘱咐孩子了。→我嘱咐了几句话。

（7）朋友灌了他二两白酒。→朋友给他灌了二两白酒。→*朋友把二两白酒灌给了他。→朋友灌他了。→*朋友灌了二两白酒。

上面的例（1）～（4）都可以在动词后面加上"给"字，也都可以变成"把"字句；例（5）～（7）可以在远宾语 O_2 前面加上"给"字，放到动词前面，例（5）可以转换成"把"字句，例（6）（7）"把"字句的可接受度不高。此外，当只保留双宾语中的一个宾语时，只有例（3）（7）不成立。

（二）取得类双宾语

这类双宾语构造中的动词 V 含有"取得"义，主语 S 是取得者，近宾语 O_1 表示取得物 O_2 的来源，也即失者，远宾语 O_2 表示取得物，整个结构含有主语 S "从 + 近宾语 O_1（那里）+ 得到 + 远宾语 O_2" 的意思；也即在动词的作用

---

① 动词"给"的后面当然就不能再加"给"字了。
② 这种说法的成立需要一定的语境。

下，远宾语 O_2 由近宾语 O_1 处转移至主语 S 处，近宾语 O_1 是远宾语 O_2 的位移起点。

可以进入这种双宾语构造的动词有"买、偷、拿、抢、夺、赚、赢、坑、罚、缴获、吃、花、浪费、消耗、贪污"等。这些双宾语构造大多可以用"从"引导，把近宾语 O_1[①] 提到动词前面；由于远宾语 O_2 来自近宾语 O_1，近宾语 O_1 和远宾语 O_2 之间往往存在领属关系，我们往往可以在近宾语 O_1 后面加上"的"使它转变成远宾语的定语。此外，这类双宾构造中，去掉远宾语 O_2，"动词＋近宾语"往往不能成立；但去掉近宾语 O_1，"动词＋远宾语"往往可以单独存在。例如：

（8）我买了大妈二斤小米面儿。→我从大妈那里买了二斤小米面儿。→我买了大妈的二斤小米面儿。→*我买了大妈。→我买了二斤小米面儿。

（9）小孩儿拿了妈妈一支口红。→小孩儿从妈妈那里拿了一支口红。→小孩儿拿了妈妈的一支口红。→*小孩儿拿了妈妈。→小孩儿拿了一支口红。

（10）我要了他二百块钱。→我从他那里要了二百块钱。→我要了他的二百块钱。→*我要了他。→我要了二百块钱。

（11）我们缴获了敌人两门大炮。→我们从敌人那里缴获了两门大炮。→我们缴获了敌人的两门大炮。→*我们缴获了敌人。→我们缴获了两门大炮。

此外，需要注意的是，有些动词属于多义动词，既可以表示"给予"义，也可以表示"取得"义，这样，由它们参与的双宾构造就属于同形多义结构，既可以表示主语 S"把＋远宾语 O_2＋给予＋近宾语 O_1"的意思，也可以表示主语 S"从＋近宾语 O_1（那里）＋得到＋远宾语 O_2"的意思。这类动词有"借、租、赁、换、分"等。例如：

（12）公司租了他三间办公室。→公司把三间办公室租给了他。→公司从他那里租了三间办公室。

（13）我换了他二十美金。→我把二十美金换给了他。→我从他那里换了二十美金。

（14）我分了他一碗汤。→我把一碗汤分给了他。→我从他那里分了一碗汤。

---

① O_1后面往往需要加上"那里"等。

总之，汉语中的有些动词可以在一个句子中同时带上两个宾语，即直接宾语和间接宾语；而最常见的就是给予类和取得类两种语义类型的双宾语。

12.只有予取类动词才能带双宾语吗？

通过前面的讨论我们知道，最常见的三价动词就是给予类和取得类动词，它们也最容易在一个句子中同时带上两个宾语，形成双宾语句。而事实上，除了予取类动词外，其他语义类型的动词也可以带上两个宾语，形成其他类型的双宾语构造。

一、其他语义类型的双宾语

除了给予类和取得类双宾语外，我们常见的双宾语语义类型还包括表称类、结果类、使动类和处所类等。

（一）表称类双宾语

这种双宾语构造的特点是，近宾语 O_1 与远宾语 O_2 所指相同，具有同一关系，表示在主语 S 眼中"近宾语 O_1 是远宾语 O_2"，因此一般都可以变换为"近宾语 O_1+ 被 + 主语 S+ 动词 V+ 为 / 作 + 远宾语 O_2"。此外，这类双宾构造中，远宾语 O_2 的前面有时可以加上"为、作、当、是"等（马庆株，1983），从而由原来的双宾结构变成兼语结构。能带这类双宾语的动词有"称、选、认、叫、喊、当、骂"等。例如：

（1）同学们称他老大。→同学们认为他是老大。→他被同学们称为老大。→同学们称他为老大。

（2）我们叫他二诸葛。→我们认为他是二诸葛。→他被我们叫作二诸葛。→我们叫他作二诸葛。

（3）孩子叫她阿姨。→孩子认为她是阿姨。→她被孩子叫作阿姨。→孩子叫她为阿姨。

（4）老师夸他好孩子。→老师认为他是好孩子。→他被老师夸为好孩子。→老师夸他是好孩子。

（二）结果类双宾语

这类双宾语构造中的近宾语 O_1 表示动作结果的作用对象，远宾语 O_2 表示动作行为的具体结果。这类双宾语构造大体含有"动作 V 的结果 + 是 + 近宾语 O_1 + 变成了或出现了 + 远宾语 O_2"的意思，有时候含有夸张意味（马庆株，1983），表示较为严重的结果。例如：

（5）打印纸拉了我好几个口子。→打印纸拉的结果是我（的手上）出现了好几个口子。

（6）他甩了我一身泥。→他甩的结果是我（的身上）出现了一身泥。

（7）孩子咬了我两个大牙印儿。→孩子咬的结果是我（的身体某处）出现了两个大牙印儿。

（三）使动类双宾语

这类双宾语构造中的近宾语 O_1 是使动宾语，"能用'使、叫、让'把它提到动词前头去"（马庆株，1983），因为近宾语 O_1 是动作的实际发出者，所以也可以由近宾语 O_1 直接做句子的主语。例如：

（8）这事儿急了我一身汗。→这事儿使我急了一身汗。→我急了一身汗。

（9）优惠券省了我两块钱。→优惠券使我省了两块钱。→我省了两块钱。

（10）这添了她一桩心事儿。→这使她添了一桩心事儿。→她添了一桩心事儿。

使动类双宾语和结果类双宾语有相似之处，使动类双宾语有时候也表示动作行为的结果，两者的区别在于，使动类双宾语构造中动作行为的直接发出者是近宾语 O_1，如上面例（8）（9）（10）中，分别是"我急、我省、她添"，而结果类双宾语构造中动作行为的直接发出者往往是主语 S，如上面例（5）（6）（7）中，分别是"打印纸拉、他甩、孩子咬"。

(四)处所类双宾语

这类双宾语构造的特点是近宾语 O_1 表示处所,远宾语 O_2 表示跟处所相关的人或者事物。这类双宾构造往往都可以变换成存现结构。例如:

(11)放桌子上一本书→桌子上放一本书

(12)站门口两个人→门口站两个人

(13)盛碗里一块地瓜→碗里盛一块地瓜

总之,并非只有给予类和取得类动词可以构成双宾语构造,双宾语的语义类型较为复杂,我们这里只是列举了一些较为常见的类型。只要是一个动词后面带了两个宾语成分的,就都属于双宾语构造。

二、双宾语的其他问题

除了双宾语的语义类型,关于双宾语构造,我们还有其他两点需要说明。

首先,双宾语构造是我们根据动词在句法结构中实际所带的宾语数量来确定的,典型的三价动词比如给予类和取得类动词,固然经常带两个宾语,形成双宾语构造。但在上面的分析中我们发现,二价动词也可以进入双宾语构造。也即可以带双宾语的动词,事实上很多在进入双宾语构造之前本来是二价动词,但是它们在句中也带上了两个宾语,也即在句中临时关涉了三个名词性成分。[①] 上面我们举的几种语义类型中,除了表称类,大多是这种情况。我们再举几个给予类和取得类的例子。

(14)他扔了一个纸条。→他扔了我一个纸条。

(15)孩子吃了一盘寿司。→孩子吃了他一盘寿司。

(16)他浪费了三个小时。→他浪费了我三个小时。

上面例(14)中的"扔"被双宾语句临时赋予了 [+给予] 的语义特征,例(15)中的"吃"、例(16)中的"浪费"被双宾语句临时赋予了 [+取得] 的语

---

① 语义和句法分属两个层面,动词的价属于语义层面,而动词的宾语则属于句法层面。一个三价动词,可以在句法层面只带一个宾语,不形成双宾语句,例如"送",可以说"我送了一份礼物";反之,一个二价动词,也可以在句法层面带两个宾语,形成双宾语句,我们这里强调的就是这种情况。

义特征，它们在词汇句法层面本来都是二价动词，但是受到双宾语构造的构式语义的影响，在进入双宾语构造后却可以带上两个宾语，即关涉三个名词性成分。

此外，在双宾语构造中，近宾语 O_1 常常是指人的名词或代词，而如果远宾语 O_2 也是指人的，那么就只能用指人名词而不能用人称代词了。例如：

（17）我送董事长一个得力干将。→我送你一个得力干将。→*我送董事长他。→*我送你他。

（18）我介绍女孩一个朋友。→我介绍你一个朋友。→*我介绍女孩他。→*我介绍你他。

（19）销售部抢了人事部两个人。→销售部抢了我们两个人。→*销售部抢了人事部他们。→*销售部抢了我们他们。

总之，双宾语是一个动词在句中同时带两个宾语的句法构造，它跟动词的语义特点相关，典型的三价动词如给予类和取得类动词肯定可以带双宾语；但有些二价动词在句式语义的作用下，也可以合法身份进入双宾语构造，这也是双宾语的语义类型较为复杂的主要原因。

13.两个动词可以带一个宾语吗？

通过前面的讨论我们知道，在一个句子中，有时候一个谓语动词可以带两个宾语。那么反过来，两个动词能不能带一个宾语呢？答案是肯定的。

一般来说，句子中的谓语动词往往只有一个，但是这主要是就单句而言的。在复句中，每个分句都可以有带自己宾语的谓语动词，这样就有可能会出现同一个句子中两个或多个动词带同一个宾语的情况，特别是在对偶句或者排比句中，这种情况就更为常见。例如下面的例子：

（1）社会各界正在关注这一问题，当地政府也正在着手解决这一问题。

（2）文人墨客们赞美这座大山，当地百姓们的生活也仰仗这座大山。

（3）学生们爱戴这位老师，同事们敬佩这位老师，学校认可这位老师，政府也表彰这位老师。

（4）我们要认真讨论这个问题，仔细研究这个问题，好好解决这个问题。

上面的例（1）（2）是前后两个分句中的两个谓语动词带同一个宾语，例（3）（4）是排比句中多个谓语动词带了同一个宾语。再看下面的例子：

（5）父母爱他疼他，怎么都不够。

（6）老师们心甘情愿地照顾你们教育你们。

例（5）（6）是在同一个分句中由联合短语做谓语，而联合短语中的每一个动宾短语，其不同动词所带的宾语是一致的。

上面这些例子中，虽然不同动词所带的宾语相同，但同一个宾语毕竟是在各个不同的动宾结构中反复出现的。还有下面这种情况：

（7）会堂里大家正在学习讨论新的会议精神。

（8）请大家先认真思考再正确回答下列问题。

（9）你到底是喜欢还是爱她？

例（7）（8）（9），是在同一个句子中由动词组成的联合短语做动语共带一个宾语的情况。这实际上是最为典型的两个或多个动词共带一个宾语的情况。虽然都是由不同动词构成的联合短语带宾语，但这些联合短语内部动词之间的语义关系并不相同。例（7）中"学习"与"讨论"之间是并列关系；例（8）中"认真思考"与"正确回答"之间是递进关系，表示动作行为发生的先后顺序；例（9）中"喜欢"和"爱"之间是选择关系。

这种多个动词共带一个宾语的格式，有人认为是欧化句式，是现代汉语模仿西方语言，学习外国句式的产品，而实际上，据考察，这种格式在古代汉语中就已经存在（符达维，1987）。例如：

（10）今君有区区之薛，不拊爱子其民……（《冯谖客孟尝君》）

（11）……时人亦多排摈、毁斥之。（李商隐《李长吉小传》）

例（10）中，"拊爱"与名词意动用法的"子"共带宾语"其民"，例（11）中"排摈"与"毁斥"共带宾语"之"。可见，两个动词联合起来共带一个宾语的格式在我国本是源远流长的，并非新起。

不过，虽然汉语中多个动词共带一个宾语的格式的存在是合法的，但因表义方面的限制，这种用法并非现代汉语中的高频用法。

14. 带宾动词在句中一定要带宾语吗?

前面我们指出,及物动词可以带宾语,部分不及物动词也可以在句中带宾语,这样,不管是及物动词还是不及物动词,只要是在句中可以带宾语的动词,我们统一称之为"带宾动词"。那么,这些"带宾动词"在句中做谓语中心的时候,它的后面是否一定要求宾语成分与之同现呢?我们说,可以带宾语,并非必须带宾语,带宾动词在句中出现的时候,它的宾语成分并非一定要与之同现。

一、宾语可以不出现的情况

很多情况下,动词的宾语可以不与动词在句中同现。首先,在上下文中,大多数可带宾语的动词,其宾语可以借助一定的说话场景或上下文语境而省略。例如:

(1)—你吃晚饭了吗?
　　—我早吃过了。
(2)—完成作业了吗?
　　—完成了。
(3)—(手里拿着一件衣服,眼睛望向听话人)洗了吗?
　　—洗了。

有时候,动词的宾语成分没有出现在动词后面,而是因为语用表达等需要,移位到了别的句法位置。例如:

(4)我看过这部电影了。→这部电影我看过了。
(5)我穿着他的这件衣服正合适。→他的这件衣服我穿着正合适。
(6)我也洗衣服了,也做作业了,也整理房间了。→我衣服也洗了,作业也做了,房间也整理了。
(7)我都不怕死,还怕他不成?→我死都不怕,还怕他不成?

上面的例(4)(5),句子原来的宾语成分"这部电影"和"他的这件衣服",移位到了句首变成了主语成分,这样,动词后面就不再出现宾语成分了。例(6)

（7）动词原来的宾语"衣服、作业、房间"和"死"则由动词后面的宾语位置，移位到了主谓谓语句中的小主语位置，动词后面也不再出现宾语了。

有时候，句子中原来的宾语成分还有可能借助介词等发生降级，变为介词宾语，以强调某种语义关系。例如：

（8）我打碎了玻璃杯。→我把玻璃杯打碎了。

（9）我们打败了侵略中国的敌人。→我们把侵略中国的敌人打败了。

上面的例（8）（9），句子的宾语"玻璃杯""侵略中国的敌人"都降级成为介词"把"的宾语。

总之，大部分可以带宾语的动词，在句法层面上，可以不出现自己的宾语成分。

二、黏宾动词必须带宾语

汉语中还存在着少量及物动词，它们在成句时，其宾语成分必须出现在动词后面，不能因为语用等需要而省略或移位，好像黏着在动词后面，因此被称为黏宾动词。黏宾动词的最大特点就是动词和宾语成分在句中的永远共现性，如果黏宾动词的宾语成分不出现，句子就不能合法存在。例如：

（10）——你姓什么？

——我姓王。*我姓。

——太巧了，我也姓王。*太巧了，我也姓。

（11）教室里充满了同学们的欢声笑语。

同学们的欢声笑语充满了教室。

*教室里充满了。*同学们的欢声笑语充满了。

*同学们的欢声笑语教室里充满了。*教室里同学们的欢声笑语充满了。

*同学们的欢声笑语把教室充满了。

上面的例（10），"姓"是黏宾动词，其宾语不能借助语境省略。例（11）的"充满"，后面必须带宾语，宾语因为省略或移位或降级而不出现，句子都是不合法的。

（一）黏宾动词的类型

尹世超（1991）把黏宾动词分成了关系类、心理类、变化类、活动类和动作类等五个小类。刘晓惠（1999）根据黏宾动词后面所带宾语的语法性质，把黏宾动词分成了黏体宾动词、黏谓宾动词和全能黏宾动词。其中，黏谓宾动词内部又可以分为要求带双音节及物动词做宾语的，如"加以""给予"；要求带小句做宾语的，如"唯恐"等；没有特别要求的，如"乐得"等。而毛颖（2010）则特别提醒我们注意两类黏宾动词：一类是部分形动兼类词，这类词不带宾语时是形容词身份，黏着宾语后是动词身份，共63个（毛颖，2010），如"方便、端正、纯洁、麻烦、开阔、坚定、开通、感动、涣散"等。

（12）我们的生活非常方便。→这个设施极大地方便了群众生活。

（13）我们的态度一定要端正。→大家一定要端正自己的学习态度。

（14）他的心灵非常纯洁。→我们要纯洁党的队伍。

一类是由单音节实语素 X 和介语素 P 构成的 $X_单 P$ 复合式黏宾动词。这类动词后面的宾语本来是介词 P 的宾语，在双音化和高共现率等融合因素的作用下，P 开始后附于实语素 X，并演化为 $X_单 P$ 复合式黏宾动词（毛颖，2010），共51个[①]（毛颖，2010），例如"安于、便于、等于、基于、乐于、善于、位于、在于、利于、出自、来自、给以、加以"等。

（15）我们当中很大一部分人都安于现状，失去了奋斗的激情。

（16）这份墨宝出自一位人民警察之手。

（17）问题的关键在于我们这几天住在哪里。

（二）黏宾动词的语义句法特点

黏宾动词在句法上的黏宾性与其语义上的非自足性密切相关（杨锡彭，1992）。尹世超（1991）指出，黏宾动词的语义抽象虚灵，多表示某种抽象的关系，极少表示具体实在的动作行为，像是一种语义虚化的动词。毛颖（2010）、

[①] 毛颖（2010）以《现代汉语词典》（第5版）、《现代汉语逆序词典》（2005）为基础，穷尽性地筛选出了55个符合中级阶段标准的 $X_单 P$ 复合式动词，其中属于黏宾动词的共51个。

吴锡根（1994）也指出，黏宾动词的动作性很弱，当属非动作动词。因此，朱德熙（1985a）把"加以""给予""给以""予以""作（zuō）"等黏宾动词叫作"虚化动词"或"形式动词"。正是因为黏宾动词语义不自足，较抽象，它们才无法离开宾语而独立存在。大多数黏宾动词的句法功能比较单一，活动能力较弱，只能自带宾语，别无能事，是一种低能动词。此外，黏宾动词在重叠方面，带动态助词"着、了、过"方面[①]、带结果补语和趋向补语方面等，都比一般动词更受限制。

（三）黏宾动词的数量

通过以上的分析，我们知道，汉语中确实存在一部分动词，在句中出现的时候要求必须有宾语与之同现。同时我们也应该知道，黏宾动词在汉语动词中的占比很少，或者说动词在句中出现时，后面必须带宾语的情况很少。尹世超（1991）在文中列出的黏着动词只有400例左右[②]。吴锡根（1994）以《现代汉语词典》（1983年版）为基础进行穷尽性排查后的统计结果表明，黏宾动词只有372个，只占全部动词（12404个）的3%。毛颖（2010）以《现代汉语词典》（第5版）为基础，去除方言词，在现代汉语系统里考察黏宾动词，整理得到的黏宾动词共386个。

因此，我们可以这么说，汉语中大多数可以带宾语的动词，其宾语都可以不在句中与之同现。

[①] 吴锡根（1994）对《现代汉语词典》（1983年版）里的黏宾动词进行了统计分析：《现代汉语词典》所收372个黏宾动词中，只有89个可以带动态助词，只占总数的23.9%，而76.1%的黏宾动词不能带动态助词。
[②] 尹世超（1991）讨论的黏着动词中，除了黏宾动词外，还包括黏状动词、黏补动词等。

15. "上海队打败了"与"上海队打败了北京队"有何不同?

从句法格式上来看,"上海队打败了"是不带宾语的动词性谓语句,而"上海队打败了北京队"则是动补结构带宾语构成的动词性谓语句。从语义上看,前句表达的意思是"上海队败了",而带宾语的后句表达的意思则是"北京队败了"。所以,带不带宾语的差别,导致了语义表达上的正反差异。而这种差异,实际上是由补语"败"的语义指向不同造成的。

一、什么是语义指向

"语义指向"这一观念的萌芽,最早可以追溯到王力、吕叔湘等老一辈语法学家。具体来说,"指向",是吕叔湘先生在审读沈开木的论文《表示"异中有同"的"也"字独用的探索》时提出来的,之后,沈开木(1983)发表这篇论文时就使用了动词义的"指向"一词。而作为一个完整的语法术语,"语义指向"是由刘宁生(1984)提出的。之后很多语法学者对其从各个层面展开了研究,比如语义指向的数量、方向等,我们不再一一介绍。

这里,我们首先关心的是语义指向的含义。关于语义指向的定义,不同学者也都提出了自己的看法。我们认为,陆俭明(2003)对于语义指向的解释更容易理解,也更容易被大家接受,即"语义指向是指句中某个句法成分与哪一个成分之间有语义联系"。

二、补语的语义指向

在一个句子中,状语、谓语、补语等以及某些含指代意义的词,在语义上都会指向另一个与其有直接组成关系或没有直接组成关系的成分,与我们这里讨论的两个句子相关的正是补语的语义指向问题。

造成两个句子表义差别的其实正是动补结构中结果补语的语义指向问题。而其形式上的差别在于动结式后面是否带宾语。也即带宾语和不带宾语,会导致结果补语语义指向的差别。不带宾语时,"败"的语义指向前面的主语"上海队",所以是"上海队败了",而带宾语后,"败"的语义指向后面的宾语"北京队",所以是"北京队败了"。而关于不带宾语和带宾语时,结果补语的语义指向问题,不同的学者从不同角度做出过解释。

张国宪(1988)指出,由于"Rv"[①]的支配成分在句子中既不能省略又不能隐含,因此,所有的"$N_1+V·Rv(+N_2)$"结构中的"Rv"在语义上都有所指,缺少"Rv"语义指向成分的句子是不成立的。也即动词充当的结果补语,它的语义指向成分一定会在句子中以显性形式存在。而根据"Rv"语义指向成分必有规则,当"$N_1+V·Rv(+N_2)$"结构中只出现一个"N"时,"Rv"语义指向这个唯一的"N"。也即如果句子中只有一个名词性成分做主语时,动词性结果补语的语义就指向这个主语,例如"保姆吓醒了","醒"的语义指向"保姆"。而当"V·Rv"前后都有支配成分时,"Rv"的语义有较强的后指倾向,通常"V·Rv"后面的支配成分就是"Rv"的语义指向成分。也即如果句子中除了主语 N_1 外,动补结构还带了宾语 N_2,那么补语的语义倾向于指向宾语 N_2。例如"保姆吓醒了孩子"中,补语"醒"的语义就指向宾语"孩子"。不带宾语,动词性结果补语语义指向主语,带宾语,动词性结果补语语义指向宾语,这条规则,正好可以解释补语"败"语义指向为何不同。

关于"打败"带宾语时,其语义倾向于指向宾语,其他学者也从其他角度做出过说明。詹人凤(1989)是从充任补语的词语的语法性质方面进行考察的,他指出:"在主宾同时存在的动结式句子中,R 为及物动词,R 表述主语;R 为不及物动词或形容词时,R 表述宾语。"[②]梅立崇(1994)认为,补语为某些行为动作动词、变化消失动词[③]、状态动词、状态形容词时,补语在语义上表述宾语,宾语与补语有表述关系。李晓东(2008)强调"补语后指倾向",认为语义关系比较近的成分在线性序列中也趋于靠得比较近。在动结式句法结构线性序列上,很显然,述语和述语前面的成分靠得比较近,和述语后面的成分离得比较远;补语和补语

---

① 也即动词充当的结果补语。
② 本节分析的"败"正是不及物动词。
③ 本节分析的"败"正是表示变化消失的动词。

后面的成分靠得比较近，和补语前面的成分离得比较远。那么，补语和补语后面的成分语义关系比较近，语义也就指向补语后面的成分——宾语。马婷婷（2017）指出，制约结果补语语义指向对象的决定性因素是充当结果补语的谓词的语义特征。指物型动结式中结果补语以指向述语动词的客体论元为原型。总之，综合上面几家的观点，带宾语时，结果补语的语义指向宾语，应该是一个总体倾向。

三、相似例证

除了"打败"不带宾语和带宾语时语义指向不同从而导致句子表义出现差异外，汉语中还存在很多与之类似的例子。例如：

（1）a. 小婴儿哭醒了。　　　b. 小婴儿哭醒了妈妈。

（2）a. 她唱红了。　　　　　b. 她唱红了这首歌。

（3）a. 这对夫妻吵烦了。　　b. 这对夫妻吵烦了邻居。

（4）a. 狱警饿死了。　　　　b. 狱警饿死了犯人。

以上例句的意思分别是：

（1'）a. 小婴儿哭醒了。→ 小婴儿哭，小婴儿醒。

　　　b. 小婴儿哭醒了妈妈。→ 小婴儿哭，（使）妈妈醒。

（2'）a. 她唱红了。→ 她唱，她红。

　　　b. 她唱红了这首歌。→ 她唱，（使）这首歌红。

（3'）a. 这对夫妻吵烦了。→ 这对夫妻吵，这对夫妻烦。

　　　b. 这对夫妻吵烦了邻居。→ 这对夫妻吵，（使）邻居烦。

（4'）a. 狱警饿死了。→ 狱警饿，狱警死。

　　　b. 狱警饿死了犯人。→ 狱警（使）犯人饿，（使）犯人死。

有些语法学者认为，动结式其实表达的是一个复合事件，这个复合事件由两个互有联系的简单事件组成，"典型的动结式的两个子事件之间是因果关系。述语谓词所代表的简单事件是原因事件，补语谓词所代表的事件是结果事件。这两个子事件存在因果关系才能整合为一个复合事件，在句法上才能压缩到一个结构框架中"（李晓东，2008）。我们这里提到的这些例子也都是类似的情况。而且，不带宾语的动结式属于自动格式，补语的语义指向主语；

而带宾语的动结式则属于使动格式，补语的语义指向宾语，都含有"使+宾语+补语"的意思。

16. "上海队打赢了"与"上海队打赢了北京队"有何不同？

一、是"打败"类型的反例

前面我们提到，"上海队打败了"跟"上海队打败了北京队"的表义正好相反，是动结式"打败"中结果补语"败"的语义指向不同（不带宾语时"败"的语义指向主语，带宾语时"败"的语义指向宾语）造成的。

而跟"打败"类情况相反的一个典型例子是"打赢"。请看下面的句子：

（1）a. 上海队打赢了。

b. 上海队打赢了北京队。

跟动结式"打败"不同，不带宾语时，"赢"的语义指向主语"上海队"，a 句的意思是"上海队赢了"；带宾语时，"赢"的语义还是指向主语"上海队"，b 句的意思还是"上海队赢了"。a 句和 b 句表义基本一致，唯一的一点差别是 a 句没带宾语，所以没有交代"打赢"的对手是谁；而 b 句带了宾语，所以交代了打赢的对手是"北京队"[①]。这个例子跟我们前面举的"打败"类的情况不同，也即不管动结式后面是否带宾语，其补语的语义都是指向句首的主语。

二、原因分析

首先，语法学者已经指出，动结式带宾语时，补语的语义指向宾语只是一种"倾向"（李晓东，2008）或者是一种"原型"（马婷婷，2017），也即虽然更多情

[①] 去掉"打"字，由"赢"来取代"打赢"也是一样的情况。

况下补语的语义指向宾语,但也不排除例外和特殊情况,"打赢"就属于这种特殊情况。

其次,我们认为这跟动结式中补语的性质有关。"上海队打败了北京队"和"上海队打赢了北京队"的唯一一点区别就是动词性结果补语"败"和"赢"的差别。补语指向宾语的动结式(如"打败"),其补语基本都属于不及物动词,也即它们往往只有一个论元成分,而这个论元在句中充当了宾语,也即主语跟补语并不存在论元关系,只跟谓语中心动词存在语义联系。因此,去掉谓语中心动词后,整个句子往往就不再成立,比如"上海队打败了北京队",去掉"打"后,"*上海队败了北京队"便不再成立;"小婴儿哭醒了妈妈",去掉"哭"后,"*小婴儿醒了妈妈"也不能说;"他唱红了这首歌",去掉"唱","*她红了这首歌"也不能说等。这类动结式中两个子事件之间的前因后果关系,往往存在使动的意味[①]。

虽然充当结果补语的动词多数都是不及物动词,但也不排除及物动词的情况,"赢"正是一个及物动词。它有两个论元成分,一个是施事论元"赢者",一个是受事论元"被赢者"也即"赢"的对象,在"上海队打赢了北京队"中,二者分别占据了句子的主语和宾语位置。由于句子的宾语是补语动词的受事论元,而语义指向的对象往往是动作行为的施事论元,因此补语"赢"的语义自然还是指向句子的主语。由于句子的主语和宾语都是补语动词"赢"的论元,整个句子去掉谓语中心动词后依然成立,见例(1');动结式的两个子事件之间也不存在使动的意思,见例(1'')。

(1') a. 上海队赢了。

b. 上海队赢了北京队。

(1'') a. 上海队打赢了→上海队打,上海队赢。

b. 上海队打赢了北京队→上海队打北京队,上海队赢北京队。

因此,詹人凤(1989)指出:"在主宾同时存在的动结式句子中,R 为及物动词,R 表述主语;R 为不及物动词或形容词时,R 表述宾语",我们认为,这种总结还是有一定道理的。

---

① 可以参看15节中的例(1')~例(4')。

三、相似的例证

其实,"打赢"并非孤例,带不带宾语,补语的语义都指向主语的例子也有一些。例如:

(2) a. 我学会了。→我学,我会。

b. 我学会了编程。→我学编程,我会编程。

(3) a. 小姑娘听懂了。→小姑娘听,小姑娘懂。

b. 小姑娘听懂了我的话。→小姑娘听我的话,小姑娘懂我的话。

上面这两个例子中,补语"会""懂"都是及物动词或者说是二价动词,甚至谓语中心动词也是二价及物动词,不管带不带宾语,补语的语义都指向句子的主语。

四、余论

事实上,语义指向是一个非常复杂的问题,即使单论动结式中结果补语的语义指向,也远比我们这里讨论的要复杂得多。结果补语的语义,除了我们这里讨论的指向主语和指向宾语的情况外,还有指向谓语动词本身的情况,如"我抓紧了扶手"中,补语"紧"指向动作"抓"等。而有的补语的语义可能有指向多个成分的可能。

此外,我们这里只是按照詹人凤(1989)的观点,比较简单地讨论了"打败"和"打赢"中两个结果补语在语法性质上的差别及其语义指向上的差异,詹人凤(1989)的观点,具有一定的解释力,能够"说明一般情况",不过可能"不能全面反映语言实际"(李子云,1990)。

实际上,很多语法学者指出,结果补语语义指向的影响因素不止一个,梅立崇(1994)指出,结果补语的语义指向受句法、语义多个因素的共同制约。他认为,在主宾同现的动结式中,制约补语表述对象的因素,除句式外,还包括述语动词自身的语义特点、补语本身的语义特点和宾语等。李晓东(2008)认为制约结果补语语义指向的因素包括:次语类制约或语义匹配制约＞定指度制约＞生命度制约＞标记制约＞近距制约。于婷婷(2011)认为制约动结式中补语的语义指向的四个因素中，补语的语义特征＞述语动词的语义类别＞述语和补语的配价性质＞句式。我们也基本认同多因素制约说。比如上面我们举的例（2）b，"我学会了编程"中，补语"会"指向主语"我"，而如果补语不变，改变谓语中心动词和宾语，变成"我教会了他"[①]，那么"会"的语义就指向宾语"他"了。再比如，"累"是一个不及物动词，按詹人凤（1989），其语义应该指向宾语，但是在"姐姐洗累了衣服"中，"累"的语义却指向主语"姐姐"，这也跟补语"累"本身的语义是指人的心理感知状态有关。

[①] "我教会了他"就不能省略谓语中心动词变成"我会了他"了，也即虽然"会"是个及物动词，但在这个句子中"会"的论元成分实际上也只出现了一个。

第三部分　宾语的句法位置

17.古代汉语的宾语可以前置吗？

宾语的句法位置一般就是处在句中谓语动词之后。在古代汉语中，宾语不在常规句法位置的情况还是存在的，即通常我们所说的宾语前置。古代汉语中，宾语由谓语动词之后的位置前移至谓语动词之前的宾语前置有很强的规律性。古代汉语中的宾语前置，常见的有以下四种情况。

一、疑问代词宾语前置

疑问句中疑问代词"奚、谁、何、胡、安、何、曷"等做宾语时往往放在动词的前面。例如：

（1）以五十步笑百步，则何如？（《孟子·梁惠王上》）

（2）"沛公安在？"（司马迁《史记·项羽本纪》）

上面例（1）的"何如"实际上应理解为"如何"，例（2）的"安在"应理解为"在安"。

二、否定句中代词宾语前置

这种宾语前置，需要具备两个条件：一个是句子必须是否定句，句中往往有否定词"毋、不、无、未、莫、弗"等；一个是句子宾语必须是代词。这类句子中，代词宾语前置后，要放在否定词之后，动词之前。例如：

（3）三岁贯汝，莫我肯顾。（《诗经·硕鼠》）

（4）古之人不余欺也！（苏轼《石钟山记》）

上面例（3）的代词"我"放在否定词"莫"和动词结构"肯顾"之间，应理解成"莫肯顾我"。例（4）的"余"在否定词"不"和动词"欺"之间，应理解成"不欺余"。

三、介词宾语前置

现代汉语中，所谓的介词宾语一般要放在介词之后，而在古代汉语中，介词宾语往往放在介词之前，形成一种宾语前置现象，起强调的作用，这种情况常常出现在疑问句中。例如：

（5）"噫！微斯人，吾谁与归？"（范仲淹《岳阳楼记》）

（6）沛公北向坐；张良西向侍。（司马迁《史记·项羽本纪》）

例（5）是疑问句中，介词"与"的宾语"谁"前置。例（6）是陈述句中，方位词"北、西"做介词"向"的宾语前置。

四、特殊结构中宾语前置

古代汉语中，有时候还会借助"之"或者"是"把宾语前置于动词之前，有时候还会在"是"前加上"唯/惟"，构成"宾+'之'+动"或"(唯/惟)+宾+'是'+动"等特殊结构，以突出强调宾语。其中的"之、是"只是宾语前置的标志，没有什么实在意义。例如：

（7）句读之不知，惑之不解。（韩愈《师说》）

（8）唯才是举，吾得而用之。（曹操《求贤令》）

（9）鸡鸣而驾，塞井夷灶，惟予马首是瞻？（《左传·襄公十四年》）

例（7）是"之"放在前置宾语"句读"和动词结构"不知"之间，应理解为"不知句读"，"惑之不解"也应该理解为"不解惑"；例（8）是前置宾语"才"放在"唯"和"是"之间，"唯才是举"应理解为"唯举才"；例（9）是前置宾语"予马首"放在"惟"和"是"之间，"惟予马首是瞻"应理解为"惟瞻予马首"。

总之，古代汉语中不管是动词的支配对象还是介词的关涉成分，统一都叫作宾语。古代汉语中动词或介词的支配关涉成分放在动词前面往往都有特定的句法条件，或者特定的形式标志，我们把这种句法现象叫作宾语前置。

18. 20世纪50年代以前语法学界认可现代汉语有宾语前置的说法吗？

所谓宾语前置，实际上就是把动词（有时候是介词）的支配关涉对象从动词后面的句法位置移到动词前面的语法现象。动词的支配关涉对象从语义角度来讲，一般是动作行为的受事成分。所以古代汉语中的宾语前置，从语义角度来讲，也就是动作的受事成分从动词后面位置移到动词前面位置的一种倒装现象。古代汉语书面上使用文言文，而现代汉语书面上则使用白话文。由于书面语体系的改变，古代汉语中那几种典型的带有形式标志的宾语前置，在现代汉语中都消失了[①]，比如"莫我肯顾"，现代汉语中表达为"不肯顾我"，"惑之不解"，现代汉语中表达为"不明白疑难问题"，用词变了，语序上宾语也不再前置，而是放在了动词的后面。

虽然上面提到的几种宾语前置现象都不再保留，但现代汉语中仍然存在着受事成分位于谓语动词前面特别是位于句首的语法现象，那么这种语法现象是否是现代汉语中的宾语前置现象呢？应该说，对于这种表达方式的看法，语法学界有一个认识逐步深入的过程。

马建忠1898年出版的《马氏文通》作为我国第一部真正的语法学著作，具有开创之功。其中提到的"起词、语词、止词"，大体相当于我们今天所说的"主语、谓语（中心）、宾语"，《马氏文通》是以语义为标准来确定何为"起词"何为"止词"的。"凡受其行所施者，曰止词，言其行之所自发者，曰起词……夫'施于'者，即行之所施也，止词也；'施'者，起词也。"（马建忠，1898）。由于多用语义关系来确定起词和止词，如果"受其行所施者"也即"受事"位于"语词"也即动词前，马建忠就解释为倒装，如"'子入太庙，每事问'，其中的'事'是宾次而位先"（陈昌来，2002），虽未明说，其义实为宾语前置。

如果说《马氏文通》的主要讨论对象仍然是文言文，那么黎锦熙1924年出

[①] 当然古代汉语保留至现代汉语中的一些表达方式，比如成语中，也还是存在古代汉语中的宾语前置现象的，比如成语"唯利是图、唯你是问"等。

版的《新著国语文法》则是第一部白话语法著作。《新著国语文法》中提到"宾位",认为其"用作宾语",又说"宾位又有变式,即'把'字句和'连'字句等受事到述语前等类,受事到句首也是变式"(陈昌来,2002)。可见,黎锦熙认为,受事位于句首仍然是宾语,是一种变式表达的宾语,也即黎锦熙事实上也是认可宾语前置现象的。

汉语语法研究发展到20世纪40年代,吕叔湘出版了《中国文法要略》,其中对于句子的分析,有起词、止词、补词等成分。对于这些成分的确认,作者也是采用意义标准,认为起词也不总是在动词前,止词也不是永远在动词后,例如"有'起—止—动''止—起—动'等句式,还有'把'字式、被动式的变化"(陈昌来,2002)。同样没有明确提到宾语前置,但认为"止词"可以位于动词前面,实际也是承认宾语可以前置的。

到1946年,吕叔湘真切地认识到现代汉语中主语、宾语辨别中存在的问题,又发表《从主语、宾语的分别谈国语句子的分析》,具体研究了确定主宾语时"位置"和"施受关系"两项标准在应用时候的种种具体情形。其中提到之前的语法著作大都按照施受关系确定主宾语,但当句中只有一个受事位于句首,而施事并非因为省略而不出现时,也会把这个受事看成主语,例如"死马权当活马医、酒要一口一口地喝"(吕叔湘,1946)等,其中句首的"死马、酒"等虽然是受事,但也会被看成主语。

以上我们只是举例说明了20世纪50年代以前语法学家们对于宾语前置的看法。应该说,由于这一时期大多数语法学家还主要是从语义的角度去确定句法成分,所以大家基本认可前置的受事成分仍是宾语的观点,这实际上也就等于默认了宾语前置的存在。

19. 20世纪50年代以后语法学界认可现代汉语有宾语前置的说法吗？

20世纪50年代以后，随着美国结构主义描写语言学引入中国，语法知识获得了前所未有的普及，语法研究也向着更加深入的方向发展，语法学界对于宾语前置的认识也更加科学。

20世纪50年代以后"美国描写语言学在汉语语法研究中的初次成功运用"（陈昌来，2002）便是《现代汉语语法讲话》的出版。这部著作最早以《语法讲话》为名从1952年至1953年在《中国语文》上连载，1961年以丁声树等署名出版单行本，被誉为当时"大陆出版的最好的一本语法书"（周法高，1973）。对于句子成分的辨析，《现代汉语语法讲话》着眼于形式（位置），同时也对意义做了必要的说明。"一般来讲，在现代汉语里，主语总是在谓语的前边，宾语总是在动词的后边。由意义看，主语跟谓语有各种不同的关系，宾语跟动词也有各种不同的关系。""主语对谓语讲，有时候是'施事'，有时候是'受事'，有时候既不是'施事'，也不是'受事'，只是谓语陈述的对象。"（丁声树，1961）这应该是汉语语法学界第一次把句法成分中的主语宾语和语义概念中的施事受事区别开来。同时，《现代汉语语法讲话》也论证了受事主语句的合法性，"……这类句子并不是倒装句，只是主语在意义上是受事罢了"（丁声树，1961），这也就否认了受事位于动词前属于宾语前置的观点。这应该说是现代汉语语法学界第一次取消宾语前置的发声。

《现代汉语语法讲话》主张根据位置划分主宾语的观点一出，随即引发热烈反响。20世纪50年代，依据位置确定主宾语和传统的依据施受关系确定主宾语的两种观点发生了激烈的碰撞，使现代汉语语法学界掀起了一场关于主宾语问题的大讨论。讨论由《语文学习》编辑部发动，从1955年7月到1956年4月，进行了将近一年的时间，参与者多达几十人（龚千炎，1997）。讨论的前期，大家争论的焦点主要集中在确定主宾语到底是依据结构形式也即位置，还是依据施受关系也即意义上，大多数人的观点倾向于前者，如邢公畹、徐仲华等（龚千炎，1997）。讨论的后期，则主要是强调确定主宾语必须要同时顾及结构形式和意义两个方面，把二者有机结合起来。这应该是这次主宾语讨论的最大收获（龚千炎，1997）。

20 世纪 50 年代是语法知识的大普及时期，为了语法教学的顺利开展，1954 年，人民教育出版社着手拟定了"暂拟汉语教学语法系统"（以下简称"暂拟系统"），加上后续以此为纲编写而成的《语法和语法教学》《汉语知识》《汉语知识讲话》丛书等，"形成了一套互相补充、互相完善的教学语法系统，即一般所说的'暂拟系统'或'暂拟体系'"（陈昌来，2002），这一体系意义深远，影响了中学和大学的语法教学与研究近 30 年时间。受位置定成分观点的影响，"暂拟系统"承认受事主语，比如"他被批评了"中的"他"，也承认存现宾语和施事宾语。但同时，《汉语知识》中有宾语前置，如"'我谁也不认识'的'谁'，'他一口水都没喝就走了'的'一口水'，以及'把'的宾语等"（陈昌来，2002），同时，《汉语知识》也指出，这些"前置"是有条件的。这样看来，"暂拟系统"实际上走了一条中间路线，既承认受事位于动词前是主语而非前置宾语身份，又保留了有条件的前置宾语的看法。

20 世纪 60 年代前期，较有代表性的语言学研究成果是胡裕树主编的高等院校文科统编教材《现代汉语》。其中提到了"宾语的位置"，人为地规定受事宾语一般在动词后面，只有在一定条件下才可以提到动词前面，但是不能出现在施事主语的前边。"这比宾语提前说总算前进了一步"（龚千炎，1997）。

经过一段较长时间的停滞期之后，到 20 世纪 70 年代末 80 年代初，语法学界对于宾语前置的看法已经趋于一致。吕叔湘 1979 年出版的《汉语语法分析问题》在谈到主语和宾语的区分时，认为很多情况下，"主施宾受理论完全站不住脚了"（吕叔湘，1979），"主语也可以分别为施事、受事、当事、工具等等"（吕叔湘，1979），"如果代表事物的'宾语'跑到原来的'主语'的前头，就得承认它是主语"（吕叔湘，1979）。很显然，虽然承认现代汉语中仍然存在着倒装用法，但吕叔湘显然不再认可宾语前置，认为提到句首的受事不再是宾语，而是受事主语。

1982年，朱德熙的《语法讲义》出版，书中在讨论主语时，专门讨论了"受事主语、与事主语和工具宾语"（朱德熙，1982）；此外，书中还专门谈到了"主宾语和施受关系"，指出"主语不一定是施事，宾语也不一定是受事，不能把主语和宾语的区分理解为施事和受事的对立。'玻璃擦了'是主谓结构，不能因为'玻璃'是受事，就说它是宾语提前；……主语、谓语是句法概念，施事、受事、与事等等是语义概念，这两方面虽然有联系，但不是一回事，不能混同。"（朱德熙，1982）可见，《语法讲义》明确否认了宾语前置的分析方法。

除了专家语法外，教学语法也放弃了宾语前置的提法。1981年的全国语法和语法教学讨论会对教学语法中的"暂拟系统"进行了修订，在《〈暂拟汉语教学语法系统〉修订说明和修订要点》中，明确取消了"宾语前置"等名目（龚千炎，1997）。

应该说，到这一时期，语法学界对于现代汉语取消宾语前置的说法，已经基本达成了共识。

20.为什么语法学界逐步取消了宾语前置的说法？

我们前面对于取消宾语前置说法的过程的梳理中其实也已经提到，现代汉语中是否存在宾语前置这一问题的关键点就在于，我们对于主宾语的确定，到底是以意义上的施受关系为标准，还是以位置上的前后为标准。如果以意义上的施受关系为标准，那么只要是动作的受事，不管它处在什么位置上都是宾语。宾语的常规句法位置是在动词后面，这样，当受事成分放在动词前面的时候，就形成了所谓的宾语前置。而如果是以句法位置的前后为标准，位于句首的名词性成分，不管是动作的施事、受事还是与事等，都是句子的主语；位于动词后面的名词性成分，不管是动作的受事，还是施事、与事等，都是动词的宾语，这样，位于句首的受事成分也是句子的主语，就不存在所谓的宾语前置了①。因此，语法学界宾语前置说法的取消过程，实际上就是语法学家们由以意义为标准确定主宾语逐步转向以句法位置为主要标准确定主宾语的过程。

不能以意义上的施受关系作为标准确定主宾语，是因为意义标准存在着很多弊端。学界对此已经进行了深入的分析，概括起来，大体如下。

首先，"从语义方面来看，名词和动词之间，也就是事物和动作之间，可以有多种多样的关系，决不限于施事和受事。'施——动——受'的句子，论数量确实最多，可是论类别却只是众多种类之一。②……这些句子里边的名词，除代表施事或受事外，有的代表工具，有的代表原因，有的代表比较的对象，有的代表变化的结果，有的代表受到有利或不利影响的人物，等等。在这些例子面前，主施宾受的理论完全站不住脚了。"（吕叔湘，1979）这类句子中跟动词相关的名词性成分根本不是施事或者受事，这时候主施宾受的标准也就失去了它的用武之地。

其次，除了动词谓语句外，现代汉语中还存在着形容词谓语句，如"他非常善良和勇敢"，或者名词谓语句，如"鲁迅浙江绍兴人"等，这些句子中的主语是描写或者说明的对象，而非与动词相关，主施宾受的理论对这些句子更是显得无能为力。

最后，按照古汉语的判断标准，前置的宾语一般都可以还原回动词后面的位置，如前面第17节例（4）中的"不余欺"可以还原为"不欺余"，例（8）中的"唯才是举"可以还原为"唯举才"。现代汉语中如果我们承认有宾语前置的说法，那么，前置的宾语成分也应该能还原回动词后面的位置。但是我们发现，很

---

① 另外，"把"字句中，动词的受事成分在动词前面"把"字后面，因此是介词"把"的宾语，如"把它吃了"中的"它"。还有一种"受事+施事+动词"的句子，按照句法位置标准，句首的受事是全句主语，施事是谓语中的小主语，整个句子格式是主谓谓语句，例如"什么我都不懂"中的"什么"是全句的受事主语，"我"是谓语中的小主语。相似的格式尽量进行相似的分析，这样，与之类似的"施事+受事+动词"的句子，虽然句首有施事主语了，动词前面的受事我们也并不处理成前置宾语，而是看成谓语中的小主语，整个句子格式也是主谓谓语句。例如"我什么都不懂"中的"什么"不是前置宾语，而是主谓谓语句中谓语部分的小主语。
② 吕叔湘举的例子如"棉衣换成了单衣、我们明天考语文、王冕七岁上死了父亲、我只错了一道题、我送你的电影票你看了没有"等，我们这里没有一一列举。

多所谓的前置宾语都无法还原回动词后面的常规宾位。例如:

（1）件件物品都摆放得整整齐齐。

（2）整风运动搞得轰轰烈烈。

（3）这些纸糊了风筝。

（4）小米熬了粥。

上面的例（1）（2）中，动词后面又带了补语，例（3）（4）中，动词后面又带了宾语，这些句首的所谓前置宾语都无法还原回动词后面的位置。

以上我们只是对语法学界取消宾语前置说法的原因进行了简单的分析。应该说，在西方语言比如印欧语中，有着丰富的形态变化，所以句子中的句法成分往往可以通过形态标志来区分。比如英语中的"我"就有主格形式的"I"和宾格形式的"me"的区别。这样，我们很容易就可以通过形态来判定其句法身份。而汉语属于孤立语，其最大的特点就在于缺乏严格的形态变化。无法借助形态来区分句子成分，我们只能转而寻求别的标准。施事做主语，放在句首，受事做宾语，放在动词后面，这是汉语最常见的"语义—句法—位置"的搭配方式。但是当位置与语义发生冲突时，我们选择什么方式来确定句法成分，就成了一个关键问题。汉语的语言实践告诉我们，单纯依赖语义关系来确定句法成分是行不通的。确定句法身份，我们主要还是应该依据句法位置。当然，依据句法位置，也不是完全不考虑语义，而是从句法形式（位置）出发，兼顾意义。当遇到那些占据主语位置，但"望之不似"（吕叔湘，1979）主语的成分时，我们也并不承认它们是主语。比如"这时过来了一个人"中，句首的"这时"表示时间，"望之不似"主语，我们一般把它分析为时间状语。

第四部分　宾语与动词

21.非动宾式离合词可以带宾语吗？

离合词并不是名词、动词、形容词等之外的一种特殊词类，而是根据其外部结构特点归纳得到的一类语言现象。离合词这一术语最早是陆志韦（1957）提出的，它较为准确地概括了这类语言单位可离可合的结构特点。"离"是指它的前后两部分可以分开，插入"'着''了''过''个'、名词、代词、数量短语"等进行有限的扩展，例如"结婚、洗澡、理发"等，我们可以在其中插入其他成分，说成"结了一次婚、洗了两个小时的澡、理过两次发"等，这时候它们的性质就更接近于短语；"合"是指多数情况下，它们是以一个双音节词的形式整体存在的，而且即使扩展，也并不改变其本身的结构关系和意义内容。关于离合词的语法性质，有"词""短语""词和短语之间的中间状态""离为短语，合为词"四种观点，我们无意对此进行讨论，而主要关注离合词能不能带宾语的问题。

一、离合词的结构类型

离合词的结构类型不同，其带宾语的情况也不同。结合学界对于离合词的讨论，我们认为离合词的结构类型，主要有动宾、动补和主谓三种。像"模样、拘束、思想、张望"等词虽然有对应的"有模有样、无拘无束、左思右想、东张西望"这样的四字格式，有人将其视为联合型离合词（王素梅，1999），但我们认为这种四字格式类似于固定组合，和离合词常见的在中间插入的扩展形式不同，不应该看成是离合词。此外，有些离合词，"合"与"离"时的结构类型并不相同，我们按照它们"离"时的结构类型对它们进行归类。比如"洗澡、游泳、登记、完成、达到"等[①],"合"时,内部两个语素是联合关系,"同学"内部两个语素是偏正关系;但它们"离"时,是按照动宾或动补式进行扩展的,比如"洗澡"可以按动宾式扩展为"洗了一次澡""洗了两个小时的澡","同学"可以按动宾式扩展为"同了半年学""同过一年学"等,我们把它们都归入动宾式离合词;而"完成、达到"等可以按照动补扩展为"完得成、完不成""达得到、达不到"等,我们把它们归入动补式离合词。因此,我们认为,离合词基本不存在联合或者偏正的结构类型。

肖洋(2021)对《现代汉语词典》(第7版)进行了详细的统计,共得到离合词4044个。其中"动宾式、动补式、主谓式三类的数量分别为3861、124、59,分别占95.47%、3.07%、1.46%"(肖洋,2021)。由此可见,动宾式离合词在离合词中占到绝大多数,而动补式和主谓式离合词则数量较少。动宾式离合词带宾语的问题较为复杂,我们下节专门讨论;我们先来考察非动宾式离合词能否带宾语的问题。

二、动补式离合词带宾能力较强

动补式离合词一般由动词性中心语加上趋向或者结果补语构成,它们的扩展形式非常有限,只能在中间插入"得"或"不"。由于动补式离合词内部结合的紧密程度高,且结构内部不包含宾语成分,所以为了补足语义,它们带宾语的能力往往较强。据肖洋(2021),124个动补式离合词中,有84个可以带宾语,占比达67.74%。而且,动补式带宾离合词扩展之后也仍然还能带宾语。例如:

(1) 参透其中的深意　　参得透其中的深意　　参不透其中的深意
　　 遇见她男朋友　　　遇得见她男朋友　　　遇不见她男朋友
　　 完成作业　　　　　完得成作业　　　　　完不成作业
　　 打开销路　　　　　打得开销路　　　　　打不开销路
　　 看上他　　　　　　看得上他　　　　　　看不上他

[①] 以"洗澡"为例,《说文解字·水部》载:"洗,洒足也;澡,洒手也。""洗澡"最初是一个联合短语,意思是"洗脚和洗手",其结构与意义都与作为离合词的"洗澡"不同。(肖洋,2021)

主谓式离合词数量很少，且多数为形容词，只有少数几个为动词，如"脸红、嘴硬"等，但是受到主谓的结构限制，它们一般也都不能再带宾语。这里我们就不再赘述。

总之，在非动宾式离合词中，主谓式离合动词数量较少，且一般不能带宾语；而一半以上的动补式离合动词则可以在后面带上宾语。

22.动宾式离合词可以带宾语吗？

动补式离合词后面经常可以带宾语；但动宾式离合词，因为结构内部已经有宾语成分了，所以后面不再带宾语是常态。但是有些动宾式离合词却仍然可以在后面再带上宾语。我们分别来看。

一、绝大多数动宾式离合词不能带宾语

动宾式离合词从"合"的角度看，其词性并非都是动词，还有一部分形容词和副词。据肖洋（2021），3861个动宾式离合词中，形容词共有75个，例如"称心、倒霉、懂事、过分、害臊、合拍、合体、亏心、离谱儿、靠谱儿"等；副词共有8个，分别是"挨班儿、挨个儿、按理、趁便、当面、闷头儿、迎面、迎头"。这些形容词和副词，当然不能带宾语。

除了形容词和副词外，动宾式离合词大多数都是动词。但是这些动宾式离合动词，由动语和宾语两部分连缀而成，结构内部已经有了宾语成分，所以整个结构往往就不能再带宾语了。例如：

（1）这次商业演出鱼龙混杂，所以他罢演了。

  *他罢演了这次的商业演出。

（2）这个菜市场的小贩儿宰人没商量。

  *这个菜市场的小贩儿宰人顾客。

（3）暑假期间，我们一直在山东招生。

  *暑假期间，我们一直在山东招生学生。

由于不能带宾语，当需要引出动作对象等名词性成分 NP 时，动宾式离合动词一般采用两种格式。

第一种，加介词"和、向、给、跟、让"等来引出对象，格式为：介词+NP+离合词。如：

（4）小区居民为了房产证，集体向政府示威。

（5）我已经给他道歉了。

（6）昨天我已经跟他见面了。

（7）请给下列汉字注音。

第二种，将 NP 置于离合词（我们表示为 AB）的两部分之间，一般情况下需要在 NP 后面加上助词"的"，通常形式为：A+NP+的+B。例如：

（8）他当着全班同学的面，向被打的同学道了歉①。

（9）以后可要小心，千万不要再上他们的当了。

（10）我帮了他的忙，他这是表示感谢呢。

二、少数动宾式离合词可以带宾语

虽然大多数动宾式离合词不能带宾语，但也有极少数例外情况。肖洋（2021）将 3861 个动宾式离合词逐个输入 CCL 现代汉语语料库和 BCC 语料库，发现其中能够带宾语的动宾式离合词共有 164 个，只占到动宾式离合词总数的 4.25%。

（一）所带宾语的语义类型

带宾的动宾式离合词最常带的宾语是对象宾语、受事宾语和处所宾语，其次还有原因宾语、目的宾语、施事宾语等。带对象宾语的例如：

（11）拜师梅兰芳　复电南京　投资这家工厂　行贿主考官　进贡朝廷

它们有时候也可以用介词"向、给"等把宾语提到动宾式带宾离合词的前面，如：

---

① "道歉"也是动宾式离合词，用介词结构"向被打的同学"引出受事对象。

（11'）？向梅兰芳拜师　给南京复电　向这家工厂投资　向主考官行贿　向朝廷进贡

带受事宾语的例如：

（12）曝光了他的行程　打包饭菜　登记住址　脱手了几件古董

它们有时候可以用介词"把"把受事宾语提前。例如：

（12'）把他的行程曝光（了）　把饭菜打包　把住址登记（一下）　把几件古董脱手了

带处所宾语的例如：

（13）亮相上海电影节　落户山东　圆梦奥运会　扬名海外　做客直播间

它们有时候可以用介词"在、到"等把处所宾语提前。例如：

（13'）在上海电影节亮相　到山东落户　在奥运会圆梦　在海外扬名　到直播间做客

（二）形式方面的限制

需要注意的是，动宾式离合词带宾语时，必须使用"合"的形式，动态助词等必须放在整个离合词之后，如果中间插入了其他成分，变成"离"的形式，后面就不能再带宾语了。例如：

（14）*拜了师梅兰芳　*行过贿主考官　*打个包饭菜　*做过客直播间

（三）动宾式离合词带宾语的大致规律

关于动宾动词带宾语的问题，刘大为（1998a）认为动宾动词的词化程度越高，对句法结构的干扰就越小，带宾语的可能性就越大。词化程度越高，词自身的结构越不容易被使用者意识到，动词内的宾语对动词外的宾语干扰就越小，动词也就越能顺畅地带上宾语。

范妍南（2007）则通过考察词典中的释义，发现能带宾语的动宾式离合词，其内部两个语素结合得较为紧密，词义的凝固性也比较高，扩展形式非常有限，因此更接近于词，所以在使用时，人们往往忽略其动宾结构内部的那个宾语，在它的后面再加上另一个宾语。而不能带宾语的动宾式离合词，其语素之间的关系较为松散，可以插入其间的成分所受限制也较小。

我们基本认同上面两位的看法，即越容易被看成一个词的动宾式离合词，其带宾语的可能性应该越大；反之，越经常被拆开来使用，以短语身份出现的动宾式离合词，其后面带宾语的可能性应该越小。

此外，刘大为（1998b）还注意到，"动宾带宾"出现在标题、警句、口号、广告词等对语言精练程度有较高要求的表达形式中所造成的不顺畅感，明显低于用在叙述语言，尤其是口语化的叙述语言中。因为在标题等语体形式中，语言的主动使用者（撰稿人）总是在力图改变语言的固有样态而以新鲜的形式去吸引读者；语言的被动使用者（读者）也会对它采取一种十分宽容的阅读态度，用迥然不同于一般语体的阅读方式去积极地理解它。

总之，虽然动宾式离合词多数不能再带宾语，但仍有少数可以在"合"的状态下带上对象、受事或处所等宾语。而且，越是那些容易被看成一个词的动宾式离合词，其带宾语的可能性越大。

23. "张三追累了李四"与"张三骑累了马"有何不同？

"张三追累了李四"与"张三骑累了马"都是"主语＋动结式（V累）＋宾语"格式，但是，它们在表义方面的表现却不尽相同。我们举例说明。

一、"主语＋V累＋宾语"格式的几个例子

我们具体来看一下几个不同的例子，它们谓语中的结果补语都是"累"，但由于动词不同，宾语的生命度也不相同，在表义方面呈现出不同的情况。

（1）张三追累了李四。

    a. 张三追李四，张三累了。

    b. 张三追李四，（致使）李四累了。

    c.（张三致使）李四追累了。（李四追，李四累了。）

    d.*（张三致使）李四追累了。（李四追，张三累了。）

（2）张三骑累了马。

a. 张三骑马，张三累了。

　　b. 张三骑马，（致使）马累了。

　　c.*（张三致使）马骑累了。（马骑，马累了。）

　　d.*（张三致使）马骑累了。（马骑，张三累了。）

（3）姐姐洗累了衣服。

　　a. 姐姐洗衣服，姐姐累了。

　　b.* 姐姐洗衣服，（致使）衣服累了。

　　c.*（姐姐致使）衣服洗累了。（衣服洗，衣服累了。）

　　d.*（姐姐致使）衣服洗了。（衣服洗，姐姐累了。）

　　首先来看补语。"累"是一个描述人或动物身体感受的补语，这就限制了"累"的语义，使它只能指向表示人或者动物的名词性成分。例（3）的宾语是非生命体"衣服"，这就使得"累"的语义不能指向宾语。

　　其次，我们再看谓语动词。我们这里举的几个例子，谓语动词所表示的动作也都是由人发出的，由于宾语的不同，谓语动词可以指向宾语的情况也不尽相同。例（1）中的宾语都是指人名词，因此动词所表动作既可以是主语发出的，也有理解成是宾语发出的可能性。例（2）中的宾语是"马"，不能发出"骑"的动作，也即"骑"的语义不能指向宾语"马"。例（3）的宾语是"衣服"，"洗"更不可能指向它。

　　这样，句中宾语的差异，造成了谓语动词和结果补语"累"语义指向可能性上的差异，使得例（1）在语义上可以有三种理解，例（2）只能有两种理解，而例（3）只能有一种理解。沈家煊（2004）曾经指出，"整个动结式的语法和语义特征还跟动词和补语它们所联系的一些名词性成分之间的词汇选择，就是所谓的选择限制（selectional restriction）有密切的关系，俗话说就是'词汇搭配'，跟词汇搭配有密切的关系"。上面的几个例子，很好地证明了这一点。

　　我们再来看一下例（1）。主语和宾语分别是指人名词"张三"和"李四"，抛开句法结构，单从语义上来看，"追"和"累"都既可以指向"张三"，又可以指向"李四"。因此，"张三""李四"与"追""累"的语义搭配联系可以有四种，即"a. 张三追，张三累""b. 张三追，李四累""c. 李四追，李四累""d. 李四追，张三累"。但是我们在分析例（1）的语义时会发现，可能的理解只有三种，"d. 李四追，张三累"这种理解并不成立。之所以如此，我们认为，还是跟动结式的语义指向有关系。

郭锐（2002）曾经提出"近距原则"，即述语谓词的论元向前移，补语谓词的论元向后移，也就是说，述语谓词的论元和补语谓词的论元在动结式整合的过程中都往离自己近的位置移动。根据"近距原则"，施事主语跨越离自己最近的述语谓词和补语谓词组合，受事宾语跨越离自己最近的补语谓词和述语谓词结合，是最不经济的，它们都跨越离自己最近的谓词和离自己较远的谓词组合，是不可能出现的；而一优一劣的组合和两者皆优的组合都会存在，它们或者无须跨越离自己最近的谓词，或者只需跨越一次离自己最近的谓词（李晓东，2008）。我们认为，即使主语不是施事，宾语不是受事，这条原则仍然适用。

例（1）就是这样的情况。其中 b 种理解，"张三追，李四累"，主语与离自己最近的"追"组合，宾语也与离自己最近的"累"组合，这是两者皆优的组合，也是最具有倾向性的一种语义指向模式。a 种理解，"张三追，张三累"，主语"张三"与最近的"追"组合，同时主语还需跨越离自己最近的谓词"追"与"累"组合。c 种理解，"李四追，李四累"，宾语"李四"与最近的"累"组合，同时宾语需要跨越离自己最近的谓词"累"与"追"组合。a、c 两种理解都属于一优一劣的组合，也能成立。而 d 种理解，"李四追，张三累"，宾语"李四"需要跨越最近的谓词"累"与"追"组合，同时主语"张三"也需要跨越离自己最近的谓词"追"与"累"组合，这种两者皆劣的组合，"最不经济"，因此这种理解也就不可能成立。

二、主宾换位后的情况

以上我们分析了不同"主语 +V 累 + 宾语"格式的几个不同的例子，发现由于词汇选择限制，它们在表义可能性上存在着差异。下面我们再来看看它们主宾换位后的情况。

（4）李四追累了张三。

　　a. 李四追张三，李四累了。

b. 李四追张三,(致使)张三累了。

c.(李四致使)张三追累了。(张三追,张三累了。)

d.*(李四致使)张三追累了。(张三追,李四累了。)

(5)马骑累了张三。

a.*马骑张三,马累了。

b.*马骑张三,(致使)张三累了。

c.(马致使)张三骑累了。(张三骑,张三累了。)

d.*(马致使)张三骑累了。(张三骑,马累了。)

(6)衣服洗累了姐姐。

a.*衣服洗姐姐,衣服累了。

b.*衣服洗姐姐,(致使)姐姐累了。

c.(衣服致使)姐姐洗累了。(姐姐洗,姐姐累了。)

d.*(衣服致使)姐姐洗累了。(姐姐洗,衣服累了。)

主宾换位后的例(4),主语仍然是指人名词,因此依然可以有三种理解。换位后的例(5)(6)的主语是非指人名词,因此例(5)中谓语动词"骑"无法指向主语"马",例(6)中谓语动词"洗"也无法指向主语"衣服",它们分别只有一种可能的理解。

这样,对照主宾换位前的例(1)~(3),我们可以发现,就逻辑真值义而言,它们在以下意义上形成可逆关系。

(1)张三追累了李四。——(4)李四追累了张三。

　　a.张三追李四,张三累了。——c.(李四致使)张三追累了。(张三追,张三累了。)

　　c.(张三致使)李四追累了。(李四追,李四累了。)——a.李四追张三,李四累了。

(2)张三骑累了马。——(5)马骑累了张三。

　　a.张三骑马,张三累了。——c.(马致使)张三骑累了。(张三骑,张三累了。)

(3)姐姐洗累了衣服。——(6)衣服洗累了姐姐。

a.姐姐洗衣服，姐姐累了。——c.（衣服致使）姐姐洗累了。（姐姐洗，姐姐累了。）

例（1）与例（4）分别都有三种理解，但是，它们只在两种理解上形成可逆关系。例（2）与例（5），例（3）与例（6），都是只在一种意义上形成可逆关系。而且我们发现，形成可逆关系的这三组句子，虽然逻辑真值义基本一致，但在表义上都存在着自动与致动的差别。

总之，"主语+V累+宾语"格式，由于词汇选择限制，它们在表义的可能性上存在着差异。有的只能有一种理解，有的可以有两种理解，有的则有表达三种意思的可能性；它们主宾语换位后，所能表示意义的数量有时也会发生变化。

24. "吃面包、吃食堂、吃大碗"中"吃"后宾语有何不同？

"吃面包、吃食堂、吃大碗"是动词后面可以带各种语义角色宾语的具体实例。同样是动词"吃"，"吃面包"中宾语是受事，这也是动词所带宾语中最常见的语义角色，"吃食堂"中宾语是处所，"吃大碗"中宾语是工具。

"吃"为什么除了可以带受事宾语，还可以带工具、处所等其他中性宾语，认知语法和生成语法都给出了自己的解释。

一、认知语法的解释

认知语法认为这是语法转喻的结果，两个认知范畴借助"相关性"建立联系。像"吃食堂"这种结构，其中的"食堂"与"食堂的饭"具有"容器"和"内容物"之间的相关性，因此就可以用"食堂"转指"食堂的饭"，从而使"吃食堂"这一结构获得合法性（任鹰，2000；王占华，2000；张云秋，2004；胡勇，2016等）。"吃大碗"中"大碗"与"盛在大碗中的食物"更是具有"容器"和"内容物"之间的相关性，从而可以用"大碗"转指"盛在大碗中的食物"，使"吃大碗"获得合法性。

二、生成语法的解释

"吃食堂""吃大碗"的合法性也可以用生成语法中的轻动词理论进行解释。轻动词理论假设有些结构包含有语义内容但没有语音形式的轻动词,这种轻动词最大的特点就是一定要黏附在实义动词身上。这样,"吃食堂"包含一个轻动词,其结构是"V[在]食堂吃",由于轻动词"V[在]"要求黏附在实义动词身上,所以"V[在]"就把后面的实义动词"吃"提到它的位置上来,从而变成了"吃食堂"。"吃大碗"的生成也与之类似,因为有个轻动词结构"V[用]大碗吃",由于轻动词"V[用]"要求黏附在实义动词身上,所以"V[用]"就把后面的实义动词"吃"提到它的位置上来,从而生成了"吃大碗"这一表层结构。

二、语言的约定俗成性

需要指出的是,虽然"吃食堂""吃大碗"这类处所、工具等非受事宾语在语言中确实存在,其生成机制也得到了语法学家们的合理解释,但它们在现实语言生活中出现的频率并不高,而且其动宾的组配往往带有较强的固定短语性质,是长期语言使用过程中约定俗成的结果,并不具有较高的类推性。一般来说,同样是"吃"的工具,"大碗"可以做"吃"的宾语,"筷子、叉子"等却不可以;同样是"吃"的处所,"食堂"可以做"吃"的宾语,但"酒店""餐厅"等却不可以。

此外,从动词的角度来看,日常口语中高频使用的单音节动词,在语言使用的经济性原则驱动下,更容易形成这种非受事成分做宾语的搭配格式。比如"写",可以带工具宾语说成"写毛笔";"洗",可以带材料宾语说成"洗冷水";"存",可以带方式宾语说成"存定期";等等。书面语色彩比较强的双音节动词,不太容易形成这种格式,比如"研究、讨论、思考、部署、规划"等,后面带的一般都是受事宾语。

另外,语言是约定俗成的产物。前面我们指出,就全民范围而言,一般我们可以说"吃食堂"但却不能说"吃餐厅",更不能说"吃荷园餐厅"。但是,如果是在一所学校中,同学们吃饭的餐厅有"荷园餐厅、鑫苑餐厅、紫薇餐厅"等几个,相熟的几位同学之间讨论在哪里吃饭,彼此之间就可以有这样的对话:

（1）——你吃哪里？

　　——我吃荷园餐厅。

　　语言是交际的工具，虽然在全民范围内，"吃荷园餐厅"的说法不被接受，但在几个同学所形成的特定的小的社交团体内，在语境的帮助下，"吃荷园餐厅"的说法也完全可以实现交际功能，而被这一特定社交团体内的成员所普遍认可和接受。

　　总之，"吃"等口语中的单音节高频动词，是可以在后面带非常规的工具、处所等语义成分做宾语的。

25. "打鼓""打麻将"与"打今儿（起）"中"打"后宾语有何不同？

　　宾语是动词所充当的动语的连带成分，与动词存在着密切的联系。有时候，一个动词所带宾语语义类型的复杂性，就主要是由于动词义项的丰富性造成的。"打"就是一个多义词的典型代表，它后面可以带语义类型丰富的宾语，就主要是由其丰富的词义义项造成的。

　　"打鼓""打麻将"与"打今儿（起）"中"打"后的宾语是不同的，原因不但在于"打"义项的丰富性，更在于这其中的"打"是两个词性不同的词，"打鼓""打麻将"中的"打"是动词，"打今儿（起）"中的"打"是介词。动词后面的名词性成分是宾语；而介词属于虚词，它后面的名词性成分，虽然我们习惯上也称为介词宾语，但其实它并非真正的句法成分，而只是介词介引关涉的对象。

　　动词"打"是现代汉语基本词汇中的一员，其使用频率非常高，在漫长的使用过程中，使用范围也在不断扩大，从而发展衍生出了非常多的义项。"打"是汉语中意义最多最复杂的一个词，第六版《现代汉语词典》中收录了其动词义项24个，介词义项1个；吕叔湘主编的《现代汉语八百词》收义较为概括，也收录了其动词义项12个①，介词义项2个（吕叔湘，1999）。由于其表义和所带宾语的复杂性，"打"很早就引起了人们的关注，远溯至欧阳修认为"触事皆为打"，近至刘半农、陈望道、胡明扬、符淮青等学者都对其进行过研究。由于其意义太过复杂，刘半农甚至认为"打"是意义含混的混蛋字，而且是"混蛋到了透顶"（刘瑞明，1998）。

"打"表义复杂，所带宾语复杂，但这种复杂并非没有规律。"打"有文献可查的最初意义是"（用手或器物）撞击某物"，是一个明显的动词。"打鼓"的"打"就是使用的"打"的原始意义，其后所带的宾语"鼓"是受事宾语，是撞击动作的直接承受者。而随着"打"使用范围的扩大，"打"词义的发展大体上可以分为两个路径。一个是词义的泛化，另一个是词义的虚化。

泛化的具体方向又有两个。一个是沿着表示实义动作的方向引申。比如"打"引申出了"器皿、蛋类等因撞击而破碎"义，如"打了个杯子"；"殴打、攻打"义，如"打人、打仗"；"放射、发出"义，如"打电话、打枪"等。这其中的"打"后的宾语一般都是名词性的受事宾语。另一个则是向着表示抽象模糊的思想、情感、心理活动、事件等无形概念的方向发展。比如表示"通过一定手段使成为"义，如"打毛衣、打井、打洞"，其中带的宾语"毛衣、井、洞"等都是结果宾语；再比如表示"从事某种行为、活动、游戏等"，如"打杂、打埋伏、打官腔、打麻将、打哆嗦"等，其中的宾语则较为复杂，可以是受事宾语，如"打麻将"中的"麻将"；也可以是非受事宾语，如"打官腔"中的"官腔"可以理解成方式宾语等。

"打"词义的虚化则是指作为动词的"打"表义逐渐变虚，从而变成了一个介词。汉语中的大多数介词都是由动词词义的虚化发展而来的，甚至很多词在现代汉语中同时保留了其动词义和介词义，如"把、拿、叫"等。"打"的介词义为"表示处所、时间、范围的起点或经过的路线、场所"，"打今儿（起）"的"打"就是表示时间的起点，其后的"今儿"是介词"打"的介引对象，不是严格意义上的宾语成分。

---

① 后面"打"的释义就主要是引自《现代汉语八百词》。

通过上面的分析我们知道，"打"表义非常复杂，有时候是具体动作义，如"打鼓"，有时候是抽象动作义，如"打麻将"，有时候是虚化介词义，如"打今儿（起）"。与其表义的复杂性相对应，其后面的名词性成分也较为复杂，不仅限于受事宾语，也可以是结果或方式宾语等，甚至有时候并不是严格意义上的宾语，只是介词的介引对象。

26. "搞对象"与"搞建设"中"搞"后宾语有何不同？

"搞"大致起源于西南官话（刁晏斌，2015），现在已经成为了普通话中的一个高频词。据统计，它在现代汉语使用度最高的前8000个词中居第325位，在生活口语前4000个高频词中居第374位（刘芳，2010）。与"打"不同，"搞"没有相关的具体动作义，而是一个纯粹的泛义动词。所谓泛义动词，是指语言中一个动词可以指称或代替许多具体的动词，表义宽泛而游移，似乎有很多的意义，但这些意义之间缺乏明确的引申关系（李俊杰，2012）。《现代汉语八百词》对"搞"的释义为"做；弄；干"（吕叔湘，1999），"搞"和释义中的"做、弄、干"一样都是泛义动词。作为一个泛义动词，"搞"后面所带的宾语主要可以分为两类，一类是名词性宾语，"搞对象"即为此类；一类为动词性宾语，"搞建设"即为此类。

一、"搞" + 名词性宾语

先来看"搞"带名词性宾语的情况。"搞"后带名词性宾语时，它的主要功能是代替某些实义动词，常随着不同的宾语而表示不同的意义，这时候"搞"具有很实在的 [+动作义]。如：

（1）搞对象——找结婚对象

　　　搞社团活动——组织、开展社团活动

　　　搞社会科学——研究社会科学

　　　搞市场经济——倡导并开展市场经济

搞马克思主义——坚持、提倡、研究、发展马克思主义等

搞女人——通过各种手段（包括不正当手段）得到女人

搞阴谋——设计并实施阴谋活动

从上面的例子我们能够看出，"搞"后面既可以跟表示具体事物的名词性宾语，如"搞对象"；也可以跟表示抽象事物的名词性宾语如"搞马克思主义"。"搞+NP"既可以表示积极语义或中性语义，如"搞活动"等，又可以表示消极语义如"搞女人""搞阴谋"等。另外，如果是"数量词加表示具体事物的名词做宾语，'搞'有'设法获得'的意思"（吕叔湘，1999），例如：

（2）搞两吨煤

搞几处房子

搞三台电视机

搞十张演出票

之所以用"搞"来代替具体的实义动词，主要是因为"有些动作在人类用来交际的语言中并非都能轻而易举地找到合适的动词来表示，对于难以运用确切的词来表达的动作，需要一个表义范围宽泛的动词来笼统地表达这些难以确切描述的动作"（徐时仪，2003）。上面例（1）中，大致用实义动词解释了"搞"在跟不同宾语搭配时的不同意义，但这种解释其实并不能涵盖"搞"的全部意义，因为用"搞"所表达的意义要比之更笼统、更宽泛。而且有时候"搞"所表示的语义内容甚至需要好几个实义动词意义相加才能大体涵盖，因此，用"搞"也符合语言使用的经济性原则。总之，"搞"能用最简洁的形式表示更加丰富、宽泛甚至其他动词无法确切描述的动作行为义，这是人们用它来取代实义动词的主要原因。

二、"搞"+动词性宾语

除了可以带名词性宾语外，"搞"还可以带动词性宾语（李俊杰，2012）。例如：

（3）搞联欢——进行联欢活动

搞计划生育——进行计划生育活动

搞装修——做装修工作

搞设计——做设计工作

搞创作——进行创作

搞建设——进行建设

朱德熙（1985a）指出，"进行、加以、给予、给以、予以、做"是虚化动词，这些动词"原来的词汇意义已经明显弱化了，因此在某些句子里把它们去掉并不影响原句的意思"。我们认为，"搞"后面带动词性宾语时，也是一个虚化动词或者形式动词，其动作义已在很大程度上减弱或虚化，其作用在于带出后面的动词宾语，语义中心也在后面的动词宾语部分（孙叶林，2004）。作为形式动词，"搞"可以用其他形式动词代替，比如上面的"进行、做"等，其后面的动词性宾语也不能再带自己的宾语。例如：

（3'）*搞装修房屋

*搞设计图纸

*搞创作小说

*搞建设国家

三、"搞"+形容词性宾语

除了可以带名词性宾语和动词性宾语外，"搞"有时候还可以带形容词性宾语，当然，这种结构出现的频率非常低。例如：

（4）搞特殊（待遇、制度……）

搞平衡（状态、关系……）

搞卫生（状态……）

形容词放在动词后面往往充当补语，而这几个例子中"搞"后面的形容词却做了宾语，我们认为，通过语法转喻的方式，这里的形容词获得了一定的名词义，或者也可以说"搞+形容词宾语"结构中，"搞"的语义实际上指向具有该形容词特征的名词。如"搞特殊"即"实行贯彻特殊的制度或方法、待遇、政策等"，"搞卫生"即"打扫……房间或地方"使之变得"卫生"等（刘芳，2010）。这时候"搞"的作用跟后面带名词性宾语时大致相同，还是充当某些实义动词的替身，义为"做……的事情；维持……的状态"（郑漫，2016），具有较为凸显的[+动作义]。

四、"搞"可以重叠

作为泛义动词的"搞"，还可以重叠，重叠之后仍然可以带宾语，表示比较轻松的动作或动作的尝试、重复，以及动作时量短等意思，具有较强的口语色彩。例如：

（5）本来老婆的工作单位不错，大学毕业坐办公室，每天也就是搞搞文件，写写工作总结，余下的时间是喝茶看报纸。

（6）小惠则在百花文艺出版社《小说月报》担任副主编，各得其所，业余搞搞创作，不时有作品问世。

（7）那话说得还满和气："没关系，想不通搞搞卫生再开张，过几天我们验收来。"①

上面的例（5）（6）（7）分别是"搞"的重叠式带名词性宾语、动词性宾语和形容词性宾语的例子。

总之，泛义动词"搞"后面既可以带名词性宾语，又可以带动词性宾语（李俊杰，2012）。带名词性宾语时，它的主要作用是替代相关的实义动词，这时它的[+动作义]凸显；带动词性宾语时，它是一个形式动词或者虚化动词，主要作用是引出后面作为语义中心的动词性宾语，[+动作义]虚化或者变弱。

27. "弄"后宾语与"搞"后宾语有何不同？

"弄"是现代汉语中又一个使用频率颇高的泛义动词，根据《现代汉语频率词典》（北京语言学院语言教学研究所，1986）的统计，"弄"在被调查的8000词中居第319位（胡骏飞、陶红印，2017）。《说文解字》中说："弄，玩也。"即

---

① 例（5）～（7）都转引自李俊杰（2012）。

用手持玉把玩的意思。李白《长干行》中的诗句"郎骑竹马来，绕床弄青梅"也应和了这个意思（冉丹，2010）。吕叔湘《现代汉语八百词》（1999）中，"弄"的义项有三个：① 搞，做；②设法取得；③摆弄，玩弄。我们认为，其中第③个义项比较接近"弄"的本义，表示手部的具体动作，如"弄土、弄花、弄电脑"等，而"弄"的前两个义项都是它的泛义动词义。

"弄"和"搞"作为两个常用的泛义动词，都可以在后面带宾语，它们所带的宾语既有相似之处，又有不同之处。

一、带动词性宾语

前面我们讨论了"搞"带宾语的情况，发现"搞"可以带动词性宾语，如"搞建设、搞装修、搞设计"等，这个时候"搞"的动作义不明显，是一个虚化动词或形式动词，去掉它并不影响意义的理解。但是与"搞"不同，"弄"不能带动词性宾语，"*弄建设、*弄装修、*弄设计"等的说法都是没有的，也即"弄"没有形式动词的用法。

二、带形容词性宾语

"搞"有时候能带形容词性宾语，如"搞平衡、搞特殊"等，但这时"搞"的语义实际上指向具有该形容词特征的名词，而且这种形容词性宾语不太常见。与"搞"类似，"弄"也可以带形容词性宾语，但是多限于成语等古代汉语遗留下来的一些固定短语，如"弄虚作假""弄假成真""弄巧成拙""故弄玄虚"等，这其中的形容词实际上指的也是具有这些形容词特征的事物或现象，如"弄虚作假"中的"虚"和"假"指的是"虚的事物"和"假的事物"等。

三、带名词性宾语

"搞"和"弄"作为泛义动词都经常带名词性宾语。但是两者所带的名词性宾语略有差别。

首先，当宾语关联某些比较细小的手部动作，特别是动词使用重叠式时，一般用"弄"不用"搞"。比如"弄弄头发、弄弄领结"等我们一般不能说成

"*搞搞头发、*搞搞领结"等。"弄"的本义为"用手把玩",在表示动作时,有时表示的也是和手相关的"小而细微"的动作,常适用于比较随意的场合,而且动词重叠又增添了一种尝试性或短时间的色彩,这样又进一步减小了"弄"的动作幅度。而"搞"的动作性比较强,可以用在比较正式的场合(铁艳凤,2010),不适合表示比较细微的动作。

反之,在一些比较正式的场合,或者宾语表示一些比较大的对象时,我们一般用"搞"不用"弄"。比如宾语表示"制度、原则或方式"的意义时,用"搞"不用"弄","搞分裂、搞资本主义、搞双重标准、搞三权分立"等,不能说成"*弄分裂、*弄资本主义、*弄双重标准、*弄三权分立";又比如宾语表示"一种活动"或"一种运动"时,用"搞"不用"弄","搞活动、搞新文化运动、搞比赛"等,不能说成"*弄活动、*弄新文化运动、*弄比赛";再比如宾语表示某种行业或专业时,用"搞"不用"弄","搞文科、搞艺术、搞体育、搞旅游"等,不能说成"*弄文科、*弄艺术、*弄体育、*弄旅游"。

此外,在表示"随便的男女关系"时,"搞"的使用频率比"弄"更高,并且有些时候只能用"搞"而不能用"弄",如"搞婚外情、搞女人"等,不能说成"*弄婚外情、*弄女人"(铁艳凤,2010)。

最后,同样是泛义动词,"搞"在代替具体动作动词时,表义虽然宽泛但是却相对确定,只要后面的宾语确定了,"搞"所代替的动作义也相对明确,如"搞对象"就是"找结婚对象","搞关系"就是"拉关系","搞一个方案"就是"制定一个方案"(吕叔湘,1999)等。而"弄"的表义却宽泛而不确定(田明秋,2010),即使后面的宾语明确了,它所代替的具体动作义有时却并不明确,而需要借助于更多的语境信息来消除歧义。比如"我不会弄鱼",可以理解为"我不会清理鱼(内脏)"或"我不会烧鱼"或"我不会蒸鱼"或"我不会煮鱼"或"我不会烤鱼",还可理解为"我不会养鱼",具体意义要根据上下文来理解(冉丹,2010)。又如"小王弄电脑去了",可以理解为"小王买电脑去了"/"小王借电脑去了"/"小王拿电脑去了"/"小王用电脑去了"/"小王组装电脑去了"/"小王修理电脑去了",这也要视语境而定。

总之,"搞"可以带动词性宾语而"弄"不可以,"搞"和"弄"都不太常带形容词做宾语。此外，带名词性宾语时，"搞"常用于正式语体，宾语表示较大的对象，表义宽泛但确定；而"弄"常用于较为随意的场合，宾语可以与手部细小动作相关，表义宽泛而不确定。

28. "作客"与"做客"有何不同？

"作"与"做"虽然存在很多重合义项，但它们在带宾语时也有着分工的大致倾向。而有些情况下，表面看来，二者带相同的宾语，属于同义异形；而实际的情况则并非如此。

一、"作客"与"做客"

"作客"与"做客"是"作"与"做"后面分别带上同一个宾语的实例。但是，两个动宾结构表义略有差别，其中的"作"与"做"也并不能互换使用。

"作客"指"寄居在别处"，如"作客他乡"（中国社会科学院语言研究所词典编辑室，2012[①]）；而"做客"则是指"访问别人，自己当客人"，如"到亲戚家做客"（同上），与之用法类似的反义词是"做东"。也即二者虽然都是"当作""客人"，但"作客"是一种长期的身份认定；而"做客"则是一种短期的临时性身份扮演。

类似这样的例子还有一些。

二、"作书"与"做书"

"作书"的书面语色彩比较浓，现在用得比较少，属于动宾合成词，有好几个意思，现在比较常见的意思是"写字、写信"，如"作书一封"。

"做书"则是一个动宾关系的短语，"制作图书、出版图书"的意思，如"做书的人也特别爱书"等。

[①] 这一节中下面同一出处的，一律简称作"同上"。

三、"作对"与"做对"

"作对"有两个义项：一个是"做对头，跟人为难"，如"他成心跟我作对"；第二个是"成为配偶"，如"成双作对"（同上）。这两种意思上，"作对"都是动宾结构，而且结构相对凝固，属于词。

"做对"中"对"并不是"做"的宾语，"做对"是中补结构，意思就是"做得正确"，如"这道题你做对了"，跟"做错"相对，表义比较具体，中间还可以插入补语的标志"得"，比如"做得很对"等，属于短语。

四、"作法"与"做法"

"作法"有两种意思。一种是"旧时指道士施行法术"（同上），如"他们请师父到家里来作了一次法"，这种意思上"作法"中间可以拆开，插入其他成分，是个动宾短语。"作法"的第二种意思则是"作文的方法"，如"文章作法"，这时候"作法"是个定中关系的复合词。

"做法"则是一个定中结构的名词，指"制作物品或处理事情的方法"，如"掌握紫砂壶的做法""说服教育，这种做法很好"（同上）。

五、"作罢"与"做罢"

"作罢"是一个动宾关系的动词，意思是指"作为罢论；不进行"，如"既然双方都不同意，这件事就只好作罢"（同上）。

"做罢"则是中补关系，意思是"做完，进行完"，如"做罢这件事情，我就打算退出这个行业了"。

六、"作成"与"做成"

"作成"是动词，意思为"成全"，如"作成他俩的亲事"（同上）。而"做成"则是个中补短语，意思是"从事某种活动或者制作某种物品成功了"，如"经过多年的努力，他终于做成了一件大事""孩子用这些纸做成了一个信封"。"做成"中间可以加"得/不"变成"做得成/做不成"表示可能或不可能，如"你做不成这件事"。

总之，上面几个"作"与"做"后带相同成分的例子，有的是词，有的是短语；有的是动宾的结构关系，有的则不是。它们表义并不相同，需要我们在使用时仔细辨别。而这些成对词语的差异也正好体现了"作"与"做"意义与用法上的分野："作"书面语色彩较浓，表义较为抽象，现代汉语中常用作构词成分；而"做"的口语色彩较强，表义较具体，现代汉语中常作为独立的动词来使用。

第五部分　宾语与主语

29.宾语和主语可以互换位置吗?

现代汉语中，主语和谓语相对，是就句子结构而言的；而宾语和动词充当的动语相对，是就事物和动词的关系而言的。主语和宾语本不属于同一个层面，也不是相对立的句法成分。但是由于一般来讲，汉语句子的构造中，动词常常是句子的语义核心，而主语和宾语又分居动词的两端，所以人们总是习惯把两者放在一起对比讨论。"因为'宾'和'主'相对，正如'阴'和'阳'相对，'负'和'正'相对，已经深入人心，牢不可破，不管你说多少遍'主语和宾语不是对立的东西'也没用。"（吕叔湘，1979）那么，主语位于动词前，宾语居于动词后，两者能否互换位置呢？

我们知道，作为孤立语的汉语缺乏严格的形态变化，因此语序就成为汉语中表达语法意义的重要手段。"主语＋动语＋宾语"的句法序列，跟"施事＋动作＋受事"的语义序列相对应，也就构成了汉语中无标记程度最高的句法语义搭配关系。而主语和宾语一旦互换位置，也即这种无标记的语序一旦被打破，就意味着汉语中的常规语义配位被改变，造成的结果主要就是两种。第一种，主语和宾语互换位置后，句法结构不再成立。第二种，主语和宾语互换位置后，句子的逻辑真值义发生了变化。这是汉语中大多数句子的情况。

一、换位后句子不再成立

汉语中大多数的主动宾句，在主语和宾语互换位置后，句子的合法性遭到了破坏，整个句法结构不再成立。这往往是因为句法位置改变后，句子的语义关系也跟着发生了变化。例如：

（1）A 我吃面包。→B* 面包吃我。

（2）A 妈妈在织毛衣。→B* 毛衣在织妈妈。

（3）A 汉语是孤立语。→B* 孤立语是汉语。

上面的例（1），主宾语互换位置后，原来A式的主语"我"和宾语"面包"的语义身份也发生了互换，"我"由原来的施事变成了受事，而"面包"由原来的受事变成了施事。但是"面包"作为非生命体，根本无力承担"吃"的施事角色，因此造成了句子的不合法。例（2）情况也与之类似。例（3）中的谓语动词是判断动词"是"，表达主语和宾语之间在语义上的隶属关系，即A式主语"汉语"是宾语"孤立语"这一类别中的一员；主宾语互换位置后，这种隶属关系也跟着发生了变化，句子B式要表达的意思变成了类别"孤立语"是成员"汉语"中的一员，显然与客观实际不符，句子因此不再合法。

二、换位后语义发生改变

还有一些主动宾句，在主宾语互换位置后，句子中的语义关系发生了变化，但是句子仍然成立。例如：

（4）A 总理爱人民。→B 人民爱总理。

（5）A 男孩拉着女孩。→B 女孩拉着男孩。

（6）A 辽宁队打败了北京队。→B 北京队打败了辽宁队。

（7）A 这首歌唱红了她。→B 她唱红了这首歌。

（8）A 三个月烧不了一吨煤。→B 一吨煤烧不了三个月。

（9）A 一次会开三天。→B 三天开一次会。①

（10）A 他很适合你。→B 你很适合他。

例（4）A式中主语"总理"是施事，宾语"人民"是受事，而主宾互换位置后，B式中的施事变成了新主语"人民"，受事也由新宾语"总理"来充当。

---

① 例（8）（9）中"三个月、三天"这种时量成分的句法身份有时量补语和时量宾语两种观点，为了方便讨论，我们在可逆句中统一处理成时量宾语，后面与此类似的情况不再一一说明。

"总理"和"人民"都既可以充当施事也可以充当受事，由此保证了主宾换位后句子的合法性；但因为主宾换位导致了句中两个名词性成分语义角色的改变，因此，换位后句子的逻辑真值义也就不再跟原来一致了。例（5）虽然有时候从表现状态来看，似乎不管谁"拉着"谁看起来都是两个人相互"拉着"，但换位前的 A 式，"男孩"是施事，主动发出"拉"的动作，"女孩"是被动承受了"拉"的动作；而换位后的 B 式则正好相反，"女孩"因为换位变成了主语，语义身份也变成了施事，而"男孩"也因为换至宾位，语义身份变成了受事。例（6）中动词补语"败"的意义在主宾换位前后保持基本不变，其语义也都是指向宾语成分。因此，换位前的 A 式中"败"了的是"北京队"，B 式中"败"了的则是"辽宁队"。类似地，例（7）中的补语"红"同样都是指向宾语，因此，换位前 A 式中"红"了的是"她"，换位后 B 式中"红"了的则是"这首歌"。例（8）否定词"不"的语义都是指向宾语，因此，换位前的 A 式是"三个月烧的煤小于一吨"，换位后的 B 式则是"一吨煤烧的时间小于三个月"，也即"三个月烧的煤大于一吨"，语义明显发生了改变。例（9）换位前的 A 式是说"一次会"延续了"三天"时间，换位后的 B 式则是"每三天开一次会"的意思，"一次会"持续的时间一般不到三天，这里因为主宾换位，谓语动词"开"的语义特征也发生了细微的变化。例（10）中的谓语动词"适合"表面看来表示的是一种相互之间的关系，但这种关系却未必是一种对称的关系。甲适合乙，但乙却未必适合甲；乙适合甲，但甲却未必适合乙。因此我们在分析男女两人爱情没有修成正果的原因时常常会有"你很适合他，但是他却不适合你"之类的说法。上面这些例子主宾语换位后，句子虽仍然成立，但逻辑真值义都发生了明显的改变。

总之，主语和宾语如果互换位置，要么句法结构不再成立，要么句子的逻辑真值义会发生变化，这是现代汉语中大多数句子的情况。也即在现代汉语中，大多数句子的主语和宾语不能自由地互换位置。

30.什么情况下主语和宾语可以自由换位？

虽然汉语中语序非常重要，对于汉语的大多数主动宾句来说，主语和宾语不能自由换位；但是主语和宾语不是同一个层面中相对的句法成分，"主语和宾语既然不相对立，也就不相排斥。"（吕叔湘，1979）"似乎不妨说，主语只是动词的几个宾语之中提出来放在主题位置上的一个。好比一个委员会里几个委员各有职务，开会的时候可以轮流当主席，不过当主席的次数有人多有人少，有人老轮不上罢了。"（吕叔湘，1979）

主语有可能是由宾语提出来放在句首的，宾语也就有可能是主语移位到动词后面造成的。这样，在汉语这种语序特别重要的语言中，也就存在着一类特殊句式，这类句子中的主语和宾语可以自由换位，而不至于造成逻辑真值义的改变，语法学界一般称之为可逆句，也叫主宾可换位句、主宾易位句等。由于句中可换位的主宾语一般都为名词性成分，所以这类句子用符号就可以表示为"A 式：$NP_1+VP+NP_2 \longleftrightarrow$ B 式：$NP_2+VP+NP_1$"。其中"NP_1、NP_2"就是可以自由换位的主宾语，它们在换位前后和句中动词之间的语义关系不会发生变化，比如在可逆句"A 一锅饭吃三个人$\longleftrightarrow$B 三个人吃一锅饭"中，换位前后，"一锅饭"都是动词"吃"的受事，而"三个人"也都是"吃"的施事。当然，虽然换位前后两个句子的逻辑真值义保持一致，但这并非说换位前后的 A、B 两式所表达的句式语义或者说高层次语义关系（朱德熙，1986）不会发生变化。比如上面的例子中，A 式表达的是"供用"的句式语义，而 B 式表达的则是"益得"的句式语义。除此之外，主宾可以自由换位的 A、B 两式，在话题、焦点等语用价值方面也会存在一定的差异。

从语义特点来看，现代汉语的主宾可换位的可逆句式大体上可以分为以下几类。

一、供用—益得类可逆句式

这类可逆句的 A、B 两式中，A 式含有"（在供用者有意识的作用下）某些存在物（NP₁）以某种方式（V）供给某些人或物（NP₂）使用"这样的意思，与之相对的 B 式则含有"（在供用者有意识的作用下）某些人或物（NP₂）以某种方式（V）得到某些存在物（NP₁）"的句式语义。句子中的 VP 常为单音节自主动作动词，且往往以非动态的光杆形式存在，在 A 式句中表示供用的方式，在B 式句中则表示益得的方式。同时不管是 A 式还是 B 式，往往都包含一种对事件进行主观安排的意味，整个句子表现出非现实性的特点，动词后可以不出现"着、了、过"这样的动态助词。例如：

（1）A 油漆刷家具。⟷ B 家具刷油漆。

（2）A 小米煮粥。⟷ B 粥煮小米。

（3）A 桌子上摆闹钟，椅子上放靠背。⟷ B 闹钟摆桌子上，靠背放椅子上。

（4）A 一张床睡三个人。⟷ B 三个人睡一张床。

（5）A 一吨煤烧三个月。⟷ B 三个月烧一吨煤。

二、存现—移位类可逆句式

这类可逆句中的 A 式为存现句，表达"什么地方存在或出现、消失了什么人或者事物"的意义，也即存现义；B 式为移位句，表示"什么人或者事物处于什么位置或者发生了什么位移行为"。这类句子往往都是对已经发生、客观存在着的状态或者行为的一种描述，因此动词 V 一般不能以光杆形式存在。另外，其中的 NP₁ 往往表示存现或者移位的处所，NP₂ 为存现或移位的主体。如：

（6）A 王庄淹了大水。⟷ B 大水淹了王庄。

（7）A 大地覆盖着白雪。⟷ B 白雪覆盖着大地。

（8）A 教室坐满了学生。⟷ B 学生坐满了教室。

（9）A 窗前飞过一只白鸽。⟷ B 一只白鸽飞过窗前。

（10）A 房间走出了一个人。⟷ B 一个人走出了房间。

这类句子中，有的谓语动词后不带补语，如例（6）（7），这时候句子中多有"了"或者"着"出现；有的动词后面带结果补语，如例（8）中的"满"，这时候 NP₂ 中往往不能出现数量定语；除此之外多数谓语动词后都带趋向补语，如例（9）（10），这时候"了"出现与否往往都不影响句义的表达。

三、致动—自动类可逆句式

这类可逆句中的 A 式多含有致动义，表示 NP₁ 致使 NP₂ 在主观认知心理上的某种感受达到了极点，或 NP₁ 以某种方式致使 NP₂ 出现了某种结果，或 NP₁ 以某种方式致使 NP₂ 对 NP₁ 施加某种自然力；而 B 式则含有自动义，表示 NP₂ 对 NP₁ 产生了某种主观心理感受并且在程度上达到了极点，或 NP₂ 的自动行为导致自身出现了某种结果，或 NP₂ 对 NP₁ 施加了某种自然力。这类句子也常为对已经发生的行为变化的追溯性叙述，因此句中一般都会出现表示完成或者变化义的"了"；有时候句子也是对目前存在状态的一种静态描写，所以句子中也会出现表示状态持续的"着"。例如：

（11）A 这件事后悔死我了。⟷ B 我后悔死这件事了。

（12）A 酒喝醉了老王。⟷ B 老王喝醉了酒。

（13）A 白菜吃腻了我们。⟷ B 我们吃腻了白菜。

（14）A 老头儿晒着太阳。⟷ B 太阳晒着老头儿。

（15）A 他烤着火。⟷ B 火烤着他。

这类句子根据所表达句式义的差别，又分为三种形式：表示心理感受达到极点的，VP 是"心理动词＋程度补语'死'"，如例（11）；表示导致出现某种新结果的，VP 是"动作动词＋结果补语（＋了）"，如例（12）（13）；表示因自然外力造成的致动与自动时，VP 是"动作动词＋着"，如例（14）（15）。

四、相互对称类可逆句式

这类可逆句中 NP₁、NP₂ 相互处在某种较为稳定的对称性制衡关系中，因此，虽然其中的陈述对象即句子的话题发生了交替性转换，但 A 式和 B 式表达的句式意义基本一致，因此我们就不再用句式义来区别它们。例如：

（16）A 校门对着车站。⟷ B 车站对着校门。

（17）A 小王遇见了小李。⟷ B 小李遇见了小王。

（18）A 三加二等于五。⟷ B 五等于三加二。

（19）A 北京是中国的首都。⟷ B 中国的首都是北京。

（20）A 一筐苹果换十块钱。⟷ B 十块钱换一筐苹果。

从具体语义类型来看，相互对称类可逆句式又大体可以分为两类：表达相互之间位置对称关系的，如例（16）（17）；表达相互之间价值对称关系的，如例（18）～（20）。前一类用来指明 NP_1 与 NP_2 之间对称性的空间位置关系，这种位置关系多数是静态的，但也可以是动态的，如例（17）；句中的动词多为"挨、靠、邻、连、朝、对、遇见/到、碰见/到"等；此外，这类可逆句表示的空间位置关系是一种相互的对称性关系，因此不具有明确的方向性，也即像"前、后、左、右"等方位词无法进入这类句子。

后一类可逆句用来表明 NP_1、NP_2 相互处在一种价值等同或类同、似同的对称性关系中，NP_1、NP_2 如同分别置于一个保持平衡的天平两边，它们的相互关系有时可以用数学上的"＝"或"≈"来表示，句中的动词多为"是、等于、比得上、兑换、适合、配、对、像、似"等。当然，当动词为"是"时，A、B 两式未必能构成可逆关系，比如"A 鲁迅是作家——B 作家是鲁迅"中，"作家"为类名，而"鲁迅"则是专名，A 式中的"是"大体上相当于"属于"，这时候 NP_1、NP_2 没有处在一种对等的均衡关系中，可逆关系自然无法实现。

以上我们结合前人的研究成果，对主语和宾语可以自由换位的可逆句式做了一个简单的分类介绍。需要指出的是：虽然汉语中存在着主语和宾语可以自由换位的句子，但这毕竟是汉语中的一种比较特殊的句法现象；对于现代汉语中的大多数主动宾句来说，主语和宾语是不能随意互换位置的。

31. 主宾可换位的可逆句有否定形式吗？

我们前面提到，常见的主宾可换位的可逆句式有供用—益得类、存现—移位类、致动—自动类和相互对称类等几种类型。前面我们关注的主要是可逆句式的肯定形式，那么主宾可换位的可逆句式有否定形式吗？也即这几类可逆句的 A、B 两式分别变成否定形式后，还能保持逻辑真值义基本不变吗？

如果对这几类可逆句式进行否定，最常见的方式就是在谓语中心前面加

"不"或"没有"①。"不"和"没有"不同,"不"否定动作或性状的将要发生(未然),表明说话人"不愿意"或"不能"去;"没有"则是否定动作或性状的已经发生(已然),表明这种行为没有成为事实(黄伯荣、廖序东,2017)。不同类型的可逆句式,否定时加的否定副词并不完全相同。我们依次来看。

一、供用—益得类可以用"不"和"没有"否定

供用—益得类可逆句式首先可以被理解成一种非现实句,具有对未然事件进行主观安排的意味,因此否定时可以加"不";当然,如果这种主观安排在现实中实现了,也可以变成现实句,因此,也可以用"没有"进行否定。例如:

(1) A 油漆不/没有刷家具。⟷ B 家具不/没有刷油漆。

(2) A 小米不/没有煮粥。⟷ B 粥不/没有煮小米。

(3) A 桌子上不/没有摆闹钟,椅子上不/没有放靠背。⟷ B 闹钟不/没有摆桌子上,靠背不/没有放椅子上。

(4) A 一张床不/没有睡三个人。⟷ B 三个人不/没有睡一张床。

(5) A 一锅饭不/没有吃十个人。⟷ B 十个人不/没有吃一锅饭。

我们认为,这类可逆句式加上"不"或"没有"后仍然可逆,加"不"表示对某种主观安排的否定,加"没有"表示对某种客观事实的否定。

二、存现—移位类用"没有"否定

存现—移位类可逆句式往往都是对已经发生、客观存在着的状态或者行为的一种描述,所以属于现实句,否定时不能用"不",而只能用"没有"。例如:

(6) A 王庄没有淹大水。⟷ B 大水没有淹王庄。

(7) A 大地没有覆盖着白雪。⟷ B 白雪没有覆盖着大地。

(8) A 教室没有坐满学生。⟷ B 学生没有坐满教室。

我们认为,多数存现—移位类可逆句式用"没有"否定后,仍然可逆,如例(6)~(8)。

---

① "没有"也可以说成"没",后面都是这种情况,我们就不再一一说明。

三、致动—自动类用"没有"否定

致动—自动类可逆句式同样也属于现实句，所以否定时一般也是只能用"没有"而不能用"不"，否定后，一般仍能保持可逆。例如：

（9）A？这件事没有后悔死我。——B？我没有后悔死这件事。
（10）A 酒没有喝醉老王。⟷ B 老王没有喝醉酒。
（11）A 白菜没有吃腻我们。⟷ B 我们没有吃腻白菜。
（12）A 老头儿没有晒太阳。⟷ B 太阳没有晒老头儿。
（13）A 他没有烤火。⟷ B 火没有烤他。

致动—自动类可逆句式中有一个小类表示"主观认知心理上的某种感受达到极点"，VP 一般由心理动词加"死/透"等程度补语构成。这种表达极性认知心理感受的形式属于有标记形式，所以一般只有肯定形式，没有否定形式，因此例（9）用"没有"否定后，A、B 两式都显得不太自然。

四、相互对称类一般用"不"否定

大多数相互对称类可逆句式的表义重点不在于对客观事件的描述，而在于对某种对称关系的静态说明。因此，当我们对静态关系进行否定时，一般也都是选择"不"。例如：

（14）A 校门不对着车站。⟷ B 车站不对着校门。
（15）A 上海不是中国的首都。⟷ B 中国的首都不是上海。
（16）A 三加二不等于六。⟷ B 六不等于三加二。
（17）A 小王没有遇见小李。⟷ B 小李没有遇见小王。

上面的例（14）～（16），用"不"否定后，仍能保持可逆。而例（17）则是陈述客观事件，因此否定时只能用"没有"而不用"不"，不过否定后 A、B 两式也仍然可逆。

总之，通过验证我们发现，用"不"或"没有"否定后，这几类可逆句式的 A、B 两式基本仍能保持可逆关系，即否定的 A、B 两式的逻辑真值义仍然基本一致。

32. "来客人了"与"客人来了"有何不同?

吕叔湘(1989)在《未晚斋语文漫谈》之三中提到了三组很有汉语特色的句子,其中就包括"来客人了"与"客人来了"这组句子在内。"来客人了"与"客人来了"这组句子的差别,如果从深层次分析可能较多,也较为复杂。我们这里只是从句法、语义和语用三个角度来简单讨论一下它们的差别。

一、句法上的差别

从句法角度来看,这两个句子存在着非主谓句与主谓句的差别。"来客人了"是一个动词性的非主谓句,整个句子由一个动宾结构构成,"来"是动语,"客人"是宾语。而"客人来了"是一个主谓句,是一个动词性谓语句。其中,"客人"是句子的主语,而"来"则是句子的谓语中心。

二、语义上的差别

虽然两个句子属于不同类型的句法结构,但是它们所体现出来的语义关系是一致的。也即不管"客人"是放在"来"前面充当主语,还是放在"来"后面充当宾语,"客人"都是动作"来"的施事,"来"和"客人"之间动作和施事的语义关系并未因为句型的变化而发生改变。

但是这两个句子在语义上也存在一定的差别,其差别主要体现在"客人"是否有定上。我们前面讲过,"汉语有一种很强的倾向,即让主语表示已知的确定的事物,而让宾语去表示不确定的事物。"(朱德熙,1982)"客人"是一个光杆普通名词,按照陈平(1987),光杆普通名词既可以是有定的,也可以是无定的。这样,"客人"的有定与否,就跟它所处的句法位置存在较为密切的关系。我们认为:"来客人了"中的"客人"处在宾语位置上,可以是无定的,也即听话人并不清楚地知道这个"客人"是谁,属于"不速之客";而"客人来了"中的"客人"处在主语位置上,是有定的,是听话人确切知道其所指的"如约而至"的客人。

三、语用上的差别

两种表达在语用上的差别跟它们在语义上的差别密切相关。"来客人了"中的"客人"在宾语位置上，是无定的、听话人不知道的"客人"，从语用角度来看，也是句子所要着重传递的新信息，甚至是句子的焦点信息。而"客人来了"中的"客人"在主语位置上，是有定的、听话人确知其身份的"客人"，也是句子的话题，传递的是旧信息，而整个句子所要传递的新信息则是"来了"这个事件的发生。

两个句子的使用语境也各不相同。举例来说，如果男朋友和女孩之间并没有事先约定，男孩在女孩毫不知情的情况下突然上门造访，女孩开门看到男孩，不管是惊喜还是惊吓，她对屋内的父母说的大概率应该是"爸妈，来客人了"而不是"爸妈，客人来了"。而如果是男朋友到女孩家上门提亲，一定会事先约好时间，当约定时间到了的时候，女孩的家人应该会在家等候男孩的拜访。当门外有人敲门，女孩开门看到男孩的时候，她对屋内的父母说的大概率应该是"爸妈，客人来了"而不是"爸妈，来客人了"。

总之，"来客人了"和"客人来了"在句法上存在着主谓句和非主谓句的差别，在语义上存在着"客人"无定和有定的差别，在语用上则存在着"客人"是未知的新信息和已知的旧信息的差别。

33. "王冕死了父亲"与"王冕的父亲死了"有何不同？

朱德熙（1982）指出，"他死了父亲"和"他死了"，一个带宾语，一个不带宾语，意思完全不同。而我们这里提到的"王冕死了父亲"和"王冕的父亲死了"，谓语动词也是"死"，也是一个带宾语，一个不带宾语，但是两个句子所表达的逻辑真值义是一致的，即都是发生了"王冕的父亲离开人世"这件事情。

"死"是一个不及物动词，不及物动词没有自己的受事对象，一般不带宾语，所以"王冕的父亲死了"是一种比较常见的表达方式。而"王冕死了父亲"，不

及物动词"死"却带了宾语,这是一种比较特殊的表达方式。郭继懋(1990)把这类句子叫作"领主属宾句"。类似的再如:

(1)他丢了一只鞋。

(2)窗户碎了两块玻璃。

(3)老房子倒了一个墙角。

这类句子的主语和宾语之间有领有—隶属关系,主语是领有者,而宾语是隶属者。动词和主语没有直接的语义关系,而宾语则是动作的直接发出者。关于这类句子的存在,生成语法和认知语法都给出了自己的解释。

一、生成语法的解释

生成语法对这类句子的解释,首先牵涉到不及物动词的分类。

(一)非作格动词和非宾格动词

生成语法认为,传统的不及物动词应该进一步区分为两个次类,分别称为非作格动词(unergative verb)(例如"哭、咳嗽")和非宾格动词(unaccusative verb)(例如"死、沉(船)"等)[①]。这两类不及物动词虽然都只带有一个论元,而且通常情况下这个唯一的论元又都出现在动词前面表层句法主语的位置上,但动词与论元之间的深层语义关系并不一样(潘海华、韩景泉,2008)。非作格动词只有一个深层逻辑主语,没有深层逻辑宾语;非宾格动词则只有一个深层逻辑宾语,没有深层逻辑主语。两者的区别可以通过下面的例子来看。

(4)A 一头牛死了。——B 死了一头牛。

(5)A 一条船沉了。——B 沉了一条船。[②]

(6)A 孩子哭了。——B* 哭了孩子。

(7)A 爷爷咳嗽了。——B* 咳嗽了爷爷。

例(4)(5)的"死、沉"是非宾格动词,可以有后面带宾语的合法形式,而例(6)(7)的"哭、咳嗽"是非作格动词,没有带宾语的合法形式。也即

---

① 非宾格动词也叫作格动词(沈家煊,2006)。
② 例(4)(5)引自潘海华、韩景泉(2008),稍做改动。

两类动词虽然都有 A 式，但是非宾格动词 A 式的深层结构实际上是 B 式，比如"一头牛死了"的深层结构是"死了一头牛"；而非作格动词的 A 式其深层结构也是 A 式，比如"孩子哭了"的深层结构就是"孩子哭了"而不是"*哭了孩子"。

（二）两种移位说

通过非宾格动词和非作格动词的区分，解决了为什么"死"后面可以带宾语的问题。但是，"王冕的父亲死了"的深层结构应该是"死了王冕的父亲"，那么表层句法结构"王冕死了父亲"又是如何生成的呢？两种移位说较有代表性。

一种是领有名词的移位。徐杰和韩景泉认为，深层结构"死了王冕的父亲"中，领有名词"王冕"从动词"死"后的逻辑宾语中移出，提升到主语的位置，于是生成"王冕死了父亲"（转引自沈家煊，2006）。

一种则是核心动词"死"的移位。朱行帆（2005）运用轻动词理论解释了句子的生成。也即"王冕死了父亲"的基础结构为：

[vp 王冕 EXPERIENCE[vp 父亲死了]]

这一基础结构的意思是"王冕经历了父亲去世这件事"，其基础结构中有一个没有语音形式的轻动词"EXPERIENCE（经历）"。我们知道轻动词最大的特点就是一定要黏附在实义动词上，这样，核心动词"死"就由句末位置前移至轻动词"EXPERIENCE（经历）"的位置，与轻动词合二为一，从而生成"王冕死了父亲"。

生成语法对"王冕死了父亲"的生成过程还有没有移位的"深层主格说"等解释，我们不再给大家展开介绍。

二、认知语法的解释

沈家煊（2006）认为，"王冕死了父亲"这类句子的生成方式不是词语的移位（moving），而是词语的糅合（blending）。

（一）表示"丧失"的句式义

"王冕死了父亲"所属的句式，整体意义有"丧失"的成分。比如我们前面举的例（1）"丢了一只鞋"是"他"遭受的损失，例（2）"碎了两块玻璃"是"窗户"遭受的损失，例（3）"倒了一个墙角"是"老房子"遭受的损失。同样，"王冕死了父亲"中，"死了父亲"是"王冕"遭受的损失。从这个角度来看，"王冕的父亲死了"与之表义不同，它并不具有"丧失"义，而只是说明王冕的父亲离开人世这一事实。与之类似，"王冕，父亲死了"和"王冕经历了父亲的死"也都只是表明事实，都没有"丧失"的句式义。

（二）类推糅合或因果糅合

那么，"王冕死了父亲"这类句式是如何生成的呢？沈家煊（2006）认为，从糅合的角度来看，"王冕死了父亲"这句话是"王冕的父亲死了"和"王冕丢了某物"两个小句的糅合：

（8）a. 王冕的某物丢了　　b. 王冕丢了某物
　　　x. 王冕的父亲死了　　y. —— ←→ xb. 王冕死了父亲

原来没有 y 项"王冕死了父亲"的说法，而 y 项的产生正是 x 项和 b 项糅合的产物，b 项截取的是它的结构框架，x 项截取的是它的词项。沈家煊（2006）把这种糅合叫作"类推糅合"：b 项是"类推源项"，这种框架结构具有"丧失"的句式义，而 y 是在 x 的基础上按照 a 和 b 的关系特别是参照 b "类推"出来的。沈家煊（2006）认为这种糅合也可以叫作"因果糅合"，因为 x 和 b 两项之间有"前因后果"的联系：

（9）王冕的父亲死了（因）+ 王冕失去了某物（果）→王冕死了父亲

也即"王冕死了父亲"这句话是用"因"来转指"果"，是用"父亲的死"来转指"失去父亲"。

总之，沈家煊（2006）从认知语法的角度指出，"王冕死了父亲"具有"王冕的父亲死了"所不包含的句式义"丧失"，而"王冕死了父亲"这种句式是通过类推糅合或因果糅合而生成的，糅合之后，产生了"因此而丧失"的浮现意义。

以上我们分别从生成语法和认知语法的角度对"王冕死了父亲"的生成动因做了简单的介绍。"王冕的父亲死了"属于常见的不及物动词谓语句。而"王冕死了父亲"属于不及物动词带宾语的特殊句式，一般被人们称作"领主属宾句"；它所包含的"丧失"的句式义是"王冕的父亲死了"所没有的，虽然这两个句子的逻辑真值义是基本一致的。

34. "一锅饭吃不了十个人"与"十个人吃不了一锅饭"有何不同？

前面我们曾经讨论过，肯定形式的可逆句式用"不"或者"没有"否定之后，大多数仍然能够保持逻辑真值义基本不变，可逆关系仍然成立。

一、数量配比类可以用"V 不了"否定

不过，除了常规的否定方式外，我们发现，具有数量配比关系的供用—益得类可逆句式，有时候还可以用"V 不了"来进行否定。"V 不了"是可能补语的一种表达方式，大致表示"不能 V"的意思，比如"这个孩子吃不了苦"，大致的意思就是"这个孩子不能吃苦"。我们提到的四类可逆句式，只有供用—益得类可以表达一种非现实性的主观安排义，也即只有这一类才能对某种还未实现的主观安排能否实现进行判断，因此，也只有这类可逆句可以使用"V 不了"进行否定。

（1）A 油漆刷不了这家具。⟷ B 这家具刷不了油漆。
（2）A 小米煮不了粥。——B* 粥煮不了小米。
（3）A 桌子上摆不了闹钟，椅子上放不了靠背。——B* 闹钟摆不了桌子上，靠背放不了椅子上。
（4）A 一锅饭吃不了十个人。——B 十个人吃不了一锅饭。
（5）A 一吨煤烧不了三个月。——B 三个月烧不了一吨煤。
（6）A 三箱苹果送不了三个人。——B 三个人送不了三箱苹果。

（7）A 一斤肉馅儿包不了二斤水饺。——B 二斤水饺包不了一斤肉馅儿。

（8）A 一桶水浇不了三盆花儿。——B 三盆花儿浇不了一桶水。

上面的例（1）A、B 两式基本保持了可逆关系的实现，而例（2）（3）中的 B 式都不能成立[①]。也即主宾语不带数量成分时，供用—益得句的"V 不了"格式有时不成立。例（4）～（8）属于数量配比类的供用—益得句，由于"V 不了"中的"了（liǎo）"有"完、尽"的意思，而有数量限制的事物更容易讨论其是否分得"完"、分得"尽"，因此它们往往 A、B 两式都可以成立。当然两者所表达的语义已经发生了变化，可逆关系被打破。

二、"V 不了"否定式表义的差别

虽然数量配比类的供用—益得可逆句中的 A、B 两式都有"V 不了"格式的否定式，但是我们发现，与用"不"或"没有"进行否定不同，A、B 两式的"V 不了"格式无法再保持所表达语义的一致性，可逆关系已经被打破。

我们前面说，"V 不了"大体表示"不能 V"的意思，而卢英顺（2010）又进一步分析，认为具体来讲，"V 不了"表示的意思可以细分为四类，即表示"不能 V"或"无法 V"，表示"推测"，表示"V 不完"，表示"不需要"。卢英顺（2010）同时发现，"宾语带不带数量短语，也会影响结构的意义"，而当宾语带数量短语时，"V 不了"具体表示"V 不完"的意思。我们基本认同这种观点。

前面我们曾经提到，动结式中结果补语的语义有向后指向宾语的倾向，"V 不了"中的补语"不了"，其语义也向后指向宾语。这样，A、B 两式中充当宾语的名词性短语发生了变化，"不了"语义的具体所指也发生了变化，"不了"的主体变了，自然整个句子的语义也发生了变化。以例（4）为例：A 式"一锅饭吃不了十个人"，"不了"指向宾语"十个人"，也即这"十个人"分配不尽，面对这"一锅饭"还有剩余，句子表达的意思就是饭少人多，"一锅饭"不够这"十个人"吃的；而 B 式"十个人吃不了一锅饭"，"不

---

① "V 不了"格式不能成立的往往都是 A、B 两式中有标记的 B 式。

了"指向宾语"一锅饭",也即这"一锅饭"分配不尽,面对这"十个人"还有剩余,句子表达的意思就是饭多人少,对这"十个人"来说,"一锅饭"显得绰绰有余。

总之,当用"不"或"没有"否定时,可逆句中A、B两式的可逆关系往往还能保持,而只有数量配比类的供用—益得句可以有"V不了"的否定形式,但否定后,A、B两式的逻辑真值义不再一致,可逆关系会被打破。

35. "一锅饭吃不了十个人"与"一锅饭不能吃十个人"有何不同?

我们前面提过,对于可以表示非现实性主观安排的数量配比句,例如"一锅饭吃十个人",除了用"不"或"没有"外,也可以用"V不了"的形式表示否定。"V不了"是用可能补语表示没有这种可能性,而同样表示可能的意思,汉语中还可以使用能愿动词,最常见的就是"能"。也即对于数量配比句,汉语还有一种"不能V"的否定方式。例如:

（1）A 一锅饭吃不了十个人。——一锅饭不能吃十个人。

　　　B 十个人吃不了一锅饭。——十个人不能吃一锅饭。

（2）A 一张床睡不了三个人。——一张床不能睡三个人。

　　　B 三个人睡不了一张床。——三个人不能睡一张床。

（3）A 两个小时看不了一本书。——两个小时不能看一本书。

　　　B 一本书看不了两个小时。——一本书不能看两个小时。

（4）A 一瓶牛奶喂不了两个孩子。——一瓶牛奶不能喂两个孩子。

　　　B 两个孩子喂不了一瓶牛奶。——两个孩子不能喂一瓶牛奶。

（5）A 一桶水浇不了三盆花儿。——一桶水不能浇三盆花儿。

　　　B 三盆花儿浇不了一桶水。——三盆花不能浇一桶水。

一、"不能"的意义

"不能"是能愿动词的否定形式,表达的是"能性范畴"。刘月华(1980)和吴福祥(2002b)都对"能"可以表达的语义进行了总结,认为它可以表达五种意义。我们以吴福祥(2002b)的说明为例。

a. 表示具备实现某种动作/结果的主观能力(记作"可能[能力]")

(6)听见炮音,武震能辨出距离多远。|骆驼可以好几天不吃东西。|他会说英语。

b. 表示具备实现某种动作/结果的客观条件(记作"可能[条件]")

(7)钻进去,几个月,一年两年,三年五年总可以学会的。|这间屋子能住四个人。

c. 表示对某一命题的或然性的肯定(记作"可能[或然性]")

(8)天这么晚了,他能来吗?|看样子会下雨。|可能找着了。

d. 表示情理上许可(记作"可能[许可]")

(9)你可以告诉他这道题该怎么做,可是不能告诉他答案。|他可以去,你也可以去。

e. 表示准许(记作"可能[准许]")

(10)我可以进来吗?|没有我的命令,谁也不能动。

刘月华(1980)把以上的这五种意义分为甲乙两类,a、b、c属于甲类,d、e属于乙类。我们认为,这种分类是比较有道理的,甲类意义大体表示的是"主客观上具有某种能力或可能性",乙类意义大体表示的是"允许"。

二、"V不了"与"不能V"表义的区别

刘月华(1980)在讨论可能补语"V得/不C"时指出,"V得/不C"所表示的意义大体上与"能"的甲类意义相当,而不能表示"能"的乙类意义。但虽然同样是表达甲类意义,"V得/不C"和"能/不能VC"还有区别:

甲类意义肯定的多用"能VC","V得C"用得较少。

甲类意义否定的一般用"V不C","不能VC"用得极少。

我们认为,当跟数量成分搭配使用时,"V不了"的"了"表示"完、尽"

的意思，是"V不C"的具体样例，因此，刘月华（1980）对可能补语"V得/不C"的论断完全适用于"V不了"。

先来看例（1）。我们认为，"A一锅饭吃不了十个人"表示的意思是"一锅饭"没有"吃十个人"这么大的能力或条件，属于"非不愿也，实不能也"，或"愿而不能"（张旺熹，1999），表示的意思大体相当于"不能"的甲类意义。而"A一锅饭不能吃十个人"则可以表示两种意思：一种是甲类，即"一锅饭没有吃十个人这么大的能力或条件"；一种是乙类，即"一锅饭不允许吃十个人"，可以少一点儿，比如"吃五个人"，或者更多一点儿，比如"吃十几个人"等。而且，按照刘月华（1980），我们认为，"一锅饭不能吃十个人"更倾向于表示乙类"不允许"的意思。而"B十个人吃不了一锅饭"表示的是甲类意义，"十个人没有吃一锅饭的能力"；"B十个人不能吃一锅饭"我们首先联想到的就是乙类意义，"十个人不允许吃一锅饭"，在现实语感中基本感受不到甲类意义[①]。

例（2）～（5）的情况基本与例（1）类似，总结一下就是：A式"V不了"形式只能表示甲类意义，A式"不能V"形式可以表示甲乙两类意义，更倾向于乙类意义；B式"V不了"形式只能表示甲类意义，而B式"不能V"形式基本只能表示乙类意义，不能表示甲类意义。

为什么A式的"不能V"虽然倾向于表达乙类"不允许"的意思，但也可以表示甲类"没有主客观能力或条件"呢？我们认为这跟A式特殊的语序相关。由于A式是供用句，表达"（在供用者有意识的作用下）某些存在物（NP_1）以某种方式（V）供给某些人或物（NP_2）使用"的句式义，与这种特殊的句式义相关，其语义成分的排序也异于常规叙事语序"施事+V+受事"，甚至可以出现极端反常规语序"受事+V+施事"，如例（1）（2）。因此，这种异于常规的语序提示了这类句子的句式义，也帮我们把"不能V"往表示甲类意义的方向引导。而B式句子是益得句，表示"（在供用者有意识的作用下）某些人或物（NP_2）以某种方式（V）得到某些存在物（NP_1）"的句式语义，这就使其语序跟常规叙事语序较为接近，因此，我们把其中的"不能V"理解为甲类意义的可能性就大大降低，甚至基本降为零了。

[①] 在北方人中做了小范围调查。

总之，对于数量配比的供用—益得句而言，当我们讨论甲类是否"具备某种主客观能力或条件"时，倾向于用"能V吗"来提问，用"能V"来做肯定回答，用"V不了"来做否定回答。而"不能V"格式则更常表示乙类"不允许V"的意思。例如：

（11）提问：一锅饭能吃十个人吗？

　　　肯定回答：一锅饭能吃十个人。

　　　否定回答：一锅饭吃不了十个人。（常用）

　　　　　　　　一锅饭不能吃十个人。（很少用，常表示"不允许吃"的意思）

36."她恨死我了"与"我恨死她了"有何不同？

从句法表层来看，"她恨死我了"与"我恨死她了"的主语和宾语互换了位置，而且两者都可以表达"我恨她恨到极点"的逻辑真值义，是可逆句式的一个实例，类似的例子再比如：

（1）A 那个人恨死我了。⟷ B 我恨死那个人了。

（2）A 那件事后悔死他了。⟷ B 他后悔死那件事了。

（3）A 你羡慕死我们了。⟷ B 我们羡慕死你了。

上面这类可逆句式属于致动—自动类可逆句式中的一个次类"心理动词 + '死'"类。

一、"心理动词 + '死'"类可逆句式的语义

"心理动词 + '死'"类可逆句式所描摹的客观场景简单来说就是"NP_1致使NP_2产生了某种针对NP_1的极端心理感受VP"，其中A式含有致动义，表示"NP_1致使NP_2产生VP这样的动作行为"，B式则含有自动义，表示"NP_2通过自动行为对NP_1施加了某种影响"。其中，NP_1既是致使行为的发出者，即致事，同时又是VP这一极端心理感受的承受对象，即对象；而NP_2则一

方面是致动行为的承受者，即使事，另一方面又是极端心理感受行为的发出者，即感事。这样，A式"NP$_1$+VP+NP$_2$"就构成了"致事+VP+使事"这样的语义结构，而B式"NP$_2$+VP+NP$_1$"就构成了"感事+VP+对象"这样的语义结构。即：

A 致事+VP+使事⟷B 感事+VP+对象

二、NP$_1$、NP$_2$与句子的语义

在"心理动词+'死'"类可逆句中，NP$_1$分别充当致事和对象两种语义成分，从理论上来讲，可以是指物的名词语，第一、第二或者第三人称代词以及指人的名词语；NP$_2$充当使事和感事两种语义成分，从理论上来讲，可以是第一、第二或者第三人称代词，也可以是指人的名词语。但是，通过语料分析我们发现，NP$_1$和NP$_2$不同身份的组合，有的不能形成合法的可逆关系，有的可以形成合法的可逆句式，有的则不但可逆，还会产生歧义。我们主要举例来看可逆但会产生歧义和可逆且不会产生歧义的两种情况。

（一）两个指人名词语的组合

我们先来看看主宾语都是指人名词语的情况。这属于可逆且会产生歧义的情况。例如：

（4）A 学生们恨死老师了。⟷B 老师恨死学生们了。

指人名词的作用基本相当于第三人称代词，也即"学生们、老师"等其实也都是不在说话现场的第三方。而作为指人的第三方，则既可以充当致动行为的发出者，即致事，以及极端心理感受的对象；又可以充当致动行为的承受对象，即使事，以及极端心理感受的体验主体，即感事。NP$_1$和NP$_2$的这种搭配，可以构成合格的可逆句，但同时也会产生歧义。比如上面的这个例子，其实都映现了两种客观场景，可以形成两个可逆句。

（4）A 学生们（致事）恨死老师（使事）了。⟷B 老师（感事）恨死学生们（对象）了。

映现的客观场景为"学生们致使老师恨死学生们了"。

（4'）A 老师（致事）恨死学生们（使事）了。→B 学生们（感事）恨死老师（对象）了。

映现的客观场景为"老师致使学生们恨死老师了"。

也即这类互为可逆关系的两个句子，都可以有两种理解，都既可以是致动句，又可以是自动句。

（二）第三人称代词与第一人称代词的组合

再来看看两个 NP 分别是第三人称代词与第一人称代词的情况，这就属于可逆而且不会产生歧义的情况了。具体就是我们标题中的例子：

（5）A 她恨死我了。⟷B 我恨死她了。

第三人称代词充当致事和使事、感事和对象等 4 种语义角色的机会均等。而第一人称代词，我们认为，当它们处在宾语位置上时，在句法位置给它们的语义加持作用下，它们可以被理解为致使行为的承受对象，即使事；也可以作为被告知方担任极端心理感受的对象，也即可以由其他方转达"我"作为心理感受对象的既成事实。而当它们处在主语位置上时，我们更容易把它们理解为极端心理感受行为的感事，而不太容易理解为致事。这是因为，首先我们认为，致事带有一定的原型受事特征，因此感事成分的原型施事特征要高于致事成分。其次 Silverstein 曾经根据有生性、施事性、话题性、显著性等多方面强弱的差异给出了一个名词性成分的等级序列：

第一人称包括式代词＞第一人称单数及排除式代词＞第二人称代词＞第三人称代词＞专有名词＞亲属词＞反映地位的词＞有生性名词＞代表其他离散实体的词……＞表抽象事物的名词（转引自延俊荣，2003）。

名词性成分的生命度越高，其原型施事特征也就越强。从上面的等级序列中我们可以看出，第一人称代词是所有名词性词语中原型施事特征最强的，再加上主语句法位置的语义加持，其原型施事特征得到进一步加强。这样，第一人称代词就不太容易以合法身份占据隐含有原型受事特征的致事主位，而占据主位的第一人称代词也更容易被理解为不隐含致动行为支配对象，也即不隐含使事特征的语义角色感事。

第一人称代词"我"只能充当感事,不能充当致事,而第三人称代词"她"可以充当的身份则较为自由。这样,"她恨死我了"就可以有两种理解,即致动义的"她致使我恨死她了"和自动义的"她恨死我了";而"我恨死她了"则只能有一种理解,即自动义的"我恨死她了",而不太能理解为致动义的"我致使她恨死我了"。具体来讲,这两个句子可以形成可逆句,但只能映现一种客观场景,因而不会产生歧义。

(5) A 她(致事)恨死我(使事)了。⟷ B 我(感事)恨死她(对象)了。

映现的客观场景是"她致使我恨死她了"。

(5') A* 我(致事)恨死她(使事)了。—— B 她(感事)恨死我(对象)了。

映现的客观场景是"她恨死我了"。

总之,"心理动词+'死'"类可逆句,由于充当 NP_1 和 NP_2 的具体成分不同,不同句子可能会产生表义上的单义与多义之别,进而形成不同的可逆情况。

第六部分　宾语与补语

37.宾语和补语有什么不同？

宾语和补语这两种句法成分，都是相对于谓语中心而言的，宾语是动词性谓语中心后面的支配、关涉成分，而补语则是谓语中心后面的补充说明成分；两者都与谓语中心相对，且句法位置都在谓语中心之后。宾语和补语有一定的相似之处，吕叔湘还曾经建议把宾语改名为补语（吕叔湘，1979），因此，两者有时候会发生混淆。我们认为，宾语和补语的辨别，可以从以下几个方面入手。

一、看谓语中心的词性

虽然宾语和补语都位于谓语中心之后，但是宾语是相对于动词性谓语中心而言的；而补语前面的谓语中心则既可以是动词性的，也可以是形容词性的。因此，只要是形容词性谓语中心后面的句法成分，就一定是补语，而不可能是宾语。例如：

（1）我知道她很让人心疼。

（2）她哭得让人心疼。

（3）她善良得让人心疼。

上面例（1）和例（2）的谓语中心都是动词，后面所带的成分是宾语还是补语要看它们表达的语义内容是支配关涉对象还是补充说明成分。例（1）后面的"她很让人心疼"是"知道"的支配关涉对象，为宾语；例（2）动词后面的"让人心疼"是补充说明"哭"的状态，为补语；而例（3）的谓语中心是形容词，所以我们直接就可以判断，其后面的"让人心疼"只能是补语而不可能是宾语。

二、看谓语中心后面成分的词性

谓语中心如果是形容词性词语，那么其后的成分只能是补语；而如果谓语中心是动词性词语，那么其后的成分就有宾语和补语两种可能。这时候，我们还可以看谓语中心后面成分的词性。

宾语主要由名词性词语充当，也可以由谓词性词语充当。而补语则主要由谓词性词语充当，不能由名词性词语充当。因此，如果谓语中心后面的成分是名词性词语，那么它一般就是宾语而不可能是补语。例如：

（4）他喜欢扔东西。

（5）他喜欢得一天看上它八十遍。

（6）他喜欢晴朗的天气。

（7）我知道他已经考上大学了。

（8）我知道得非常清楚。

（9）我知道他。

例（4）（5）动词性谓语中心"喜欢"后面跟的是谓词性词语，因此"喜欢"后面到底是跟的宾语还是补语，需要借助其他手段来进行判断。而例（6）中，"喜欢"后面跟的是名词性词语"晴朗的天气"，所以我们直接就可以判定，"喜欢"后面带的是宾语而非补语。同样的道理，例（7）（8）后面的成分也不好直接判定是宾语还是补语，但是例（9）中，"知道"后面带的是人称代词"他"，只能是宾语。

三、看补语的标志"得"

结构助词"得"是补语的标志。如果谓语中心后面有补语的标志"得"，或者可以插入助词"得"的，都是补语，例如：

（10）我们高兴得不得了。

（11）孩子们兴奋得跳了起来。

（12）他想明白了。

（13）黑板上的字能看清楚了。

上面的例（10）（11）中谓语中心后面都有补语的标志"得"，例（12）（13）虽然没有"得"，但我们可以在谓语中心后面补出"得"字，"想得明白""看得清楚"都是可以说的。因此，这些例子中谓语中心后面带的都是补语。

需要注意的是，某些双音节动词的第二个音节是一个表示"得到"义的语素"得"，如"觉得、显得、值得、乐得、取得、获得"等，这时候"得"字放在动语素和后接成分之间，看起来很像结构助词"得"，而实际上它只是一个构词语素，并不是补语的标志。例如：

（14）这本书真的值得买。

（15）我们终于取得了抗击疫情的最终胜利。

上面例（14）中"值得"后面跟的动词"买"和例（15）中"取得"后面跟的"抗击疫情的最终胜利"，都是动词的支配关涉对象——宾语。

四、看与谓语中心之间的语义关系

辨别宾语和补语，我们还可以看谓语中心后面的成分与谓语中心之间的语义关系。宾语是动词性谓语中心也即动作所支配、所涉及的对象（黄伯荣、廖序东，2017），一般回答"动词+谁/什么"的问题；而补语是谓语中心的补充说明成分，一般回答"动词/形容词+得+怎么样"的问题。这应该是判定谓语中心后面的成分到底是宾语还是补语的最根本标准。比如前面我们的例（4）和例（5），谓语中心都是动词"喜欢"，例（4）可以回答"喜欢什么"的问题，是宾语，而例（5）则回答的是"喜欢得怎么样"的问题，是补语。例（7）和例（8）谓语中心都是动词"知道"，例（7）回答"知道什么"的问题，是宾语；例（8）回答"知道得怎么样"的问题，是补语。再如：

（16）他追求自由自在。

（17）他乐得自由自在。

（18）他活得自由自在。

同样是谓语中心后面的"自由自在"，例（16）回答"追求什么"的问题，是宾语；例（17）虽然有"得"字，但"得"是构词语素，"自由自在"回答了"乐得什么"的问题，是宾语；而例（18）则是回答"活得怎么样"的问题，是补语。

以上我们从四个方面谈了宾语和补语的差别。应该说，只要符合这四个标准中的一个，我们就可以判定其宾语或补语的身份，比如前面的例（3）（6）（9）等；当然，如果借助一条标准没法判定，我们还可以借助其他标准来作为进一步进行判定的辅助手段，比如前面的例（4）（5）（7）（8）等。

总之，宾语是动词性谓语中心的支配关涉对象，回答"什么"的问题，常由名词性词语充当；补语是形容词性或动词性谓语中心的补充说明成分，回答"怎么样"的问题，不能由名词性词语充当，前面有时候会出现结构助词"得"。

38.动词后的量词性成分都是宾语吗？

我们知道，量词包括名量词、动量词和时量词三类。名量词表示人或事物的数量，如"一本书、一位同学、三十斤糖"中的"本、位、斤"等。动量词表示动作的次数，如"读一遍、去三回、去一次"中的"遍、回、次"等。时量词表示时间的长短，如"三个小时、两年、十秒"中的"小时、年、秒"等。

一、动词带"量词短语 + 名词语"

动词后面带的量词短语也包括名量、动量和时量三种。

动词后如果带的是"名量短语 + 名词语"，那么这个短语的身份肯定是宾语。例如：

（1）我们买了一箱苹果。

（2）听讲座的有一千多个同学。

如果动词后是"动量短语 + 名词语"或者"时量短语 + 名词语"，一般来讲，都是动量短语或时量短语充当补语，名词语充当宾语的"动 + 补 + 宾"结构。例如：

（3）这个月我们买了两次麻辣烫了。

（4）他们一起包了两回水饺了。

（5）他侍弄了一会儿花草。

（6）你都背了半天（的）课文了，还不会吗？

（7）我都看了三个小时（的）书了，还不让休息一会儿吗？

上面的情况都是动量短语或时量短语做补语，名词性词语做宾语的例子。比如例（3）是"两次"做"买"的补语，"麻辣烫"做"买"的宾语。例（6）（7）有时候会在补语和宾语之间加"的"，表面看动词后面带的似乎是定中短语，实际上是"补语+宾语"的结构，其中的"的"不是表示定中关系的结构助词，而只是一个焦点标记，提示前面的"半天、三个小时"是句子需要重读的对比焦点。这类句子常常会变成"动+宾+动+补"的重动结构，而把焦点置于句末。例如上面的例（6）~（7）常有类似的重动结构形式：

（6'）你背课文都背了半天了，还不会吗？

（7'）我看书都看了三个小时了，还不让休息一会儿吗？

总之，一般来讲，动量短语或时量短语跟后面的名词性词语是"（谓语中心）+补语+宾语"结构，不能形成定中性宾语，一个判断标准是把动词去掉，单独的"动量短语/时量短语+名词性词语"是不能成立的，比如上面的"两次麻辣烫、两回水饺、一会儿花草、半天课文、三个小时书"等都是不能说的。

当然，如果是"动量/时量+动词语"，那么就有可能是"谓宾动词+补语+谓词性宾语"的情况，"动量/时量"也并非宾语中的修饰成分。例如：

（8）我们已经进行了三轮核酸检测。

（9）他们已经做了三天的准备工作[①]。

一个判断标准是可以把句末宾语提前到主谓谓语句小主语的位置。例如：

（8'）我们核酸检测已经进行了三轮。

（9'）他们准备工作已经做了三天。

二、动词带量词短语

量词短语后面如果不出现名词性词语，这个量词短语的身份也有宾语和补语两种情况。动词后如果带的是名量短语，那么这个名量短语的身份是宾语，一般

[①] 我们认为，这里的"的"仍然是焦点标记。

都可以补出其所修饰的名词性中心语,如下面的例(10)(11);动词后如果带的是动量短语或时量短语,往往无法补出名词性中心语,其身份则一般是补语,如下面带动量短语的例(12)(13)和带时量短语的例(14)(15)。

(10)他们囤了三百个(口罩)。

(11)一桌酒席就吃掉了三千块(钱)。

(12)我们买了两次(苹果)了。

(13)我读了两遍(课文)了。

(14)他买书买了两个小时了还没买完。

(15)孩子发烧昏睡了三天了。

似乎例(12)(13)也可以补出名词性中心语,但是仔细观察我们就会发现,例(10)(11)的"三百个口罩、三千块钱"可以拿出来单说,而"两次苹果、两遍课文"的组合却是不成立的。

三、几种特殊情况

除了上面我们介绍的一般情况外,动词后的量词成分到底是宾语还是补语,还需要考虑几种特殊情况。

(一)"顿"

能否补出名词性中心语还可以帮助我们辨别一些量词结构的特殊情况。比如"顿",它有两个解释:"1.用于饭食",这时候它是名量词,比如"一顿饭";"2.次。用于斥责、打骂、劝说等动作"(吕叔湘,1999),这时候它是动量词,比如"打一顿、骂了一顿、批评了一顿"等。因此,"数词+顿"这样的量词短语到底是宾语还是补语,就看它的后面能否补出名词性中心语。例如:

(16)我们在一起好好地吃了一顿。

(17)三百块钱只够吃两顿。

(18)老师把他批评了一顿。

(19)他被他爹狠狠地揍了几顿。

(20)这小子也结结实实地挨了几顿揍。

例（16）（17）中的"一顿、两顿"后面可以补出名词性中心语"饭、大餐"等，因此"顿"是名量词，"一顿、两顿"是宾语；而例（18）（19）中的"一顿、几顿"后面补不出其他成分，因此是补语，"顿"是动量词。例（20）跟上面的例（8）（9）类似，"几顿"也是动量补语，后面的"揍"是谓词性宾语。

（二）时量短语做宾语

时量短语一般是做补语的，但是也有例外情况：某些以"时间"为处置对象的动词，比如"浪费"，也可以带时量短语做宾语。

（21）我们写了两个小时了。

（22）我们浪费了两个小时了。

上面的例（21），"两个小时"是"写"的补语，如果后面补出"时间"，句子反而显得累赘。而例（22），"两个小时"是"浪费"的宾语，其中省略了名词性中心语"时间"，"两个小时"等于说"两个小时的时间"。这时候，我们还可以用变换法来进行测试。能够用"把"字提到动词前面去的是宾语，否则是补语。比如上面的例（21），如果变换成"*我们把两个小时（的时间）写了"句子是不成立的，而例（22），如果变换成"我们把两个小时（的时间）浪费了"句子成立。因此"两个小时"在例（21）中是补语，在例（22）中是宾语。

（三）"个"并非都是名量词

"个"一般情况下是一个名量词，动词后面带"个"的词语一般为宾语；但需要注意的是，有时候"个"也会充当补语的标志。例如：

（23）我们吃个饭就走。

（24）买个手机多好。

（25）孩子们笑个不停。

（26）今天我们就玩个痛快。

（27）最近家里被闹了个鸡犬不宁。

上面例（23）（24）中，"个"后面可以补出名词性中心语"饭、手机"，因此，"（一）个饭""（一）个手机"都是宾语；而例（25）～（27）中，"个"后面跟的是谓词性成分，因此，"笑个不停、玩个痛快、闹了个鸡犬不宁"等都是中补结构，"个"是补语的标志，"个"后面的成分是补语而非宾语。

总之，动词后面如果带数量短语，我们一是要看量词是名量词还是动量词、时量词。名量短语以及其后带名词语的都是宾语；而动量短语即使后面带名词语也是补语；时量短语一般做补语，但如果动词以时间为处置对象，那时量短语也可能是宾语。

39.宾语与补语排序的一般规则是什么？

宾语的作用在于提出与动作相关的事物（受事、与事、工具等），补语的作用在于说明动作的结果或状态（朱德熙，1982）。它们常规的句法位置都是在谓语中心之后。如果谓语中心后面只有一种句法成分，那么我们需要仔细分辨其到底是宾语还是补语；而如果谓语中心之后，既出现宾语，又出现补语，那么二者该如何排序呢，是宾语紧贴谓语中心出现，还是补语紧贴在谓语中心后面呢？事实上，宾语和补语的排序，既有一般规律，也有特殊规律；不但跟宾语或补语的一般特点有关，也跟宾语和补语的具体语义类型有关。在这部分中，我们主要讨论宾语和补语排序的一般规律。

一、与其长度有关

我们知道，一般宾语和补语的排序，要么宾语在前，补语在后，用符号可以表示为 VOC；要么补语在前，宾语在后，用符号可以表示为 VCO。

首先，我们认为，宾语与补语的排序跟二者的长度有关，或者说，跟充任宾语或补语的成分的音节数量有关。音节数量较少的成分往往据前，而音节数量较多的成分往往据后。陆丙甫（1993）曾经指出，"一个成分越长，它的内容就越丰富，意义上的自足独立性也就越强，于是对核心的离心力也就越大，或者说核心对它的控制力，牵引力也就越弱"。"大块外移，小块内移"，而句子末尾本身就是一个"空位",对原语序的影响较小,能够保持结构的最大稳定性,因此是"外移"的"大块"的一个非常理想的落脚点。

张伯江(1991a、1991b)、方梅(1993)也曾分别对与动量补语、复合趋向补语同现的宾语的音节数做过统计,认为宾语距述语远的语序 VCO 式随着音节数的增加,百分数也相应逐渐增大,反之则百分数逐渐变小。杜道流、何升高(1998)也把这总结为句子结构的平衡性对语序的影响。它要求句子结构的线性次序保持一定的平衡,不容许句前或句中的某一部分音节数过多,信息过于密集,使得其他相应句子成分的作用受损或失去。宾语和补语的排序跟其长度有密切关系这一点,应该说得到了学者们的一致认同。我们简单举两个例子。

(1)现在,他看出来<u>他的正规收入虽然还不算很多,可是大赤包设法从妓女身上榨取油水的时候,他会,也应当,从中得到些好处的</u>。(杜道流、何升高,1998)

(2)在破箱子底下,他找出来<u>一张不知谁盛的,和什么时候藏的,大清一统地图来</u>。(杜道流、何升高,1998)

上面的两个例子属于比较极端的情况,句中画线部分是谓语中心的宾语,音节数量非常多,因此,不可能把它放在紧靠动词的位置上,而只能先出现音节数量较少的补语,再接音节数量较长的宾语。

二、与句子的信息焦点有关

从信息传递的角度来看,汉语句子的基本语序是话题性成分居于句首,也即动词前面;而述题性或焦点性成分则居于句末,也即动词之后;动词处在居中的位置,可以很好地把话题性成分和焦点性成分分隔开来。"句子的信息编排往往是遵循从旧到新的原则,越靠近句末信息内容就越新。句末成分通常被称作句末焦点。"(张伯江、方梅,1996)。李劲荣(2017)也指出,各类"宾补争动"的实质都是焦点的竞争,根据"一句一焦点"原则和"汉语焦点居尾"原则,句末成分通常是焦点。宾语和补语都是居于谓语动词之后的,谁能成为焦点,谁的位置就居后;反之,则处在句中距离动词较近的位置。

当然,是否是新信息,也即句子的常规焦点,有时候也跟宾语或补语的长度有关。"宾语自身的长度也和信息的新旧程度有关。发话人把一个重要信息首次引入话语的时候，往往需要加上一定的说明性成分，形式上常常表现为名词成分前加一些修饰语，整个宾语的音节数就较多；而作为已知信息谈及的事物，则不需要太多的说明，形式上也就不需要太多的修饰语，宾语的音节数就会少些。"（张伯江、方梅，1996）我们来看下面的例子。

（3）一会儿，跑堂的拿上来一个很精致的小拼盘，和一壶烫得恰到好处的竹叶青。（张伯江、方梅，1996）

（4）敌军既不能用刺刀随在每个中国人的背后，就势必由日本政客与中国汉奸合组起来个代替"政务委员会"的什么东西。（张伯江、方梅，1996）

上面的例（3）中，跑堂拿上来的"小拼盘"和"竹叶青"都是传递给听话人的新信息，因此，前面加了修饰性成分加以说明，句末焦点同时也是音节数较多的成分。例（4）也是类似的情况，"日本政客"与"中国汉奸"合组的是个新东西，需要详细地加以解释，因此，作为句末焦点的宾语成分，其音节数量也较多。再来看下面的例子。

（5）"刘四爷，看看我的车！"祥子把新车拉到人和厂去。老头子看了车一眼，点了点头，"不离！"（方梅，1993）

（6）"妈！妈！你买新帽子啦？"玛力一进门就看见凯萨林的蓝草帽儿了。……

"赶明我也跟她学学！"玛力瞪了那个蓝帽子一眼。（方梅，1993）

上面的例（5）中，祥子的"车"已经在前文提过，再次提到时，作为句子的旧信息就不再是句子的焦点，因此句末位置就让给了句子的焦点动量补语成分。同时，从音节数量来看，宾语"车"的音节数也略少于补语"一眼"。例（6）也是旧信息不出现在句末焦点位置。虽然"那个蓝帽子"相比较动量补语"一眼"而言，音节数量较多，但因为其是句中已知的旧信息，因此，也没有放在句末焦点位置，而是放在了音节数量较少的动量补语前面，转而由动量补语充当句末的常规焦点。在这里，音节数量多少原则让位给了语用上的信息焦点原则。

总之，音节数量和信息焦点是影响宾语与补语排序的常规因素。对于宾语和补语来说，音节数量较多的成分往往居后，作为句子焦点的成分往往居后。

40.哪些补语相对宾语的位置基本固定？

在补语的各种语义类型中，有几种补语相对宾语来讲，位置较为固定。

一、结果补语紧靠动词出现

结果补语补充说明动作行为的结果，常常由形容词特别是单音节形容词来充当，如"握紧、剁碎、晒干、煮熟、走远、变大"中的"紧、碎、干、熟、远、大"等；双音节形容词也可以充当结果补语，但仅限于"清楚、明白、干净"等几个高频词（董秀芳，1998），如"看清楚、想明白、洗干净"等；动词也可以充当结果补语，但数量不多，如"杀死、学会、看见"中的"死、会、见"等。由于结果补语的音节数量很少，所以跟动词的结合非常紧密，跟动词构成黏合式述补结构（朱德熙，1982），不但宾语成分与之同现时要放在其后，形成 VCO 格式，就是动态助词也不能出现在动词和结果补语之间。例如：

（1）孩子吃惊地瞪大了眼睛，握紧了妈妈的手。
（2）春风吹绿了一池湖水。
（3）他弄坏了新买的电子琴。
（4）我已经写完作业了。
（5）这样调查肯定会弄清楚事情真相。

上面例（1）~（3）中动态助词"了"放在了结果补语之后，而宾语则放在了句末位置；例（4）的"了"则直接放在了句末宾语之后。"带结果补语的述补结构在语法功能上相当于一个动词，后头可以带动词后缀'了'或'过'……从这一点看，这一类述补结构跟述补式复合词没有什么不同。"（朱德熙，1982）"我们可以说述补结构是一种临时创造新动词的语法手段。"（朱德熙，1982）单音节结果补语跟单音节动词结合在一起，符合现代汉语双音节韵律词的特点（董秀芳，1998），因此，宾语不能把二者拆开，只能居于其后。而"清楚、明白、干净"等双音节形容词做结果补语，属于"习语性的例外"，其后面只要带上了宾语，如"看清楚黑板了""想明白这件事情了""打

扫干净教室了"等,"我们就认为它们已在句式中按韵律要求挤压成词了。"(董秀芳,1998)

二、情态补语置于句末

情态补语表示动作、性状等等呈现出来的情态。就动词而言,结果补语和情态补语都是补充说明动作发生后所产生的情况的,但是,结果补语旨在对动作结果做简单说明,音节形式简单,动词中心语和结果补语之间不出现补语的标志"得";而情态补语旨在对动作行为导致的情态做细致详尽的描摹,一般来说音节形式较为复杂[①],而且动词中心语和情态补语之间一定要出现补语的标志"得"。两者不同的特点,决定了结果补语一定紧跟动词出现,像是黏附在动词身上;而情态补语与动词结合较为松散,总是置于句末位置。

我们常见的是动词不带宾语而直接带情态补语的情况。例如:

(6)这孩子跳得满头大汗。

(7)他讲得眉飞色舞,唾沫星子飞溅。

(8)他的钱花得如流水。

(9)孩子的作业写得乱七八糟。

带情态补语的动词不再同时带宾语,即使动词的支配关涉对象需要出现,也往往表现为宾语之外的其他句法成分。例如上面的例(8)(9)中,动词的支配成分以句子主语的形式出现。

如果一个动词既要把自己的支配关涉对象放在宾语位置上,又要带上情态补语,那么动词需要采用"动+宾+动+补"的重动形式,这时候,情态补语仍然还是出现在句末位置上。例如上面的几个例子都有相应的重动句格式。

(6')这孩子跳绳跳得满头大汗。

(7')他讲故事讲得眉飞色舞,唾沫星子飞溅。

(8')他花钱花得如流水。

(9')孩子写作业写得乱七八糟。

---

① 也有音节形式较为简单的情况,如"她的古怪脾气来得猛,去得快",但补语标志"得"必不可少。

所以，简单来说，情态补语一般不与宾语同现，如果动词既要带宾语又要带情态补语，那么就需要采用"动+宾+动+补"的重动形式，情态补语仍要放在句末位置。

三、程度补语一般紧靠动词出现

程度补语表示程度，一般放在形容词和表示感情、感觉以及心理状态的动词后面（齐沪扬，2005）。

程度补语有两种形式。一种是在动词或形容词后面加"极、透、多、死"等，后面再加"了"，例如"好极了、凉透了、高多了、气死了、帅呆了、酷毙了"等，一般后面不再出现宾语。少数程度补语如"死、透"等也可以跟宾语同现。跟结果补语类似，这类程度补语跟动词的结合非常紧密，宾语也必须放在其后。例如：

（10）我恨死这个家伙了。

（11）昨天累死我了。

（12）我恨透他了。

（13）他伤透了我的心。

不管宾语的音节数量是否长于补语，宾语一定出现在"死""透"等程度补语的后面。

程度补语的第二种形式是在中心语后面加"得"，再加"很、多、慌、厉害、不得了、要命、够呛"等，如"好得很、高得多、气得慌、怕得厉害"等，一般不和宾语共现。如果宾语和带"得"的程度补语要出现在同一个句子中，那么只能采用"动+宾+动+补"的重动格式。例如：

（14）他怕死怕得要命。*他怕死得要命。*他怕得要命死。

（15）小红喜欢游泳喜欢得不得了。*小红喜欢游泳得不得了。*小红喜欢得不得了游泳。

因此，一般来讲，不带"得"的程度补语一般要紧跟动词，放在宾语前面。

四、可能补语紧靠动词出现

可能补语表示可能或者不可能，有两种形式。第一种是直接在动词后面加"得"表示可能，加"不得"表示不可能。例如：

（16）这条路走得还是走不得？

（17）作业再也拖延不得了。

（18）他听不得别人说他老师不好。

（19）我见不得孩子受苦。

这种形式的可能补语一般不与宾语同现，如例（16）（17）；如果同现，那么宾语要放在可能补语后面，这时候的可能补语往往是否定形式，如例（18）（19）。

可能补语的第二种形式是在结果补语或趋向补语与动词中心语之间插进"得"或者"不（轻声）"（黄伯荣、廖序东，2017），以表示可能或不可能实现这种结果或者趋向。例如：

（20）铁锁锁得住革命者的身，锁不住革命者的心。

（21）我听得懂他的意思，可是妈妈却听不懂（他的意思）。

（22）现在还能赶得上车吗？

（23）瞧我这记性，总是叫不出那些非常熟的人的名字。

例（20）（21）是在结果补语前加"得"或"不"，例（22）（23）是在趋向补语前加"得"或"不"，都是可能补语居于宾语之前。

可能补语的第二种表现形式跟情态补语可能会出现同形的情况，比如"写得好"我们既可以理解为情态补语，表示"写出来的东西质量不错"，又可以理解为可能补语，表示"能写好"。二者除了否定形式和扩展形式不同外，在带宾语方面的表现也不尽相同。也即如果后面能带宾语，那"写得好"就是"写"带了可能补语，"写"后面带情态补语后是不能再直接带宾语的。例如"放心吧，他写得好这篇演讲稿"中，"写得好"一定是动词带可能补语的情况。

总之，结果补语、程度补语、可能补语一般紧靠动词出现，居于宾语之前。而情态补语总是居于句末，一般不跟宾语同现；如需同现，则要采用重动格式。

41.宾语与量词补语排序的一般规则有哪些？

能够充当补语的量词短语主要是动量短语和时量短语。动量短语表示动作的次数，如"吃了三次、写了两遍、跑了三回"等，而时量短语则一般表示动作时间的长短，如"看了三个小时、住了两年、写了五分钟"等，或者表示动作结束后所经历的时间如"出嫁了三年了、伤了两天了、断了好长时间了"等。当宾语与量词短语所充当的补语同现时，其具体的语序有两种，一种是宾语在前，量词补语在后，用符号可以表示为VOC；一种是量词补语在前，宾语在后，用符号可以表示为VCO。

吴怀成（2011）从历时角度考察，发现在古代汉语中，动量词全放在宾语后面，近代汉语中时量词大都居于宾语之前，动量词还是居于宾语之后。因此现代汉语中，动量词位于宾语后的VOC式是对古代汉语句法格式的一种直接继承；而动量词位于宾语之前的VCO式则是由动补结构出现后产生的强大的类推作用造成的。

在现代汉语中，到底是继承古汉语语序选择VOC式，还是受类推作用影响选择VCO式，其实还是受到多种现实因素影响的。结合前人相关的研究成果，我们把现代汉语中名词性宾语和量词补语排序的相关问题总结如下。

一、动量补语比时量补语更靠近动词

王静（2001）提出了"个别化"的概念，认为将表达一般概念的结构变为表达具有较强的个别性结构的各种语法手段，即为"个别化"。动量补语和时量补语分别从发生次数和持续时间长短两个方面对动词表达的概念实施"个别化"，但动量补语和时量补语对于动词的"个别化"程度并不相同，"个别化"程度越高，距离动词越近。由于动量成分与动词的搭配广度高于时量成分，同时，动量词必须与动词共现，且与动词有一定程度的选择关系；而时量成分与动词之间的选择关系就要自由得多，因此，动量成分与动词的关系比时量成分与动词的关系更为密切。也就是说，动量补语对动词的"量化"作用强于时量补语。"量化"

程度越高，个别化程度也就越高，距离动词也就越近。因此，动量补语相比较时量补语，距离动词更近。

二、无指宾语放在量词补语之后

陈平（1987）指出，"如果一个名词性成分的表现对象是话语中的某个实体（entity），该成分就是有指成分；反之，如果发话人在提到某个名词时，仅仅是着眼于该名词的抽象性，而不是具体语境中具有该属性的某个具体的人和事物，那么这一名词性成分就是无指成分。"而据方梅（1993）考察，当名词性宾语为无指成分时，一般总采用 VCO 语序[①]。例如：

（1）   *VOC   VCO

  *打了电话四遍   打了四遍电话

  *进过劳改队两次   进过两次劳改队

  *蹲过牛棚三次   蹲过三次牛棚

  *看过电影几次   看过几次电影

上面的例（1）中的无指宾语也都是无生名词。再来看几个有生名词宾语放在动量补语后面的例子。

（2）   *VOC   VCO

  *做记者一回   做一回记者

  *考研究生一次   考一次研究生

  *当考官两遍   当两遍考官

不但动量补语要放在无指名词宾语前面，时量补语也是如此。例如：

（3）   *VOC   VCO

  *打了电话二十分钟   打了二十分钟电话

  *蹲过牛棚三年   蹲过三年牛棚

  *做记者两年   做两年记者

  *当老师两年   当两年老师

---

① 这种量词补语在前，名词宾语在后的语序，方梅（1993）称之为"VMN语序"，而且，方梅（1993）考察的量词补语主要是动量补语。下面的例（1）~（3）均改自方梅（1993）。

不管是有生名词还是无生名词，只要是无指宾语，就要放在量词补语后面。我们认为这也还是跟无指宾语的"个别性"程度非常低有关。无指名词并不表示某一具体的人或者事物，即使是有生名词，也基本等同于一个抽象的物化概念，因此，在与量词补语"个别性"程度的竞争中明显处在劣势地位，只能把紧靠动词的位置让给量词补语，形成"动词+量词补语+无指宾语"的 VCO 语序。

三、宾补排序的一般规则仍然适用

我们前面曾经提到，宾语和补语的排序，与其长度有关，也与句子的信息焦点有关。这两个基本规则对于名词性宾语和量词补语的排序同样适用。

（一）长宾语倾向于选择 VCO 语序

据方梅（1993）考察，名词性宾语越长越不容易进入"动词+名词性宾语+量词补语"即 VOC 语序。当名词性宾语在四个音节以上时，VCO 的接受能力显然强于 VOC[①]。例如：

(4) 我瞄了一眼桌上几盒装潢精美的点心。
　　肖科平用匙搅和咖啡，回头瞟了一眼她那个正在弹琴的同事。
　　"回家！"被称为"白公子"的白思弘抬起腕子瞄了一眼亮晶晶的"西铁城"。（方梅，1993）

虽然例（4）中的动量补语"一眼"也可以放在句末，但真实语料中更多的还是选择让更长的宾语置于句末，而让动量补语"一眼"紧跟在动词后面。

（二）宾语作为信息焦点时选择 VCO 语序

作为句子中的信息焦点而置于句末的宾语 O 往往是传递新信息的。我们前面已经举过类似的例子。再如：

(5) ——昨天傍晚你到哪里去了？
　　——我……我去了一趟二虎家。（方梅，1993）

---

① 方梅（1993）用"VNM"表示"动词+名词性宾语+动量补语"语序，用"VMN"表示"动词+动量补语+名词性宾语"语序。

例（5）中"二虎家"是问话人希望获得的新信息，自然也是答话人所要表达的信息焦点，只能放在句末位置。

应该说，现代汉语中名词性宾语和量词补语的排序是多种因素作用的结果，而现实语言表达中，我们到底是选择名词性宾语在前还是量词补语在前，起决定性作用的可能还是语用因素。

42. "个别性"程度如何影响量词补语与宾语的排序？

王静（2001）不但提出了"个别化"的概念，还曾经把不同类型名词性成分的"个别性"程度进行了比较。王静（2001）认为，在由相同形式表达的结构中，有生名词的有定性高于无生名词，即高有定性与高生命度相关，同时高个别性与高生命度密切相关，也即有生名词的"个别性"高于无生名词。相比二者而言，人称代词则体现了最高的"个别性"。这样，"个别性"由高到低的排序为"代词—有生名词—无生名词"。

王静（2001）还把名词性宾语与动量成分和时量成分的"个别性"程度进行了比较，得到了名词性宾语与动量补语或时量补语的两个基本排序。

一、动量补语与宾语的排序

动量补语与各种类型名词性宾语在动词后面的排列顺序是：

代词—动量—有生名词—无生名词

也即当宾语是人称代词时，必须要放在动量词前面，这是学界普遍认可的观点。例如：

（1）　　　　　VOC　　　　　　　*VCO

　　　　　看他一次　　　　　*看一次他

　　　　　送他两回　　　　　*送两回他

　　　　　照顾她三次　　　　*照顾三次她

　　　　　蹭它一下　　　　　*蹭一下它

读它两遍　　　　　　*读两遍它

"随着名词'个别化'程度降低，其与动量成分竞争紧靠动词后位置的力量迅速减弱，动量成分前置的力量就相应增大。但不存在有生名词必须后置，动量成分必须前置的现象。这显示有生名词与动量成分的力量对比始终没有达到某一方占绝对优势的程度。"（王静，2001）也就是说，如果没有其他因素的影响，有生名词有放在动量补语的前面和放在动量补语的后面两种位置，而从倾向性上来看，有生名词放在动量补语的前面可能具有更高的可接受度。例如：

（2）　　　　VOC　　　　　　　VCO

批评小王一顿　　　*批评一顿小王

逼对方一次　　　　*逼一次对方

表扬小王一通　　　? 表扬一通小王①

拉妹妹一下　　　　拉一下妹妹

气过班主任一次　　气过一次班主任（致使宾语）

瞟了服务员一眼　　瞟了一眼服务员

来过客人两次　　　来过两次客人（施事宾语）

上面例（2）中的例子，有生名词宾语大多是受事宾语，而致使宾语和施事宾语也基本遵循相同的规律。

无生名词宾语在与动量补语的"个别性"程度的较量中，处于明显的劣势地位，一般都要放在动量补语之后。例如：

（3）　　　　*VOC　　　　　　　VCO

*包馄饨两次　　　　包两次馄饨

*住民宿两次　　　　住两次民宿

*逛公园两趟　　　　逛两趟公园

*松腰带一下　　　　松一下腰带

*打扫了房间两遍　　打扫了两遍房间

*喝过茅台酒一回　　喝过一回茅台酒

---

① 例（2）的句子部分仿照方梅（1993），部分仿照王静（2001）。此处方梅（1993）认为类似的例子"表扬一通老张"是可以成立的，我们对此持怀疑态度。

二、时量补语与宾语的排序

时量补语与各种类型名词性宾语在动词后面的排列顺序是：

代词—有生名词—时量—无生名词

由于时量补语的"个别性"程度低于动量补语，不但代词宾语一定要放在时量补语前面，有生名词在和时量补语的"个别性"程度的较量中，也处在明显的优势地位，要求放在时量补语的前面。例如：

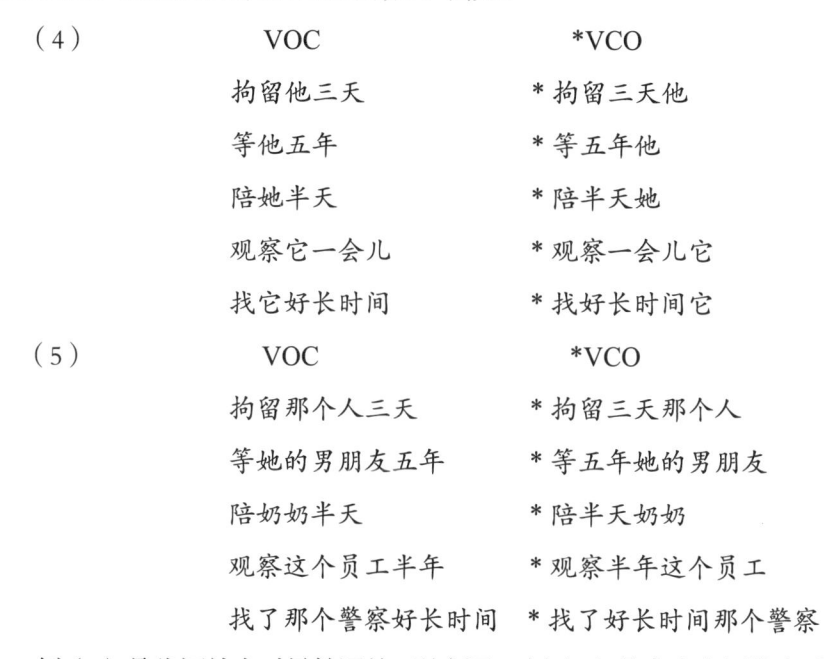

（4）   VOC   *VCO

拘留他三天   *拘留三天他

等他五年   *等五年他

陪她半天   *陪半天她

观察它一会儿   *观察一会儿它

找它好长时间   *找好长时间它

（5）   VOC   *VCO

拘留那个人三天   *拘留三天那个人

等她的男朋友五年   *等五年她的男朋友

陪奶奶半天   *陪半天奶奶

观察这个员工半年   *观察半年这个员工

找了那个警察好长时间   *找了好长时间那个警察

例（4）是代词放在时量补语前面的例子。例（5）是有生名词放在时量补语前面的例子。但是，如果宾语是无生名词，仍然还是要放在时量补语的后面。例如：

（6）   *VOC   VCO

*喝茶一会儿   喝一会儿茶

*住民宿两天   住两天民宿

*吃了饭三个小时   吃了三个小时饭

*捆了旧书两个小时   捆了两个小时旧书

*侍弄了花草一会儿   侍弄了一会儿花草

我们前面已经提到，王静（2001）认为，名词性宾语的高"个别性"跟其高生命度是密切相关的，上面量词补语和宾语的基本排序规则，事实上也体现出了这一特点，即高生命度的名词性宾语更倾向于选择 VOC 语序，而低生命度的名词性宾语则更倾向于选择 VCO 语序。杜道流、何升高（1998）也有类似的观点，"纵向上宾语距动词近的语序 VOC 式容纳高生命度体词而排斥低生命度体词的倾向强烈，而 VCO 式则相反、有排斥高生命度而容纳低生命度的强烈倾向"。

总之，受量词补语和名词性宾语"个别性"或生命度高低的影响，动量补语的位置一般在代词宾语之后，有生或无生名词宾语之前；时量补语的位置则一般在代词或有生名词宾语之后，无生名词宾语之前。

43.宾语与单纯趋向补语如何排序？

由趋向动词充当的补语即为趋向补语，例如"拿上、送回、拿下去、送过来"等中的"上、回、下去、过来"等。趋向动词是个封闭的类，一般大家普遍认可的趋向动词共 24 个，包括 10 个单纯趋向动词和 14 个复合趋向动词。单纯趋向动词即单音节趋向动词，包括 a 组"上、下、进、出、回、过、起、开"和 b 组"来、去"。复合趋向动词是在 a 组趋向动词后面分别加上 b 组趋向动词"来、去"构成的双音节趋向动词，可以称为 c 组。即：

（a）上、下、进、出、回、过、起、开
（b）来、去
（c）上来、下来、进来、出来、回来、过来、起来、开来[1]
　　上去、下去、进去、出去、回去、过去[2]（陆俭明，2002a）

这节我们主要讨论补语由 a、b 两组单纯趋向动词充当时和宾语的排序问题。从理论上来讲，单纯趋向补语和宾语的排序只有两种，要么单纯趋向补语在宾语之前，即使用 VCO 格式；要么单纯趋向补语在宾语之后，即使用 VOC 格式。

---

[1] 趋向动词"开来"只能做补语，不能做谓语中心。
[2] "起、开"后面只能加上"来"构成"起来、开来"，现代汉语中没有"起、开"加上"去"构成的"起去、开去"。

一、a 组趋向补语和宾语只能采用 VCO 格式

a 组趋向动词所表示的趋向是一种客观趋向，不以说话人的主观视角为参照点。语言事实证明，当补语是 a 组单纯趋向补语时，不管动词的性质如何，也不管宾语的性质如何，只能采用 VCO 格式，而绝对不能采用 VOC 格式。例如：

（1）   VCO   *VOC

带上一瓶水   *带一瓶水上

扔下一个盒子   *扔一个盒子下

走进一个同学   *走一个同学进

跑出一只猫   *跑一只猫出

送回学校   *送学校回

飞过天空   *飞天空过

拿起一本书   *拿一本书起

打开房门   *打房门开

上面例（1）中的动词不管是及物动词还是不及物动词，宾语不管是受事宾语，还是施事宾语、处所宾语，一律都采用 VCO 语序。

二、b 组趋向补语一般不与宾语同现

b 组趋向动词只有"来、去"两个，"来"表示朝着说话人方向的趋向行为，"去"表示离开说话人方向的趋向行为。讨论这组趋向补语和宾语的语序，实际上包含两个问题，一个是宾语能不能和"来、去"同现；一个是同现时宾语和"来"或"去"的位置先后问题，也即是 VCO（V+来/去+宾语）还是 VOC（V+宾语+来/去）。这与动词和宾语的性质都有关系。

陆俭明（2002a）曾经把动词分为可控位移动词如"走、跑、送、拿、端"等，非可控位移动词如"滚、漂、飘"等和非位移动词如"切、炒、煮、割（韭菜）"等三类。由于位移动词的情况比较特殊，我们后面单独讨论，我们先来看一般动词也即非位移动词的情况。

陆俭明（2002a）指出，非位移动词如"切、炒、煮、沏、泡、包（包饺

子）、割（割韭菜）、剥（剥花生）、剪（剪绳子）"等本身不表示位移行为。因此，当它们与"来/去"共现时，实际上是表示了两个行为，一个是非位移词表示的非位移行为，一个则是"来/去"表示的趋向位移行为，如"割点韭菜来"实际上表示的是"割点韭菜"和"来"两种连谓行为。因此，非位移词没有"V+来/去+宾语"的格式，虽然可以有"V+宾语+来/去"的形式，但严格意义上来说，这是连谓结构而非"动+宾+补"结构。例如：

（2） *V+来+宾语　　　　　V+宾语+来（连谓结构）
　　　*煮来碗汤圆　　　　　煮碗汤圆来
　　　*炒来个特色菜　　　　炒个特色菜来
　　　*割来点五花肉　　　　割点五花肉来
　　　*V+去+宾语　　　　　V+宾语+去（连谓结构）
　　　*煮去碗汤圆　　　　　煮碗汤圆去
　　　*炒去个特色菜　　　　炒个特色菜去
　　　*割去点五花肉　　　　割点五花肉去

总之，"上、下、回、开"等 a 组趋向补语只能放在宾语前面，形成 VCO 格式。而当动词是一般动词，也即非位移词时，虽然有"V+宾语+来/去"的形式，但其中的"来、去"是一个连谓项，而非 b 组趋向补语；也即如果动词是一般的非位移词，b 组趋向补语是不与宾语同现的。

44.位移动词如何影响宾语与补语"来、去"的排序？

位移动词本身就表示位移行为，如"走、跑、抬、搬、游"等，当它们与趋向补语"来/去"[①]共现时，它们只表示一个整体的位移行为：位移动词表示位移的具体方式，而"来/去"补充说明位移的方向。

[①] 也就是我们43节讨论的b组趋向补语。

一、位移动词的分类

按照刘慧（2009），位移动词可以分为两类：

A类：走、跑、爬、飞、游、滚、飘、漂、传₂（传来一阵枪声）、流……

B类：送、运、传₁（传来一个球）、扔、搬、寄、拉、拖、拽、抢、买、拿、端、找、抱、写……

A类动词都表示行为主体的位移，我们笼统称之为施事位移动词，这类动词后面的非处所宾语都是施事宾语，如"走（来）一个人、飘（来）一阵歌声、流了一滴血[①]"等；B类动词都表示受动体的位移，我们称之为受事位移动词，这类动词后面的非处所宾语都是受事宾语，如"送（来）一本书、扔掉一个沙发、买了一些香蕉"等。当然，除了施事位移动词可以带施事宾语，受事位移动词可以带受事宾语外，位移动词有的也可以带处所宾语，如"飞教室里了、（水）流卧室里了、扔阳台上（来）了、拿学校里（来）了"等。这样，我们就根据动词所带宾语的类型来讨论宾语和b组补语"来/去"的排序问题。由于"来、去"未必都可以和宾语共现，排序又有在宾语前和在宾语后两种，把"来、去"拆开考察，实际上就是看"V+来+宾语、V+宾语+来、V+去+宾语、V+宾语+去"四种情况存在的可能性。

二、施事宾语和补语"来/去"的排序

前面我们说过，只有A类施事位移动词才可以带施事宾语。在上面的四种情况中，施事宾语一般只允许"V+来+施事宾语"存在，后面的三种情况都不太容易成立。也即施事宾语不允许和"去"共现，和"来"共现时，也只允许出现在"来"后的位置上。例如：

（1）V+来+施事宾语　　　　　*V+施事宾语+来

走来（了）一个孩子　　　　　*走（了）一个孩子来

飞来（了）一只小蜜蜂　　　　*飞（了）一只小蜜蜂来

爬来（了）一只蜗牛　　　　　*爬（了）一只蜗牛来

---

① "歌声、血"等严格意义上只是动作的主体，我们把它们看作广义的施事。

漂来（了）一艘小木船　　*漂（了）一艘小木船来

传来（了）一阵笑声　　　*传（了）一阵笑声来

*V+去+施事宾语　　　　　*V+施事宾语+去

*走去（了）一个孩子　　　*走（了）一个孩子去

*飞去（了）一只小蜜蜂　　*飞（了）一只小蜜蜂去

*爬去（了）一只蜗牛　　　*爬（了）一只蜗牛去

*漂去（了）一艘小木船　　*漂（了）一艘小木船去

*传去（了）一阵笑声　　　*传（了）一阵笑声去

三、受事宾语和补语"来/去"的排序

只有 B 类受事位移动词才可以带受事宾语。通过考察我们发现，受事宾语与 b 组补语"来、去"的兼容性很强，其句法排列顺序也较为灵活。也即对受事宾语而言，上面的四种情况都可以成立。例如：

（2）V+来+受事宾语　　　　V+受事宾语+来

运来（了）一箱苹果　　　运（了）一箱苹果来

拿来（了）一个球　　　　拿（了）一个球来

寄来（了）一封信　　　　寄（了）一封信来

找来（了）一个证人　　　找（了）一个证人来

抱来（了）一个孩子　　　抱（了）一个孩子来

V+去+受事宾语　　　　　V+受事宾语+去

运去（了）一箱苹果　　　运（了）一箱苹果去

拿去（了）一个球　　　　拿（了）一个球去

寄去（了）一封信　　　　寄（了）一封信去

找去（了）一个证人　　　找（了）一个证人去

抱去（了）一个孩子　　　抱（了）一个孩子去

四、处所宾语和补语"来/去"的排序

A 类施事位移动词和 B 类受事位移动词都有可以带处所宾语的情况。如果

带处所宾语，b组趋向补语"来/去"都可以与之共现，但只能放在处所宾语的后面，也即只有"V+处所宾语+来"和"V+处所宾语+去"两种合法形式。例如：

（3）*V+来+处所宾语　　　　V+处所宾语+来

*跑来（了）教室里　　　　跑教室里来（了）

*爬来（了）墙头上　　　　爬墙头上来（了）

*滚来（了）脚边　　　　　滚脚边来（了）

*搬来（了）楼上　　　　　搬楼上来（了）

*端来（了）桌子上　　　　端桌子上来（了）

*V+去+处所宾语　　　　　V+处所宾语+去

*跑去（了）教室里　　　　跑教室里去（了）

*爬去（了）墙头上　　　　爬墙头上去（了）

*滚去（了）脚边　　　　　滚脚边去（了）

*搬去（了）楼上　　　　　搬楼上去（了）

*端去（了）桌子上　　　　端桌子上去（了）

需要注意的是，如果加"了"，前面几种情况都是放在句中，而当宾语是处所宾语时，"了"要放在句末。

以上我们讨论的是位移动词带宾语与b组补语"来/去"的排序问题。总体来讲，位移动词带受事宾语与"来/去"共现最自由，顺序也最灵活，四种情况都成立；其次是带处所宾语的情况，可以与"来/去"共现，但"来/去"只能放在处所宾语后面；最后是带施事宾语的情况，只允许"V+来+施事宾语"一种语序。

五、祈使语气影响语序选择

我们前面讨论的各种语序，主要出现在陈述句中，前面我们举的很多例子都可以在句中补出"了"。陆俭明（2002）指出，如果是在祈使句中，那么b组趋向补语只能放在宾语后面，形成"V+宾语+来/去"的合法语序，换句话说，前面提到的"V+来+宾语"或"V+去+宾语"的合法语序，在祈使句中都不再合法了。b组趋向补语可以放在宾语前面的，只有"施事位移动词+施事宾语"

和"受事位移动词+受事宾语"两类,所以施事位移动词和施事宾语以及b组补语共现没有祈使句形式;而在祈使句中,"受事位移动词+受事宾语"与b组补语"来/去"共现的语序也受到了限制。例如:

(3') *V+来+受事宾语！　　　V+受事宾语+来！
　　*请运来一箱苹果！　　　请运一箱苹果来！
　　*请拿来一个球！　　　　请拿一个球来！
　　*请寄来一封信！　　　　请寄一封信来！
　　*V+去+受事宾语！　　　V+受事宾语+去！
　　*请运去一箱苹果！　　　请运一箱苹果去！
　　*请拿去一个球！　　　　请拿一个球去！
　　*请寄去一封信！　　　　请寄一封信去！

总之,动词如果是位移动词,在陈述句中,其所带宾语与b组补语也即趋向补语"来/去"的排序会受到这个宾语语义类型的影响,"来/去"的位置并不固定。而如果在祈使句中,宾语一般只能放在b组趋向补语"来/去"之前,不能放在"来/去"之后。

45.处所宾语与复合趋向补语如何排序?

从这节开始,我们讨论宾语与复合趋向补语的排序问题。处所宾语与复合趋向补语的排序,遵循较为特殊的规则,我们这节先来讨论这个问题。

一、宾语与复合趋向补语的四种排序

复合趋向动词也即c组趋向动词是在a组趋向动词后面分别加上b组趋向动词"来、去"构成的双音节趋向动词,我们可以把它们表示为"趋$_1$+趋$_2$"。我们再重新把它们列在下面:

（c）上来、下来、进来、出来、回来、过来、起来、开来

　　　上去、下去、进去、出去、回去、过去　（陆俭明,2002a）

吕叔湘（1980）总结了宾语和复合趋向补语的 4 种语序类型：（1）在整个动趋式之后；（2）在趋$_1$ 和趋$_2$ 的中间；（3）在主要动词之后，趋向动词之前；（4）用"把"字把宾语提前的格式。我们把这 4 种语序表示如下[①]：

A：V+ 趋$_1$+ 趋$_2$+O

B：V+ 趋$_1$+O+ 趋$_2$

C：V+O+ 趋$_1$+ 趋$_2$

D：把 +O+V+ 趋$_1$+ 趋$_2$

选择上面四种语序中的哪一种，既和宾语是处所宾语还是一般宾语有关，也跟宾语是有定还是无定有关（朱德熙，1982）。我们先来看宾语是处所宾语的情况。

二、处所宾语只能选择 B 语序

处所宾语和复合趋向补语的语序最固定，只能选择 B 语序"V+ 趋$_1$+O+ 趋$_2$"，即强制性要求把处所宾语放在复合趋向补语之间，趋$_2$ 可以用"来"也可以用"去"，这在学界已经基本达成共识。例如：

（1）*A：V+ 趋$_1$+ 趋$_2$+O

*爬上来楼 *滚下来山坡 *跑回来教室 *送出来大门 *端进来房间

*爬上去楼 *滚下去山坡 *跑回去教室 *送出去大门 *端进去房间

B：V+ 趋$_1$+O+ 趋$_2$

爬上楼来 滚下山坡来 跑回教室来 送出大门来 端进房间来

爬上楼去 滚下山坡去 跑回教室去 送出大门去 端进房间去

*C：V+O+ 趋$_1$+ 趋$_2$

*爬楼上来[②] *滚山坡下来 *跑教室回来 *送大门出来 *端房间进来

*爬楼上去 *滚山坡下去 *跑教室回去 *送大门出去 *端房间进去

*D：把 +O+V+ 趋$_1$+ 趋$_2$

[①] 这 4 种语序和张伯江、方梅（1996）的基本一致。
[②] "爬楼上来"有时候也是可以说的，是"爬楼梯"的意思，一般用来回答"你怎么上来"一类的问题，"爬楼"说明"上来"的具体方式，不是我们这里讨论的动宾补结构。

*把楼爬上来　*把山坡滚下来　*把教室跑回来　*把大门送出来　*把房间端进来

　　*把楼爬上去　*把山坡滚下去　*把教室跑回去　*把大门送出去　*把房间端回去

三、处所宾语只能选择 B 语序的原因

不能选择 D 语序也就是"把"字句格式，原因很简单，主要是因为"把"字句中"把"的宾语一般只能是受事宾语。而前面的三种语序中，处所宾语只能出现在 B 语序中，这主要是因为，从语义上来看，处所宾语实际上是趋$_1$的宾语。吕叔湘（1999）曾经指出："与某些外语比较，当动趋式动词后面是代表处所的名词时，动趋式里的趋$_1$的作用相当于一个介词。"张伯江、方梅（1996）也有类似的观点："C$_1$有近似于介词的性质，总是要求处所性的 O 紧随其后，因此只能采取 B 式。"他们把趋向动词分为及物的和不及物的两类，及物趋向动词介绍趋向运动的终点[①]，而不及物趋向动词仅仅表示趋向运动的延伸（张伯江、方梅，1996）。"V+趋$_1$+处所 O+趋$_2$"中的趋$_1$都是及物的，其后出现的处所宾语从语义上来看并不是"V"的宾语，而是趋$_1$的宾语，比如"？爬楼[②]、*滚山坡、*跑教室、*送大门、*端房间"都不能单说，而"上楼、下山坡、回教室、出大门、进房间"却都可以成立。处所宾语是趋$_1$的宾语，它们必须紧跟在趋$_1$后面出现就比较好理解了。

总之，处所宾语与复合趋向补语的排序规则非常明晰，即处所宾语总是处在复合趋向补语的两个音节之间，采用"V+趋$_1$+O+趋$_2$"的 B 式语序。

[①] 我们认为，及物的趋向动词所介绍的，除了趋向运动的终点外，也可以是起点或经过点，比如我们下面所举的例子"下山坡"，"山坡"是"下"的起点或经过点，"出门"，"门"是"出"的起点等。

[②] "爬楼"有时候能说，我们前面已经提过。

46.非处所宾语与复合趋向补语如何排序？

处所宾语与复合趋向补语的排序规则简单明晰。而非处所宾语与复合趋向补语的排序问题则较为复杂，影响因素也比较多。非处所宾语最常见的就是施事宾语和受事宾语，我们依次来看。

一、施事宾语允许 A、B 两种语序

当宾语为施事宾语时，主要使用 A 语序"V+趋$_1$+趋$_2$+O"和 B 语序"V+趋$_1$+O+趋$_2$"。例如：

（1）A：V+趋$_1$+趋$_2$+O

走出来一个孩子　爬进来一只猫　飘出来一股香味儿　流出来两滴眼泪

走出去一个孩子　爬进去一只猫　？飘出去一股香味儿　*流出去两滴眼泪

B：V+趋$_1$+O+趋$_2$

走出一个孩子来　爬进一只猫来　飘出一股香味儿来　流出两滴眼泪来

？走出一个孩子去？爬进一只猫去　*飘出一股香味儿去　*流出两滴眼泪去

*C：V+O+趋$_1$+趋$_2$

*走一个孩子出来　*爬一只猫进来　*飘一股香味儿出来　*流两滴眼泪出来

*走一个孩子出去　*爬一只猫进去　*飘一股香味儿出去　*流两滴眼泪出去

*D：把+O+V+趋$_1$+趋$_2$

*把一个孩子走出来 *把一只猫爬进来 *把一股香味儿飘出来 *把两滴眼泪流出来

*把一个孩子走出去 *把一只猫爬进去 *把一股香味儿飘出去 *把两滴眼泪流出去

施事宾语往往受数量短语修饰，一般都是无定的。汉语往往倾向于让有定成分做主语，无定成分做宾语，也就是说，越是无定成分，越倾向于靠近右侧句尾位置。因此，当宾语为施事宾语时，强烈排斥宾语最靠近左侧的C语序。

此外，从上面的例子我们也能看出，宾语为施事宾语时，趋$_2$为"来"的格式较为自由，而趋$_2$为"去"的格式很多都不成立。我们认为，这还是跟"来""去"的观察视角有关。"去"是远离说话人视线的，所以很多情况下观察不到，当然也就无法表达。

二、受事宾语允许四种语序

和我们前面提到的带 b 组趋向补语的情况类似，宾语为受事时，语序最为灵活，四种语序都允许使用。例如：

（2）A：V+趋$_1$+趋$_2$+O

扔进来一个瓶子　买回来一把桃木梳子　端上来一盘鱼　抱下来一个孩子

扔进去一个瓶子　买回去一把桃木梳子　端上去一盘鱼　抱下去一个孩子

B：V+趋$_1$+O+趋$_2$

扔进一个瓶子来　买回一把桃木梳子来　端上一盘鱼来　抱下一个孩子来

扔进一个瓶子去　买回一把桃木梳子去　端上一盘鱼去　抱下一个孩子去

C：V+O+趋$_1$+趋$_2$

扔一个瓶子进来　买一把桃木梳子回来　端一盘鱼上来　抱一个孩子下来

扔一个瓶子进去　买一把桃木梳子回去　端一盘鱼上去　抱一个孩子下去

D：把+O+V+趋$_1$+趋$_2$

把这个瓶子扔进来　把这把桃木梳子买回来　把那盘鱼端上来　把那个孩子抱下来

把这个瓶子扔进去　把这把桃木梳子买回去　把那盘鱼端上去　把那个孩子抱下去

除了四种语序的使用较为灵活外，当宾语为受事宾语时，趋$_2$也可以较为自由地选择"来"或者"去"。不过，由于"把"字句中一般要求"把"的宾语为有定成分，因此，我们往往需要使用"这个、那个"等把受事宾语变成有定成分。

三、宾语的有定性影响语序

名词性成分有有定和无定的区别。朱德熙（1982）指出，"无定宾语的位置比有定宾语自由。不论充任述语的动词是及物的还是不及物的，无定宾语都可以占据以下三种位置"，也即我们这里提到的"(a) 述语之后 (b) 复合趋向补语中间 (c) 整个述补结构之后"，而有定宾语只能占据"(a)(b) 两种位置，不能占据 (c) 的位置"（朱德熙，1982）。张伯江、方梅（1996）更是对于有定和无定宾语与复合趋向补语共现的语序情况进行了统计，发现"A 式[①]有排斥定指性成分的强烈倾向，D 式有排斥不定指性成分的强烈倾向；B 式对不定指成分有较大的承受能力，但并不强烈排斥定指成分。概括起来说就是，和 D 式比较，A、B 有采用不定指形式的倾向；A、B 相比，A 式更强烈排斥定指形式。"我们基本同意以上两种说法。简单来说就是，无定宾语更倾向于右侧句末位置；而有定宾语则更倾向于争取较为靠近述语动词的句子前部位置。这也跟句子信息结构的安排顺序基本一致，即无定宾语常常为句子想要传递的新信息，倾向于置于句末位置，采用 A 语序；而有定成分作为句中已知的旧信息，其句法位置则刚好跟无定成分相反。

此外，B 语序"V+ 趋$_1$+O+ 趋$_2$"对于有定宾语和无定宾语的宽容度最高，它应该是宾语和复合趋向补语共现时使用频率最高的一种语序。

四、D 语序使用的强制条件

D 语序"把 +O+V+ 趋$_1$+ 趋$_2$"是用介词"把"把宾语提前到述语动词之前的一种变式语序。张伯江、方梅（1996）介绍了我们强制性地选择 D 语序的几种情况。

[①] 张伯江、方梅（1996）中的 A、B、C、D 四种语序，跟我们的 A、B、C、D 四种语序，基本一致。

首先，如果多项的"V+趋$_1$+趋$_2$"并列出现，而宾语都是同一个，"宾语既不宜于重出，又不宜于并列结构之后"（张伯江、方梅，1996），我们一般会选择D语序。例如：

（3）瑞全扯着小顺儿，在院中跳了一个圈，而后把小妞子举起来，扔出去，再接住。

*瑞全扯着小顺儿，在院中跳了一个圈，而后举起小妞子来，扔出小妞子去，再接住。（张伯江、方梅，1996）。

其次，总括性副词"都"要求宾语以某种方式前置。因此，要用"把"字把受事宾语置于"都"之前，因而选择D语序。例如：

（4）瑞丰把校旗和点名簿都找出来。

*瑞丰都找出校旗和点名簿来。

瑞丰找出了校旗和点名簿来。（张伯江、方梅，1996）。

例（4）的第三个句子，我们去掉了副词"都"，就可以选择B语序等其他语序了。

以上我们分析了非处所宾语和复合趋向补语共现时的几种语序类型。除了语义类型外，宾语的有定性也会影响到语序的选择。而四种语序中，D语序属于较为特殊的变式语序，常常在特定的句法条件下被强制使用；相较而言，宾语置于复合趋向补语中间的B语序使用的限制条件最少，适用的场合也最为广泛。

第七部分 宾语与"把"字句、"被"字句

47. "把"字句中动词后可以直接带宾语吗?

"把"字句是现代汉语中一种很重要的特殊句式。这种句式在形式上的共同特点是由介词"把"及其宾语所构成的介词短语做状语,且动词性谓语中心后一般还有一些其他的完句成分,比如补语、动态助词,或者动词的重叠形式等,其基本格式是"主语 NP_1 + 把 + 把字宾语 NP_2 + 谓语 VP"。由于在一般动词性谓语句中放在动词后面做宾语的 NP_2,在"把"字句中变成了"把"字宾语,所以很多"把"字句中谓语动词后面就不再带宾语了。但也有一些"把"字句,仍然还可以在动词后面再带上宾语。"把"字句中,谓语中心后面带宾语的情况大体可以分为两种,一种是动词后面直接带宾语的"V+O"形式,一种是动词后面加上补语等之后再带宾语的"VP+O"形式。这节我们先来看"把"字句中动词后面直接带宾语的情况。

有些"把"字句中动词后面可以直接带宾语,所带宾语的语义类型大体包括以下几种。

一、动词后带与事宾语

与事宾语指的是接受某事物或从一动作行为中获益的人或事物,或者说是动作的关涉对象。比如在"给他一本书"中,"一本书"是受事宾语,而"他"就是与事宾语。例如:

(1)要不我们把这台电脑给孩子?

(2)抓紧把书还我!

（3）我们把这些樱桃送了人。

（4）老师把这件事儿告诉了我。

（5）学校把这个消息通知了家长。

一般来说,"把"后带与事宾语的动词往往都是三价动词,比如"给予"类动词"给、送、赠、还"等,"宣告"类动词"通知、告诉"等。这些三价动词的三个配价成分,就可以分别占据"把"字句中主语、"把"后宾语和动词宾语的位置,形成"施事主语 NP_1+ 把 + 受事宾语 NP_2+V+ 与事宾语 NP_3"的句法格式。这类带宾语的"把"字句往往可以变成双宾句。例如：

（1'）要不我们给孩子这台电脑？

（2'）抓紧还我书！

（3'）我们送了他这些樱桃。

（4'）老师告诉了我这件事儿。

（5'）学校通知了家长这个消息。

二、动词后带受事宾语

有些"把"字句中动词后面还可以带受事宾语。例如：

（6）把这碗参汤喝了它。（丁声树等,1961）

（7）妈妈把香蕉剥了皮儿,递给了孩子。

（8）把机枪张开了机头。（刘培玉,2001）

（9）我已经把大门上了闩。（吕叔湘,1965）

（10）他把一箱橘子吃了一多半儿。

（11）老杨同志把材料记了一大堆。（丁声树等,1961）

上面的例子中,"把"字后面是动词的受事宾语,而动词后面也带了受事宾语,可以发现,动词后面的"这个宾语跟'把'字的宾语大都有关系"（丁声树,1961）。比如例（6）中动词后面的宾语"它"与"把"后宾语"参汤"是同一关系,"它"复指了前面的"参汤"。例（7）中"香蕉"和"皮儿"、例（8）中"机枪"和"机头"、例（9）中"大门"和"闩"等,都具有领属关系,也即动词后面的宾语是"把"字宾语的一部分,可以分别说成"香蕉的皮儿、机枪的机头、大门的闩"等。例（10）（11）中，动词后面的"一多半儿、一大堆"说明了"把"后宾语的数量，或者可以说动词后面的宾语承前省略了数量短语所修饰的中心语，例如例（10）"一多半儿"实际是"一多半儿橘子"的意思等。这类动词宾语其实也可以看作跟"把"字宾语存在整体与部分的关系。

三、动词后带材料宾语

如果一个动作的进行需要消耗一定的材料，"把"字句中动词后面还可以带材料宾语。例如：

（12）把窗户糊了纸（刘培玉，2001）——把纸糊了窗户

（13）把家具刷了油漆——把油漆刷了家具

（14）把这些书捆了绳子——把绳子捆了这些书

（15）把书包了牛皮纸——把牛皮纸包了书

上面例（12）～（15）中，左边的都是"把"字后面带受事宾语，动词后面带材料宾语，右边的则是"把"字后面是材料宾语，动词后面是受事宾语[①]。我们知道，"把"字句最常见的语义解释是对"把"字宾语进行了强烈的处置。从语义特征的角度看，受事和材料的[+受动性]特征基本相当，也即它们都直接受到了动作的强烈影响。因此，它们都可以做"把"字宾语，也都可以做动词宾语。这样，就出现了"把"字宾语和动词宾语可以互换位置的情况。甚至去掉"把"字，整个句子也都可以形成主宾可逆的特殊格局。例如：

（12'）窗户糊了纸⟷纸糊了窗户

（13'）家具刷了油漆⟷油漆刷了家具

（14'）这些书捆了绳子⟷绳子捆了这些书

（15'）书包了牛皮纸⟷牛皮纸包了书

四、动词后带结果宾语

动作行为发生后一般都会产生一定的结果，在"把"字句中，这个结果有时

---

① 右边的例子其实可以归到动词后面带受事宾语的类型中去，属于"把"字句中动词后面带受事宾语的另外一种情况。

候用动词后面的结果补语来表达；有时候则用动词后面的结果宾语来表达。例如：

（16）他把柳条编了筐。（刘培玉，2001）

（17）把鞋穿了个窟窿。（范晓，2001）

（18）她把衣服包了个包，托人捎去。（吕叔湘，1965）

（19）我把小米煮了粥。

这类"把"字句中，"把"字后面是动作的受事，动词后面则是动作的结果。因为受事是动作行为发生之前本来就存在的，而结果则是动作行为之后才产生的，所以根据象似性原则，在"把"字句中，动作受事先出现，而动作结果则后出现。所以这类"把"字句中，"把"后的受事宾语和动词后面的结果宾语一般不能互换位置。

五、动词后带止事宾语

我们把认同类动词"当、叫、称"等联系的客体成分分别叫作"起事"和"止事"，比如"称他万金油"等于说"他被认同为万金油"，其中"他"我们叫作"起事"，"万金油"我们叫作"止事"。认同类动词也是三价动词，这些动词参与的"把"字句表达主观认同，说明认知主体对不同客体在特征、属性方面主观认同的态度，其中，有一些动词后面可以直接带止事宾语。例如：

（20）我把他当朋友。

（21）他把王小三叫叔叔。（刘培玉，2001）

六、动词后带处所宾语

有些"把"字句中动词后面还可以直接带处所宾语，以说明受事成分被处置后的位移终点。例如：

（22）他直接把锅放桌子上了。

（23）妈妈把包扔沙发上了。

总之，虽然"把"字句把原来经常放在动词后面做宾语的处置对象挪到了介词"把"的后面，动词后面仍然还可以直接带上与事、受事、材料、结果、止事、处所等语义类型的宾语。

48. "把"字句中动补结构可以带宾语吗？

"把"字句中，虽然经常放在动词后面做宾语的处置对象被放在了"把"字之后，但动词后面也还可以再带上宾语。除了动词后面可以直接带宾语外，"把"字句中动词后面带上补语之后再带宾语的情况就更为常见。因为很多补语也由动词充当，它们也有自己的支配关涉对象，这个支配关涉对象就可以体现为"把"字句宾语的句法形式。当然，能再带宾语的动补结构，动词和补语的结合往往非常紧密，中间不能插入补语的标志"得"，整个动补结构的音节数量较少，往往是双音节或者三音节的，补语常常是结果补语，也有少数是单纯趋向补语。

根据宾语的语义类型，大体上也可以分为以下几类。

一、动补结构带与事宾语

这类动补结构主要是由三价"给予"类动词后面带补语"给"构成的。例如：

（1）老师把这本书送给他了。
（2）抓紧把书还给我！
（3）请把毛巾递给我。
（4）他们把作业交给了学习委员。
（5）老夫妇把他们的房子租给我了。
（6）公司把一部苹果手机奖给了年度销售冠军。

上面这些"把"字句都可以变成双宾语句。在"把"字句中，受事对象放在了"把"字后面，与事则放在了动补结构后面做宾语。例（1）（2）动词也可以不带补语"给"直接带宾语。而大多数句子，虽然动词是三价动词，但也需要借助补语"给"引出与事对象；如果去掉"给"，句子的合格度往往就大大降低了。

二、动补结构带处所宾语

这类情况比较常见。动词后面带上趋向动词或者"到、向、在[①]、满"等普通动词做补语后,再在后面带宾语。例如:

(7)我把客人送出了门。

(8)他把女朋友送回了家。

(9)他把这个孩子送到了北京。

(10)他们把爱洒向了人间。

(11)我把书放在了桌子上。

(12)男孩儿把玫瑰花瓣儿铺满了整个房间。

从语义上来看,宾语似乎跟补语的联系更为密切,常常可以单独跟补语形成动宾关系,例如"出了门、回了家、到了北京"等。这样,有些句子就可以把动词和补语拆开,变成兼语句,这时候,"把"字后的处置对象放在第一个动词后变成了兼语成分,整个动补结构的宾语变成了第二个动词的宾语。例如:

(7')我送客人出了门。

(8')他送女朋友回了家。

(9')他送这个孩子到了北京。

三、动补结构带止事宾语

这类动补结构主要是认同类动词后面加上补语"成、为、作"等构成的,动补结构的宾语也是跟补语的语义联系更为密切。例如:

(13)学渣们把他当作救命稻草。

(14)他们把拯救濒临灭绝的野生动物看成自己的使命。

(15)组委会把这辆汽车作为奖品送给了冠军。

(16)专家把他的古董鉴定为赝品。

(17)法院把他的行为判定为刑事犯罪。

[①] 还有一种观点认为"到、向、在"等是介词,跟后面的宾语构成介词短语,整体做谓语中心的补语。

如果动词是双音节的，这类句子也可以变成兼语句，如例（16）（17）可以有下面的变换形式。

（16'）专家鉴定他的古董为赝品。

（17'）法院判定他的行为为刑事犯罪。

四、动补结构带其他宾语

当然，动词后面加上趋向动词或者"成、满"等其他补语后也还可以带材料宾语、结果宾语、受事宾语等。例如：

（18）咱们就把菜刀贴上邮票寄还老乡。（丁声树等，1961）

（19）我要把锅里下上米再出门。

（20）他把厚厚的一个本子记满了歌词。

（21）男孩儿把整个房间铺满了玫瑰花瓣儿[①]。

（22）几个人把这个厂搞成了一朵花。（吕文华，1994）

（23）朋友们把他的单身宿舍装饰成了结婚的新房。

上面的例（18）（19），动补结构后面带了材料宾语"邮票""米"；例（20）（21），动补结构带了受事宾语"歌词""玫瑰花瓣儿"等；例（22）（23），动补结构带了结果宾语"一朵花""结婚的婚房"。其中，例（18）～（21）带材料宾语和受事宾语的情况，动补结构的宾语直接受动词的支配，跟补语并没有非常密切的语义联系。

以上我们讨论了"把"字句中除了"把"字宾语外，谓语动词或动补结构后面又带宾语的情况。需要注意的是，有些情况下，"把"字句中动词或动补结构后面带宾语很像是动宾式离合词"离"的情况。例如：

（24）把他免了职。（丁声树等，1961）

（25）他刚把故事开了个头。（吕叔湘，1965）

（26）你别等我回来，先把炉子生上火。（丁声树等，1961）

动词和宾语结合得非常紧密，比如上面的例子，"免职、开头、生火"等，合起来看，都像是动宾关系的词。

[①] 当补语是"满"时，"把"字后面的处置对象往往可以和动补结构的宾语互换位置，例（21）就可以看作是例（12）的变换式。

不管怎样，"把"字句中动补结构的后面更容易再带宾语，所带宾语的语义类型也有与事、处所、止事、材料、受事、结果等。

49. "把"字宾语有什么特点？

"把"字句是汉语中的一种特殊句式，是指在谓语中心前头用介词"把"或"将"组成介词短语做状语的一种主谓句，意义上多数表示对事物加以处置。（黄伯荣、廖序东，2017）例如：

（1）你处理一下这个问题吧！→←你把这个问题处理一下吧！
（2）我没有弄坏他的电脑。→←我没有把他的电脑弄坏。
（3）我们一定要学好祖国的传统文化。→←我们一定要将祖国的传统文化学好。

一、"把"字宾语一般是有定的

作为现代汉语中的一种特殊句式，教材在讨论"把"字句的特点时，基本都会指出，"把"的宾语一般来说在意念上都是有定、已知的人或者事物等（齐沪扬，2005；张斌，2008；黄伯荣、廖序东，2017）。我们知道，"把"字句的语用功能不在于把宾语[①]作为一个新的信息引进话语里来使它从无到有，而在于说明主语要对宾语做什么或者做了什么，同时一般还要明里暗里地说明宾语身上可能发生什么变化，或者已经发生了什么变化（杉村博文，2002）。由于我们只能对那些已经在自己的知识结构里存在的对象采取一个有针对性的行动，所以，一般来说，我们要求"把"字宾语具有有定性。

二、"把"字有定宾语的几种形式

陈平（1987）把名词性成分从形式上分为七组，其中定指成分与不定指成分如表49-1。

[①] 这里指的是"把"字宾语。

表 49-1　陈平（1987）定指与不定指成分

组别	形式类型特征	定指成分	不定指成分
A组	人称代词	＋	
B组	专有名词	＋	
C组	"这／那"＋（量词）＋名词	＋	
D组	光杆普通名词	（＋）	（＋）
E组	数词＋量词＋名词	（＋）	（＋）
F组	"一"＋（量词）＋名词		＋
G组	量词＋名词		＋

从上表可以看出，A组人称代词、B组专有名词和C组"'这／那'＋（量词）＋名词"不管处在何种语境，都是学界公认的有定成分，它们做"把"字宾语是"把"字句的常态。例如：

（4）保安一拳把他打倒在地。

（5）保安一拳把孙兴旺打倒在地。

（6）保安一拳把这个盗贼打倒在地。

上面例（4）～（6），充当"把"字宾语的分别是人称代词、专有名词和"'这／那'＋（量词）＋名词"形式，应该说，它们都是有定成分，做"把"字句中的"把"字宾语是最为常见的情况。

容易引起争议的主要是D、E、F、G组。陈平（1987）认为D组和E组既可以是有定成分又可以是无定成分，而F组和G组都是无定成分。我们认为，当"把"字宾语为D、E、F、G组时，其有定性并非都与陈平（1987）的判定一致。由于F组"'一'＋（量词）＋名词"形式的有定性较为复杂，我们后面另行讨论。而D、E、G三组中，D组和G组充当的"把"字宾语，一般也都是有定的。

Chen（2004）区分意义上的可辨别性（identifiability）和形式上的有定性（definiteness）。根据形式和意义匹配规律，意义上的［＋可辨别］在形式上对应［＋有定性］标记。而我们认为，可辨别的成分往往都是容易推知的或者说已知的旧信息，相反，不可辨别的成分往往是不容易推知的或者说未知的新信息。所以，我们认为，"有定""无定"不是单纯的形式问题，而是跟意念所指相关,"把"字宾语的有定与否其实跟宾语是否可推知,或者宾语是否是已知旧信息有密切关系。

(一) 宾语是 D 组光杆普通名词

D 组光杆普通名词既可以传递旧信息,也可以传递新信息。据朱庆祥(2019),光杆普通名词做"把"字宾语,往往都是容易推知的旧信息,我们认为,这类"把"字宾语一般都是有定的。例如:

(7)于大妈:……那还算什么卫生之家呀?得了(上手),这红旗还得流动(夺过)……

傅老:……咦找不着吧!把红旗(?你刚夺走的红旗)还给我吧(叉腰)哈哈哈。

(8)李妈:我把电视(?把我们家的电视)关了,啊。……

余:嗯,啊,大妈,别关,就等着看新闻呢。

(9)两三个星期的工夫,他把腿(?把自己的腿)溜出来了。

(10)豁出一身剐,敢把皇帝拉下马![1]

光杆名词的所指要么在邻近的上文已经出现,如例(7)的"红旗";要么所指对象就存在于交际双方的实际环境中,可以靠眼神或手势进行现场指示互动辨识,如例(8)的"电视";要么属于领属关系中的属的部分[2],由有定的"领"成分可以自然推知"属"成分也是有定的,如例(9)的"腿";要么是通指、类指成分[3],经常用来描述惯常性事件,如例(10)的"皇帝"。以上四类"把"字宾语虽然是光杆普通名词,但它们传递的都是通过语境或者常识可以推知的旧信息,都是有定的。

---

[1] 例(7)~(10)都引自朱庆祥(2019)。
[2] 或者属于廖秋忠(1985)提出的"框—楔"关系的"楔"。
[3] 陶红印和张伯江(2000)提出"通指的实质是类意义",也即通指和类指的所指基本一致,都是指称一类事物。而刘丹青(2008)指出:"在可以确定对象这一点上,类指、全量和有定又是共同的,全量和类指虽然范围广大,但听说者都知道其确切范围——全部成员或类的整体。"既然通指或类指在意念上能够确定,我们认为就是有定的。

（二）宾语是 G 组 "'个'＋名词"

G 组 "量词＋名词" 形式，其中的量词最常见的就是 "个"。"'个'＋名词" 也可以是 "把" 字的有定宾语。例如：

（11）那女人把个张老汉迷得神魂颠倒。

（12）他把个孩子落在了停车场。

（13）朱盛那自鸣得意的样子，把个愁眉苦脸的许明辉都逗笑了……（杉村博文，2002）

（14）两大媒体同时报道，一时间，把个京城弄得沸沸扬扬。（张谊生，2005）

从表面来看，"'个'＋名词" 形式好像是 "'一'＋'个'（量词）＋名词" 省略 "一" 得来的，但从其语义所指来说，除了少数是无定的 "'一'＋'个'（量词）＋名词" 的省略形式外，多数属于有定形式外面故意套嵌无定形式①（朱庆祥，2019），用来表达说话人对所发生的事件情景感到 "出乎意外" 的语用附加义（王惠，1997），也即这类 "把" 字句所表达的结果往往是不合常理的异常情态或结果（张谊生，2005），是主观性决定了 "（一）个" 的增加，是主观化操作的结果（沈家煊，2002）。上面的几个例子都是如此，我们把其中的 "个" 去掉，中心语名词都是有定成分；但是去掉 "个" 后，句子就没有 "出乎意料" 的意思了。我们认为，这类 "'个'＋名词" 的 "把" 字宾语也是有定的。

总之，除了常规的有定形式 A 组人称代词、B 组专有名词和 C 组 "'这/那'＋（量词）＋名词" 可以做 "把" 字的有定宾语外，D 组光杆普通名词和 G 组 "'个'＋名词" 也都可以做 "把" 的有定宾语。

50.无定成分可以做 "把" 字宾语吗？

前面我们已经指出，"把" 字句中，"把" 字宾语的最主要特点就是一般由有

---

① 例（12）可以把 "一" 补出来，但如果补出来，"一个孩子" 就变成了无定成分，这里的 "把个孩子" 完全可以省略成 "把孩子"，"孩子" 是有定的，就是特指 "他" 的 "孩子"。

定成分充当。不过，随着对"把"字句研究的深入，关于"把"字句中"把"字宾语有定性的特点，语法学界的看法由原来的绝对有定观发展到了现在的倾向有定观（朱庆祥，2019）：也即原来我们认为，"把"字句中"把"后宾语必须是有定的，没有例外；而通过对"把"字句进一步的考察，现在语法学界普遍认为，"把"字宾语在大多数情况下是有定的，但是，现代汉语中也存在着少部分的"把"字句，其"把"字宾语是无定的。

一、无定"把"字宾语的几种形式

陈平（1987）指出的几种不定指成分中，我们发现，D组光杆普通名词充当"把"字句中"把"字宾语一般是有定的，这样，把字句中无定的"把"字宾语大概包括以下几类。

（一）宾语是F组"'一'+（量词）+名词"

按照陈平（1987），"'一'+（量词）+名词"是无定成分。汉语中也确实存在一些"'一'+量词+名词"形式的"把"字宾语，其所指是无定的。例如：

（1）演播台上的一张矮几上放着一只长箱，他先把一个少女装在一只长箱子里面，少女的头和手脚分别从五个箱孔里伸出来。

（2）他目不转睛地盯着一位天文观察员把一架庞大的天文望远镜瞄着寥廓的天空。

（3）父亲把一块毛巾拿给孩子。

（4）赵志军看着一言不发的闺女心忽悠一下，他走过去，忙问："怎么回事？"闺女把一封信递过去，信被揉搓得如手纸。[①]

上面例子中，"把"+"'一'+量词+名词"形式后面，例（1）跟的属于"动词+在/到+处所宾语"，例（2）跟的是"及物动词+事物宾语"，例（3）跟的谓语形式是"动词+给+与事宾语"，例（4）跟的属于"及物动词+补语/

[①] 例（1）~（4）引自储泽祥（2010b）。

了"，这是"'一'+量词+名词"形式做"把"字宾语常见的几种句法表现形式（储泽祥，2010b）。

首先，之所以使用无定的"'一'+量词+名词"形式做"把"字宾语，或者是由于句法的原因，比如动词后面出现了其他的宾语或补语成分，因此，只好把表示首次出现在语篇中事物的"'一'+量词+名词"宾语前移至"把"字之后，如例（1）~（2）；或者虽然句法上可以后置，但说话人想强调与事对象或"处置"的结果（储泽祥，2010b）等，如例（3）（4）。

其次，"'一'+量词+名词"形式的"把"字宾语虽然对听话人来说是未知的新信息，但是对说话人来说却是已知的旧信息；也即"'一'+量词+名词"宾语具有[+说话人已知][－听话人已知]的特点（储泽祥，2010b）。

最后，从语用表达效果来看，使用无定的"'一'+量词+名词"宾语，有时候是因为说话人认为听话人不必知道得太具体，因此故意淡化或者弱化首次出现在语篇中的指称对象，比如例（1）~（3）；有时候则是说话人故意不确认某个事物，以此来吸引听话人注意该事物（储泽祥，2010b），如例（4）[①]。

总之，现代汉语中的有些"'一'+量词+名词"形式做"把"字宾语，其语义所指确实是无定的。

（二）宾语是 G 组 "量词+名词"

前面我们曾经指出，G 组"量词+名词"形式做"把"字宾语，常常是在有定成分外面故意嵌套上一个无定外壳，究其本质还是有定成分。但"把"字宾语中也有少量"量词+名词"形式，是由无定的"'一'+量词+名词"形式省略而来，因此，属于"把"字的无定宾语。例如：

（5）他不小心把根扁担撞倒了。
（6）魔术师先把副扑克拿在手里反复洗牌。

[①] 人物赵志军和读者的期待都是"闺女"如何回答问话，但作者运用无定式"把"字句，使赵志军和读者的注意力都转到"一封信"上。"一封信"指称的对象作者未加确认，再加上注意焦点的转换，使它被突显出来，格外引人注意。具体可参见储泽祥（2010b）的分析。

（7）他先把个小姑娘抱上舞台，随后让她和自己翩翩起舞。

例（5）只是告诉我们"撞倒"的是"一根扁担"，至于是"哪根扁担"，听话人无从知道；例（6）的"一副扑克"对听话人来说也是无定的；例（7）的"小姑娘"在首句出现时，也是无定的。

（三）宾语是 E 组"数词+量词+名词"

我们知道，"一"是数词的特例，"'一'+量词+名词"形式可以做"把"字的无定宾语，如果把"一"换成其他数词，"数词+量词+名词"形式也可以做"把"字的无定宾语。例如：

（8）他把几个孩子送回家之后，才返回学校继续工作。

（9）他把几块饼干胡乱地塞进了嘴里。

（10）把三个动作做到极致，便能一个星期快速瘦身。

例（8）～（10）中的"数词+量词+名词"形式也都是[+说话人已知][－听话人已知]的无定成分。比如例（10）属于网文标题，看到这个标题，读者马上就会忍不住问，这"三个动作"到底是"哪三个动作"呢，网文标题便常常利用"把"字宾语的这种无定性，来达到吸引读者的目的。"数词+量词+名词"形式做"把"字无定宾语的原因，跟"'一'+量词+名词"形式基本一致，这里不再赘述。

（四）宾语是疑问代词相关格式

朱庆祥（2019）还提到了在问句中疑问代词相关格式做"把"字宾语的情况。例如：

（11）玉梅说："可是该把谁换出去呢？"（朱庆祥，2019）

（12）您要我把哪句话再说一遍？（朱庆祥，2019）

这里"把"字宾语对于说话人来说是未知的新信息，正因为未知，所以才进行提问；而对听话人来说，则有可能是已知的旧信息，所以说话人才想从听话人的回应中获得答案。由于是说话人未知的，所以我们认为这类"把"字宾语的语义所指也是不定的。

二、无定"把"字宾语的使用限制

通过以上的分析，我们发现，一部分无定的"数词＋量词＋名词""'一'＋量词＋名词""量词＋名词"和疑问代词相关格式做"把"字宾语，其语义所指确实是无定的。也即虽然"把"字宾语存在有定性倾向，但也有一些"把"字宾语是无定的。

但需要注意的是，无定"把"字宾语的使用是有一定限制的。有定式"把"字句既可以强调处置的结果，也可以强调处置的目的，表达祈使语气，无定式"把"字句只能强调处置的结果，不能强调处置的目的，不能表达祈使语气（储泽祥，2010b）。也即简单来说，陈述句中"把"字宾语可以是无定的，而祈使句中的"把"字宾语必须是有定的，不能是无定的。例如：

（13）他把一袋垃圾扔了。

（13'）＊快把一袋垃圾扔了！

（14）我把一个学生训了一顿。

（14'）＊请把一个学生训一顿！

总之，"把"字宾语的语义所指倾向于是有定的，但也不是绝对不允许使用无定成分，"把"字句的无定宾语包括"数词＋量词＋名词""'一'＋量词＋名词""量词＋名词"和疑问代词等形式。但需要注意的是，无定的"把"字宾语只能出现在陈述句中；在祈使句中，"把"字宾语绝对不允许是无定成分。

51. "'一'＋量词＋名词"形式做"把"字宾语都是无定的吗？

前面我们已经指出，"把"字句中的"把"字宾语具有有定性倾向，但也有一部分"把"字宾语的所指确实是无定的，"'一'＋量词＋名词"形式就是"把"字无定宾语的一种典型形式。但是，跟"把"字宾语的有定性倾向相关，很多情况下，"'一'＋量词＋名词"形式的"把"字宾语却并非无定成分，而是有定成分。有定的"把"字宾语"'一'+量词+名词"形式，大概有以下几种情况。

一、强调数量是"一"

有时候，"'一'+量词+名词"形式强调的是数量上的精确性（俞志强，2011）。也即我们重点在于说明数量上是"一"而不是其他，数量上是确定的，整个"'一'+量词+名词"形式意念所指也就是有定的。例如：

（1）他把一块布撕成了两块。（俞志强，2011）
（2）她把一块砖头劈成了两瓣。（俞志强，2011）
（3）我们把一个蔬菜包分给了三个家庭。

上面例（1）~（3）的"一"跟"他把一块布洗干净了""他把一块砖挪走了"或"我们把一个蔬菜包扔了"中的"一"显然不同，它们是确指数量。

二、强调"一"的整体性、全部性

有时候，"'一'+量词+名词"形式中的"一"表示全量，有"一整个"或者"全部"的意思，我们认为，这时候，"'一'+量词+名词"形式也是有定的。例如：

（4）他一口气把一碗饭吃得精光。
（5）他把一屋子家具都搬走了。
（6）他把一家人的口粮全给糟蹋了。

上面的例（5），"一"跟后面的"都"相呼应，例（6），"一"跟"全"相呼应，其表现全量的意思就更明显了。

三、表示领属关系中的"属"成分

有时候，"'一'+量词+名词"形式的"把"字宾语，表示的是定指成分的所属成分，也就是廖秋忠（1985）提出的"框—棂"关系中的"棂"成分。例如：

（7）他把一条腿伸进冰冷的河水里。

(8)肖胜利把一只耳朵贴在墙上仔细听了听。

(9)孩子把一只眼睛放在猫眼上往外张望。

例(7)中的"一条腿"实际上是"他的一条腿",其有定性虽然弱于"他的左腿",但却强于"某人的一条腿",例(8)(9)也是类似的情况。唐翠菊(2002)认为受领属性定语修饰的名词其定指性是较强的。我们也认为这种形式的语义所指在意念上还是倾向于有定的。

四、表示任指

有时候,"'一'+量词+名词"形式的"把"字宾语表示任指,指某一确定类中的任何一个或者每一个,这与我们前面说的第二种情况有些类似,属于通指或举指成分,所指范围是确定的,从意念上来说,也是有定的。例如:

(10)做一点真正要紧的事就很不容易了。要扎实地做好自己的本职工作,把一件事做好了就是对国家的贡献。

(11)我们不能否定在某一个时候要有一个具有一定规模的热闹的形式,有这样热闹的形式,才能把一个歪风打下去,才能把一件事情办好。

(12)我们把一个苹果分成四份,其中的一份就是这个苹果的四分之一。

五、加修饰语增强其有定性

虽然"'一'+量词+名词"形式有时候是表示无定的成分,但如果在"一"前或者"'一'+量词"后面添加了修饰语,会使整个"把"字宾语的有定性大大增强。这是因为,一般性的定语成分,限定性越强、越具体,该名词性成分的定指性也就越强(陈平,1987)。对于普通名词来讲,孤立地看:修饰语越多,越是增加定指强的修饰语,指称成分越倾向于有定(朱庆祥,2019)。例如:

(13)我把自己非常喜欢的一条丝巾送给了闺蜜。

(14)我把一条从国外带回来的丝巾送给了朋友。

(15)他把一支从深山老林里好不容易挖出来的人参卖给了一个药材商。(俞志强,2011)

例（13）～（15）中"'一'＋量词＋名词"形式增加了有定性的修饰语，使整个"把"字宾语的有定性大大增强，我们认为这时候的"把"字宾语也倾向于是有定的。

总之，通过上面的分析，我们发现，"把"字后面用"'一'＋量词＋名词"形式做宾语并非都是无定的；在强调数量、强调全量、表示"属"成分、表示任指或者有较复杂的修饰语的情况下，"'一'＋量词＋名词"形式的"把"字宾语具有较强的有定性。

52. "被"字句中动词后面可以带受事宾语吗？

和"把"字句相似，"被"字句也是现代汉语中一种比较特殊的句式。在一般主谓宾句中动词后面所带的宾语成分，在"被"字句中往往会被提到句首充任"被"字句的主语，因此，"被"字句中动词后面常常不再出现宾语成分。但是和"把"字句相似，现代汉语中也同样存在着"被"字句中动词后面再带宾语的情况。"被"字句中，动词后带宾语，宾语前往往有补语（刘月华、潘文娱、故韡，2001）。这样，为了方便讨论，我们把"被"字句中动词带宾语和动词后面带补语再带宾语的情况放在一起讨论，统一简单称作动词后面带宾语。

一般来说，受事成分往往会出现在"被"字句句首主语的位置上；但也有另一种可能，即"被"字句中受事成分出现在动词后面宾语的位置上。我们这节就主要讨论"被"字句中动词后带受事宾语的几种情况。

一、宾语与主语有领属关系[①]

这种情况是说，"被"字句中句首主语和动词后受事宾语之间往往存在着广义的"领有—隶属"关系。这类"被"字句广受语法学界的关注，其句首主语是

---

① 见游舒（2005）。

动词后宾语的领有者，而动词后宾语则是主语的一部分。例如：

（1）这篇文章被编辑删去了一大段。

（2）他被人剪掉了一条辫子。

（3）他被学校取消了专职教师资格。

（4）这个贫困生被学校减免了大部分学费。

（5）那袋薯片被孩子吃掉了一半儿。

（6）十个学生一会儿工夫被叫走了五个。

（7）那位妈妈被坏人抢走了孩子。

（8）那个男孩被一场交通事故夺走了母亲。

主语和动词后宾语之间的这种广义的领属关系，具体来讲，可能是"整体—部件"的关系，如例（1）（2）；可能是狭义的"领有者—领有物"关系，如例（3）（4）；可能是"集体—成员"的关系，这种往往有数量短语提示，如例（5）（6）；还可能是亲属关系（游舒，2015），如例（7）（8）。部分受到了某种处置（多为损害），其结果必然会影响到整体。因此，这类"被"字句为了强调整体的被处置性而把其放在主语位置上，真正的受事者则被保留在动词后的宾语位置上。此外，多数生成语法学者认为，这类句子在推导派生过程中都运用了"领有名词提升移位"这一语法规则（徐杰，1999；韩景泉，2000；温宾利、陈宗利，2001；潘海华、韩景泉，2005；安丰存，2007等），即领有名词是通过移位而从动词后面前移至主语位置的。最后，由于主语和动词后宾语存在着领属关系，动词后宾语还是真正的被处置者，这类"被"字句中，动词后的宾语常常可以挪至句首主语后面，使句首主语变成一个领属性的定中短语，如例（1）可以变换为"这篇文章的一大段被编辑删去了"，例（3）可以变换为"他的专职教师资格被学校取消了"等等。

有时候，这类"被"字句也可以不出现主语，例如：

（9）被他这一句话害死了两条性命。（吕叔湘，1965）

我们认为例（9）其实是省略了主语"我们"，也即"被害死的"其实是"我们的两条人命"，"我们"和"两条人命"之间存在着领属关系。

二、宾语与主语有附着关系[①]

这类"被"字句的主语往往是处所性词语,受事宾语则是通过动作附着于这一处所的人或者事物。例如:

(10) 书包里被妈妈塞满了各种吃的。

(11) 墙上被他挂了一个大大的心形气球。

(12) 阳台(上)被晾上了各式各样的衣服。

三、主语是动作的与事

这类"被"字句中的谓语动词常常是表示"取得"义、"给予"义等的三价动词,动词可以用双宾句的形式带与事和受事两个宾语。在"被"字句中,与事成分被放在句首,而受事成分依然放在动词之后。例如:

(13) 他被劫匪抢了一部车。

(14) 张丽被人偷了手机。

(15) 自己糊里糊涂地叫人家扣上了一顶大帽子。

(16) 张三被判处有期徒刑一年。

上面的例(13)(14)中,动词"抢、偷"具有"取得"义,例(15)(16)中,动词"扣""判处"具有"给予"义。此外,这几个句子都有语义与之对应的双宾句式。例如:

(13') 劫匪抢了他一部车。

(14') 有人偷了张丽一部手机。

(15') 人家扣自己一顶大帽子。

(16') 判处张三有期徒刑一年。

四、主语是动作的材料

这类句子中句首主语往往是动作的材料,也即动作的进行需要借助一定的外部资源。例如:

[①] 见游舒(2005)。

（17）（西红柿呢？）西红柿被我炒了鸡蛋了。

（18）太阳晒过的水被我浇了花了。

（19）油漆被工人（拿去）刷了院子的围墙了。

这种句子的使用，有时候需要借助于上下文语境才会显得比较自然。

总之，在"被"字句中，虽然受事成分一般放在句首主语位置，但现实语料中，在受事成分与主语有领属关系、有附着关系，或者主语是动作的与事、动作的材料时，受事成分可以放在动词后面做宾语。应该说这种情况还是比较常见的。

53. "被"字句中动词后面可以带非受事宾语吗？

普通主动宾句中放在动词后面做宾语的成分，在"被"字句中常常被我们放在句首做主语了。虽然如此，"被"字句中，动词后面仍然还可以再带宾语，而且，除了受事宾语外，"被"字句中，动词后面还可以带非受事的其他成分的宾语。

一、动词后带结果宾语

这类"被"字句中句首主语往往是动作行为的处置对象，动词往往带结果补语"成/为"等，而动词后的宾语则是对这一处置对象进行处置产生的结果。例如：

（1）这件毛衣被她改成坎肩了。

（2）莫言的小说被翻译成了很多国家的文字。

（3）毛坯房几个月就被装修成样板间了。

（4）雪地上被她踩出了两排脚印。（游舒，2005）

（5）她的额头上被烙上"囚"字。（游舒，2005）

有时候，句首主语也可以是处所性词语，表示处置结果所附着的处所，如例（4）（5）。

二、动词后带止事宾语

这类"被"字句中的动词往往属于称说类三价动词，如"选为、称为、叫为、授予、评为、列入"等，称说对象放在主语位置上，而称说语放在动词后宾语位置上。例如：

（6）因为这些原因，他被孩子们称为"万能修爸爸"。
（7）去年她被评为全国优秀教师。
（8）他被授予"荣誉市民"称号。
（9）他被法院列为强制被执行人。
（10）他被列入失信人员名单。

由于主语和宾语之间基本可以用"是"等进行连接，如例（6）可以改为"他是万能修爸爸"，例（9）可以改为"他是强制被执行人"等[①]，宾语是主语获得的命名或称号，我们把宾语的语义类型归为止事。刘月华（2001）认为这类宾语表示变化、结果，游舒（2005）认为这类属于使成性宾语。我们认为，虽然这类宾语也是行为之后出现的结果，但这种结果是一种主观判断或者评价，归为止事宾语可能会更符合其实际情况。此外，邢福义（2004）认为谓语动词是"授予、评为、列入"等的"被"字句属于承赐型"被"字句，与一般表示拂意的遭受型"被"字句不同，这类"被"字句基本表义倾向为称心。我们认为这种观察较为客观，但也不排除例外情况，如例（9）（10）的宾语就并非是让人称心如意的。

三、动词后带与事宾语

这类与动词后带受事宾语的第三种"主语是动作的与事"的情况相似，动词一般也是三价动词。只是前面那种是把与事放在主语位置，受事放在宾语位置；而这类则是把受事作为承受者放在主语位置，与事放在了动词后宾语位置。例如：

（11）那件毛衣被妈妈送给了她的朋友。

---

① 用"是"连接主语和宾语，像例（8），要去掉"称号"，改成"他是荣誉市民"，例（10）要去掉"名单"，改成"他是失信人员"，但总体来说，宾语是主语获得的称号或者命名。

（12）这个玉镯被卖给了海外的一个古董商。
（13）这辆新车被奖给了今年的销售冠军。
（14）这一万块钱被我还给了表妹。

从以上的例子可以看出，动词后带与事宾语的"被"字句，其中的动词往往是"给予"类的，"取得"类动词往往不能进入这种格式。我们认为这主要是因为"取得"类动词如"拿、罚、收、偷、抢"等的与事成分，也即"取得"的来源，往往并非"取得"理想认知模型的强制参与者（鹿荣、齐沪扬，2010），因此不适合出现在"被"字句的宾语位置上[①]。

四、动词后带处所宾语

这类"被"字句中，动词后宾语表示主语被处置后所在的处所。例如：

（15）受伤的孩子被大家送到了最近的医院。
（16）这块湿热的毛巾终于被递到了他的手上。
（17）一个大大的心形气球被他挂在了墙上。
（18）各式各样的衣服被晾在了阳台上。

动词后所带的处所宾语，有的只表示动作的终点，没有被处置性，这时候不能变换成处所做主语、受事做宾语的类型，如例（15）（16）；而有的处所也兼具被处置性，这时候就可以有处所做主语、受事做宾语的变换格式，如例（17）（18）实际上就分别和前面一节的例（11）（12）互为变换格式。

五、动词后带固定搭配类宾语

严格说来，这种类型的宾语跟前面几种的讨论角度并不一致。前面几种类型的宾语跟动词都是临时在句子中组合起来的，而这种类型的宾语跟动词则属于固定搭配，有的是动宾式离合词"离"的状态，有的则是动宾式惯用语等[②]。例如：

[①] 鹿荣、齐沪扬（2010）指出，"得到"理想认知模型的强制参与者只有两个，即[得到者；得到物]；而"给予"理想认知模型的强制参与者却有三个，即[给予者；给予物；给予对象]。
[②] 动词后带固定搭配类宾语的情况在"把"字句中也是存在的。

（19）他被上级领导撤了职。

（20）他今年因为违反校规被学校记了一次过。

（21）你要小心，不要被小人钻了空子。

（22）给孩子的零花钱，到他这里，就被打了折扣。

上面的例（19）(20）属于动宾式离合词"离"的状态，而例（21）(22）则属于动宾式惯用语的情况。

通过以上的分析，我们可以发现，跟"把"字句类似，"被"字句中动词后面也仍然可以带宾语。所带宾语的类型，除了是受事成分外，也可以是结果、止事、与事、处所等；另外，有时候动词后的宾语跟动词属于固定搭配。

第八部分　动宾结构与其他结构辨析

54. "这本书是图书馆的"与"他是会来的"中"是"后成分有何不同？

古代汉语中的"是"最早是一个代词，意思相当于"这、此"，如"是社稷之臣也（《论语·季氏》）""是良史也《左传·昭公十二年》"（崔屹，1994）等，其中的"是"都是"此"的意思。现代汉语中"是"最常用作判断动词，也可以充当表示强调的副词，或者作为对比焦点的标记。

一、判断动词"是"

判断动词表示判断和肯定，又被叫作系词，常位于主语和宾语之间，起联系作用，可以表达多种语义关系。

第一，表示等同或者种属关系。这应该是"是"最基本的用法。例如：

（1）北京是中国的首都。⟵⟶中国的首都是北京。

（2）老舍是《骆驼祥子》的作者。⟵⟶《骆驼祥子》的作者是老舍。

（3）我是老师。——*老师是我。

（4）牛是反刍动物。——*反刍动物是牛。

表示等同关系时，主语和宾语的外延相同，因此，主语和宾语可以互换位置，如例（1）（2）。表示种属关系时，主语和宾语是成员和类别的关系，主语和宾语互换位置后，句子往往不再能成立，如例（3）（4）。

第二，表示宾语是主语的一种属性，宾语往往指事物的特征、质料、情况。例如：

（5）这孩子是慢性子。

（6）这镯子是绿翡翠。

（7）人家是丰年，我是歉年。

第三，表示事物的存在或领有。"是"大体可以用"存在着"或"有"来替代。例如：

（8）沿街是一排商铺。

（9）远处是一片梯田。

（10）你是个男孩，我是个女孩。

第四，表示适合。例如：

（11）你来得正是时候。

（12）这个书架放的不是地方。

第五，表示比喻。例如：

（13）人是铁，饭是钢。

（14）你们是早晨七八点钟的太阳。

表示上面这些意思的时候，"是"是句子的核心动词，后面的宾语往往是名词性成分，如名词、代名词、定中短语、同位短语和"的"字短语等；而如果宾语是"的"字短语，句子就形成了"是……的"形式，"的"居于句尾。例如：

（15）这条红领巾是我的。

（16）这片领土是中国的。

（17）这本书是图书馆的。

我们拿例（17）来看，"这本书是图书馆的"，其中的"是"是判断动词，"的"是结构助词。句中的"是"和"的"不能省略；由于"的"是结构助词，往往可以在其后补出"的"字短语省略掉的名词性中心语；此外，否定时，我们是在"是"前加"不"。例如：

（17'）*这本书图书馆。

这本书是图书馆的书。

这本书不是图书馆的。

二、语气副词"是"

"是"还可以是一个语气副词,表示确认、强调或肯定,这个时候,句子的主语往往是名词性的,而"是"后成分往往是形容词或者动词性的,其中的"是"需要重读。如:

(18)他这么做是不对。

(19)烟台的苹果是好吃。

(20)这孩子是仗义。

语气词"的"也可以表示强调或者肯定的语气,比如:

(21)他挺讨人喜欢的。

(22)他会来的。

表示强调的"是"和"的"的共同之处是,它们都可以去掉,虽然句子强调的语气变弱了,但是却仍能保持句子意思的基本不变。上面的例子都是如此。由于"是"和"的"都表示强调的语气,它们有时候可以配合使用,形成"是……的"格式,"的"居于句尾。例如:

(23)市长是要问责这些情况的。

(24)困难是战胜不了我们的。

(25)他是会来的。

上面的例(23)(24),以及我们标题中提到的例(25)中,"是"是语气副词,表示强调和肯定,要重读,而"的"是语气词。"是"后和"的"前的成分不是"是"的宾语,而是句子中谓语的主体部分;句子可以去掉"是"和"的",不再有强调的意思,但表义基本不变;由于"的"是语气词,我们也不可能在"的"后补出相关的名词性中心语;否定时,"不"只能放在"是"之后,不能放在"是"之前。例如:

(25')他会来。

*他是会来的(人)。

他是不会来的。

三、焦点标记"是"

句子中的焦点分为自然焦点和对比焦点两种,自然焦点一般居于句末,而对比焦点的位置则不太固定。有时候,可以用"是"作为对比焦点的焦点标记,提示"是"后面的成分是句子中的对比焦点。作为焦点标记的"是"读得较轻,而它所标记的焦点成分也即"是"后成分则要重读。例如:

(26)是他救了这个小孩儿。(回答"谁救了这个小孩儿?")

(27)我们是在海边拍婚纱照。(回答"在哪里拍婚纱照?")

(28)我们是明天拍婚纱照。(回答"什么时候拍婚纱照?")

(29)我们是用专业相机拍婚纱照。(回答"用什么拍婚纱照?")

(30)我们明天是拍婚纱照。(回答"明天干什么?")

焦点标记"是"标记的对比焦点可以是施事、处所、时间、工具,甚至是行为本身,但一般不能是句子的宾语。除了"是",有时候"的"也可以作为焦点标记,不过标记的焦点是它前面的成分。例如:

(31)小王救的这个小孩儿。(回答"谁救了这个小孩儿?")

(32)我们在海边拍的婚纱照。(回答"在哪里拍了婚纱照?")

(33)我们昨天拍的婚纱照。(回答"什么时候拍了婚纱照?")

"是"和"的"也可以合用,从而出现了"是……的"的焦点标记,标记的焦点还是"是"后的成分。例如:

(34)是小王救的这个小孩儿。(回答"谁救了这个小孩儿?")

(35)我们是在海边拍的(婚纱照)。(回答"在哪里拍?")

(36)我们是昨天拍的(婚纱照)。(回答"什么时间拍?")

像例(35)(36),由于"的"后没有出现宾语成分,从而形成了"是……的"形式,"的"居于句尾。这种"是"和"的"都是焦点标记,要轻读,而"是"后的焦点成分则要重读。"是"后的焦点不是"是"的宾语,也不是句子其他动词的宾语成分。"是"和"的"都可以去掉,句子依然成立,只是没有了对比焦点;"的"后有时候可以补出动词的宾语成分;可以把"不"放在"是"的前面进行否定。

总之,"是……的"形式中,"是"不一定是判断动词,"是"后成分也并非都是"是"的宾语,"是"有三种身份,分别是判断动词、语气副词和焦点标记。

55. "没有钱"与"没有挣钱"中"没有"后成分有何不同?

"没有"是对"有"的否定。"有"是现代汉语中的常用动词,而"没有"除了作为否定动词外,还有副词用法。

一、"有"的语义

"有"作为现代汉语中的常用动词,大体可以表达三种语义。

第一,表示"领有、具有"(吕叔湘,1999)。这是"有"最基本的语义。"有"做谓语中心,主语常常是表示人或事物的名词性词语,"有"后成分是宾语,表示"领有"或者"具有"的对象,一般是名词性成分。例如:

(1)他有一双巧手。

(2)我们班有一部《现代汉语词典》。

(3)她丈夫一直有大男子主义思想。

"有"不是动作动词,一般不带动态助词,比如上面的三个例子。但有时候在书面语中也可以带上动态助词"着、了、过"(吕叔湘,1999)。例如:

(4)现在情况有了一些变化。

(5)他曾经有过一段短暂的婚史。

(6)这两个国家之间也有着千丝万缕的联系。

第二,表示"存在"。往往出现在存现句中,句首一般是处所主语,或者无主语。"有"后面不能加动态助词。例如:

(7)桌子上有一盏台灯。

(8)从前有座山,山上有座庙,庙里有个和尚。

(9)网上有这种七龙珠卖。

"有"后成分是存现宾语，常常是带有数量成分修饰的无定成分，如例（7）（8），也可以是受"这、那"修饰的有定成分，如例（9）。

第三，表示性质、数量达到某种程度。常用"有＋名词性成分（＋这么／那么）＋形"的形式或者"有＋物量"（吕叔湘，1999）的形式。例如：

（10）这棵树有碗口粗。

（11）他个子有你这么高。

（12）这块地有三十亩。

（13）到饭店大概有两公里路。

上面讨论了"有"的三种语义。总之，"有"是个动词，后面一般跟名词性成分充当宾语。

二、"没有"的语义

"没有"是"有"的否定形式，但是它的词性和用法跟"有"并不对等。

（一）"没有"的动词义

"没有"的动词义基本就是"有"的反面，用于客观叙述，表示对过去和现在各种"有"的否定，口语中常常说成"没"（吕叔湘，1999）。"没有"后面不能加动态助词，后面往往带名词性成分充当宾语。

第一，表示对"领有、具有"的否定。例如：

（14）他没有心脏病。

（15）我们没有那么先进的设备。

（16）我没有时间照顾孩子。

标题中的"没有钱"，其中的"没有"就是对客观"领有"表示否定的动词，"没有"后面的"钱"是它的宾语。

第二，表示对"存在"的否定。一般也是用于存现句，主语是处所成分或无主语。例如：

（17）教室里没有一个人。

（18）没有两片树叶是完全相同的。

第三，表示数量不足。例如：

（19）他个子没有你那么高。

（20）这套公寓没有一百平方米。

总之，在动作义上，"没有"和"有"的意义基本对等，后面带的都是名词性成分，做宾语。

（二）"没有"的副词义

跟"有"不同，"没有"除了做动词外，还可以是一个否定副词，放在动词或者形容词性成分前面充当状语，否定动作行为的曾经发生或者性质状态的曾经存在。例如：

（21）我们没有去讨论这些。

（22）他们没有收到我们的回信。

（23）我们没有这么幸运。

（24）饭菜还没有凉。

上面的例（21）（22）中的"没有"后面跟的是动词性成分，例（23）（24）中的"没有"后面跟的是形容词性成分。我们标题中提到的例子"没有挣钱"中，"没有"也是否定副词做状语，后面的"挣钱"不是宾语而是谓语中心。

（三）"有"没有副词义

虽然"有"的否定形式"没有"可以充当副词，放在动词或形容词性成分前面充当状语，但是"有"却只能是一个动词，没有副词做状语的用法。所以下面的例子都是错误的。

（25）*我有挣到钱。

（26）*这部电影我有看过。

（27）*我有去争取过面试资格。

方言中有上面例（25）～（27）的表达方式，但是在普通话中，"有"放在动词性成分前面这样的表达方式是错误的，也即在副词用法上，"有"和"没有"并不是对等的。

总之,"没有钱"是动词"没有"带宾语"钱","没有挣钱"是副词"没有"后加谓语中心"挣钱";"有钱"是动词"有"带宾语"钱",而"有挣钱"的说法是偏误表达。

56. "红脸"与"脸红"有何不同?

我们知道,一些形容词有时候会有自己的动词用法,后面带上名词性宾语,这时候就有可能形成动宾关系和定中关系形式较为相似的情况。比如"红眼圈",一般我们的理解是"红色的眼圈","红"是形容词,跟后面的"眼圈"之间形成定中关系,基本等于"红的眼圈";但是在"红"后面加上"了"变成"红了眼圈",这时候"红"就变成了动词,后面带了"眼圈"做宾语,形成动宾关系,基本等于"眼圈红了"。多数"形容词+名词语"表达动宾关系和定中关系,只能是形似,会有中间加"了"或"的"的差别。而"红脸"则是一个动宾与定中关系可以完全同形的例子。

一、"红脸"是定中关系

一般来讲,"形+名",我们最容易想到的就是定中关系,"红脸"中,"红"是定语,修饰名词性的中心语"脸"。定中关系的"红脸",又可以表示两种意思,一种是短语义,也即"红脸"就等于"红的脸",比如在歌曲《说唱脸谱》中有一句歌词,"蓝脸的窦尔敦盗御马,红脸的关公战长沙",这里的"红脸"就是京剧中画成"红色"的"脸谱",是其短语义。类似的例子再如:

(1)中间坐着的,是一个红脸老者,鹤发童颜。
(2)一个红脸汉子气冲冲地对着镜头说着什么。

由于在京剧中,画成红色脸谱的,往往是忠勇侠义之人,比如关公、姜维等,因此,"红脸"由此而产生了一个比较凝固的引申义,即"指正面人物",这时候的"红脸"就成为一个定中关系的词了,例如我们常说的一句话"他们两个

人,一个唱红脸,一个唱白脸",就是指"两个人,一个扮演好人,一个扮演坏人"的意思。再比如:

(3)我们都知道,唱红脸容易唱黑脸难。

(4)当地物价局孤芳自赏地唱红脸,显然缺乏危机公关意识。

以上我们介绍的"红脸",都是"红"的形容词用法。

二、"红脸"是动宾关系

"红"除了最常见的形容词用法外,还有动词用法,这时候,"红"做动语,后面的"脸"是它的宾语,彼此形成动宾关系。动宾关系的"红脸",就是"脸变红"的意思。例如:

(5)他喝酒容易红脸。

(6)你怎么这么容易红脸啊?

这种意义上的"红脸",是一个动宾短语,很容易被"脸红"代替。"脸变红",可能是因为酒精刺激,也可能是因为"害羞",或者因为"愤怒"等过激情绪。因此,在动宾关系的短语义基础上,"红脸"又产生了两种词义,一种是"指害羞",例如:

(7)这个小姑娘见了生人就红脸。

(8)你这么内向,总爱红脸可不好。

因为愤怒吵架等原因,也会造成"脸红"的结果,因此,"红脸"还有一种词义,指"发怒"。例如:

(9)老公温和知礼,一向不怎么跟人红脸。

(10)他们夫妻俩从来没有红过脸。

这种义指"吵架、发怒"的"红脸",还可以在动宾之间带上"过、了"等动态助词,上面的例(10)即是如此。

三、"脸红"是主谓关系

跟"红脸"有可能是定中关系或者动宾关系不同,"脸红"只有一种理解,就是"脸是红的"或"脸变成红的",是一个主谓关系的短语。例如:

（11）快看快看，他脸红了。

（12）他明明不害羞，为什么这么容易脸红呢？

"脸红"的意思，大体相当于动宾关系"红脸"的短语义。所以上面的例（5）（6）中的"红脸"都可以用"脸红"替代。例如：

（5'）他喝酒容易脸红。

（6'）你怎么这么容易脸红啊？

多数可以兼类或借用作动词的形容词，需要借助于定中关系的标志"的"或者动态助词"了、过"等来提示其形容词或动词身份，并和后面的名词语形成定中关系或动宾关系。而通过上面的分析我们可以发现，"红脸"属于较为特殊的情况，它不需要借助其他辅助成分，自身就可以直接形成两种结构关系。"红脸"中的"红"有形容词和动词两种用法，"红"与"脸"既可以是定中关系，也可以是动宾关系；而且在表达这两种关系时，"红脸"都有多种理解，既可以是一个短语，也可以是一个词。

四、"花眼"与"眼花"

与"红眼"和"眼红"有点类似的还有"花眼"和"眼花"。

（一）"花眼"有两种理解

"花眼"不借助其他辅助成分，也可以表达两种意思。

一种"花"是形容词用法，做定语，修饰后面的"眼"，"花"与"眼"形成"定中"关系，与"近视眼"相对，是"老视"的通称。例如：

（13）你看看我，年轻的时候是近视眼，现在年纪大了又成了花眼。

这时候的"花眼"与"近视眼"相对，"花眼"不是"花的眼"，而是指一种视力状况，是定中关系的词。

"花眼"还可以理解为"眼睛花"或"眼睛变花"，这时候"花"是动语，与后面的"眼"形成动宾关系。例如：

（14）你可真是的，才四十岁就花了眼了。

我们既可以在"眼"后面加语气词"了"，也可以在"花"后加动态助词"了"。

（二）"眼花"只能是主谓关系

与"花眼"既可以是定中关系又可以是动宾关系不同，"眼花"中，"眼"与"花"只能形成主谓关系，义为"眼睛（变）花"，是一个短语，与"花眼"的动宾关系义大体相当。当然这种"眼睛花"可能是偶发性的可逆变化，也可能是永久性的不可逆变化。例如：

（15）对不起我眼花了，没看清楚。

（16）老人眼花了，看不清针眼了。

（17）我的眼早就花了。

例（15）的"眼花"是偶发性情况，而例（16）的"眼花"是永久性的不可逆变化。由于"眼花"是一个短语，所以例（17）中，我们可以在"眼"与"花"之间插入状语"早就"。

总之，"花眼"也可以不借助其他辅助成分，而兼表定中和动宾两种关系；而表示动宾关系义时，"花眼"的意思基本等同于主谓关系的"眼花"。

57. "他同意我去"与"他让我去"有何不同？

汉语中的动词性谓语句，最基本的结构形式是"主语+谓语动词+宾语"，一般一个句子中只出现一个动词。但是有些情况下，句子中出现的动词不止一个，例如：

（1）我喜欢游泳，他喜欢钓鱼，孩子喜欢爬来爬去。

（2）我愿意去北京。

（3）他气喘吁吁地从楼上跑下来。

（4）我们调查研究并讨论了这个方案的可行性。

（5）我去图书馆看书。

（6）他同意我去。

（7）他让我去。

上面例句中出现的动词都不止一个。例（1）是动词带各种动词性宾语比如单个动词、动宾短语、动词性联合短语做宾语，例（2）是能愿动词放在主要动词前面做状语，例（3）是趋向动词做补语，例（4）是几个动词构成的联合短语做谓语中心，例（5）是连谓句，连谓短语做谓语，例（6）是主谓短语做宾语，例（7）是兼语句。前面几种情况都比较容易判断，较为特殊的是连谓句、主语短语做宾语的句子和兼语句。

一、连谓句的特点

连谓句是连谓短语充当谓语或者独立成句的情况。这类句子最大的特点是如果句子出现几个动词，那么这几个动词所表示的动作行为都是由同一个动作主体[①]发出的，我们再举几个连谓句的例子。

（8）踩着巨人的肩膀往上爬。

（9）孩子拿着气球托着玩。

（10）我们对视着不说话。

（11）我听故事听困了。

不管前后几个谓语动词之间是什么样的语义关系，也不管句子中是否出现主语，这些连谓句的一个特点是几个动作行为的主体都是相同的。例（8）虽然没有主语，但我们知道"谁""踩巨人的肩膀"就是"谁""往上爬"；例（9）"拿气球"的是"孩子"，"托着"和"玩"的也是"孩子"；例（10）（11）也是类似的情况。

这就和主谓短语做宾语的句子以及兼语句有很大的不同。比如上面的例（6）中，"同意"的动作主体是"他"，"去"的动作主体是"我"；例（7）中，"让"的动作主体是"他"，"去"的动作主体是"我"。因为连谓句中只出现一个动作主体，所以不太容易跟兼语句发生形似的情况。反倒是主谓短语做宾语的句子，和兼语句一样都可以有不止一个动作主体，因此容易出现例（6）和例（7）这种形似的情况，进而产生混淆。

---

① 因为有些动词不表示强烈动作，所以我们以"动作主体"来指称，施事是其最典型成员。

二、主谓短语做宾语的句子和兼语句的比较

连谓句中几个动作行为都只有一个动作主体,而主谓短语做宾语的句子和兼语句一样,前后几个行为的动作主体并不相同,这是它们容易相混的主要原因。

(一)相似之处

主谓短语做宾语的句子和兼语句,在形式和表义方面存在着一定的相似之处。两类句子都可以采用"名词语$_1$+动词$_1$+名词语$_2$+动词$_2$"的词类序列,两类句子的主语也即"名词语$_1$"往往都是"动词$_1$"的动作主体;而"动词$_1$"后面的名词语即"名词语$_2$",则都是"动词$_2$"的动作主体。句法形式上的相近带来了表义的相近,主谓短语做宾语的句子甚至可以表达和兼语句相似的逻辑真值义。比如前面的例(6)和例(7),"同意"和"让"的动作主体都是"他","去"的动作主体都是"我";表达的基本意思都是"我去,他是持肯定态度的,是不拦着的",或者说"对他来讲,我可以去"。我们再举几个类似的例子。

(12)领导知道老王担任这个职务。

(13)领导派老王担任这个职务。

(14)我记得他从这儿拿走了一把笤帚。

(15)我叫他从这儿拿走了一把笤帚。

上面的例(12)(14)都是主谓短语做宾语的句子,例(13)(15)都是兼语句。例(12)(13)中,"知道"和"派"的主体都是"领导","担任"的主体都是"老王";两个句子表达的意思中,都肯定了"老王担任这个职务"这个命题。例(14)(15),"记得"和"叫"的主体都是"我","拿走"的主体都是"他";两个句子表达的意思中,都肯定了"他从这儿拿走一把笤帚"这个命题。

(二)不同之处

主谓短语做宾语的句子和兼语句,毕竟是不同的句式。从上面几对例子的外部形式来看,唯一的差别似乎在于句子中"动词$_1$"的不同。以例(6)和例(7)为例,两个句子只有动词$_1$是"同意"和"让"的差别。但动词$_1$的不同,虽然

可能不会造成句子意思的太大变化，但是却可能会改变整个句子的句法格式。也即虽然在两个句子中，前后两个动作的主体一致，但动作₁的受事对象却并不相同，例（6）中，"同意"的受事对象也即宾语是"我去"这个主谓短语，由此，句子是一个主谓短语做宾语的句子；而例（7）中，"让"的受事对象也即宾语是"我"，我既是"让"的宾语，又是"去"的主语，是个兼语，因此，句子是一个兼语句。其他的，例（12）与（13），例（14）与（15）也都是因为动词₁的差别导致了两个句子动词₁所带宾语的差别，进而造成两个句子句式的差别。

具体来说，一个句子到底是主谓短语做宾语的句子还是兼语句，可以从以下三个方面来进行判断。我们还是以例（6）、例（7）为例。首先，两类句子中第一个动词也即动词₁的性质不同，支配的对象也不同。主谓短语做宾语的句子中，动词₁多是认知、言说类动词，如"希望、同意、喜欢、知道、记得"等，支配的是一个事儿，不是一个人，比如例（6）"同意"的支配对象是"我去"这件事儿。而兼语句的动词₁多有使令意义，如"请、叫、让、派"等，支配的是人不是一个事儿，如例（7）"让"作为使令动词，其支使命令的对象只能是人比如例（7）的"我"，而不能是事儿如"我去"。这也是两个句子分属不同句式的最根本原因。其次，两类句子停顿和加状语的位置不同。主谓短语做宾语的句子，可以在宾语前略作停顿，也即可以在第一个动词后停顿，也可以在第一个动词后加状语，如例（6）在"同意"后面，我们可以稍做停顿，也可以加状语；而兼语句在动词₁后不能停顿，也不能加状语①。

（6'）他同意［三个月后］我去。

（7'）*他让［三个月后］我去。

最后，两类句子的变换式也不同，主谓短语做宾语的句子，有的可以把"名词₁+动词₁"放在句末，并在其前面稍做停顿；而兼语句则绝对没有这种变换格式。例如：

（6''）我去，他同意。

（7''）*我去，他让。

---

① 兼语句如果要加状语，要加在动词₂前面，如例（7）只能说成"他让我三个月后去"。

总之，主谓短语做宾语的句子，因为"名词₂+动词₂"构成的主谓短语只是前面动词₁的宾语，所以可以作为一个相对独立的整体，移位、在前面停顿或加状语；而兼语句中，由于名词₂作为兼语，跟前后动词都互有牵连，所以无法跟后面的动词₂形成相对独立的整体而进行移位等变换。

58. "我们称呼他老师傅"与"我们称呼他为老师傅"有何不同？

从所表达语义的角度来看，"我们称呼他老师傅"与"我们称呼他为老师傅"所表达的逻辑真值义基本一致，即两个句子中"称呼"的对象都是"他"，而"称呼"所选用的称谓语则都是"老师傅"。

虽然两个句子表达的语义基本一致，但是从句式的角度来看，后面的句子比前面的句子多了一个动词"为"，这直接导致两个句子分属两种不同的句式：双宾句和兼语句。

双宾句和兼语句都是现代汉语中的特殊句式。双宾句一般是一个动词后面带两个宾语，一个是近宾语，往往指人，一个是远宾语，往往指物。而兼语句中有两个动词，第一个动词的宾语兼做第二个动词的主语，因此是兼语成分，兼语句也因此得名。不是所有的动词都可以充当双宾句中的谓语中心，一般来说，双宾句中的谓语动词常常是给予类动词如"给、送、卖"等和取得类动词如"买、要、吃"等，但也可以是表示称呼等的选定类动词。而兼语句中的第一个动词常常为使令动词如"使、叫、让"等，但也可以是其他语义类型的动词，表示称呼等的选定类动词就是其中的一类。由于选定类动词既可以充当双宾句的谓语动词，又可以做兼语句的第一个动词，因此才出现了我们这里提到的同义却不同句法格式的情况。

具体来说，"我们称呼他老师傅"是双宾句，"称呼"带两个宾语，近宾语"他"表示"称呼"的对象，回答"称呼谁"的问题，是与事成分；而远宾语"老师傅"则是"称呼"的具体内容，回答"称呼什么"的问题，是受事成分。

与之不同,"我们称呼他为老师傅"则为兼语句,"称呼"的宾语是"他",而"他"又同时是"为老师傅"的主语,也即"称呼他""他为老师傅"。类似的例子我们再举几个。

(1)村里的人叫他"二诸葛"。——村里的人叫他作"二诸葛"。

(2)我们都喊她二姨奶奶。——我们都喊她作二姨奶奶。

(3)同学们都骂他"害人精"。——同学们都骂他是"害人精"。

(4)?大家评了他三好学生。——大家评他当了三好学生。

首先,兼语句在句末名词性成分前面加了"作、是、当"等,从表义角度来看,对称谓宾语的引入显得更加正式,有郑重之感。其次,从使用频率的角度来看,两种句式是都可以使用的,但有的动词,可能更倾向于选择双宾格式,如例(1)(2);有的动词,可能更倾向于选择兼语格式,如例(3)(4)。再次,并不是所有的选定类动词,都有双宾句和兼语句两种表达格式。例如:

(5)?老夫妻认她干闺女。——老夫妻认她当了干闺女。

(6)?群众选他人大代表。——群众选他当人大代表。

上面的两个例子,都有合格的兼语句格式,但却没有合格的双宾句格式。

最后,认定类动词充当谓语中心的句子,如果是针对某一对象身份或者称呼的认定,容易出现双宾句和兼语句格式的差别,而如果是针对某一对象某种性质或行为的认定,则有可能造成双宾句和兼语句格式的重合。例如:

(7)老师夸他好孩子。——老师夸他是好孩子。

(7')老师夸他勇敢。

(8)乡亲们都骂他"卖国贼"。——乡亲们都骂他是"卖国贼"。

(8')邻居们都骂他不要脸。

同样是"夸"做谓语中心,例(7)句末出现的是表示身份的名词性称谓成分,属于双宾句,加了动词"是"后,句子变成了兼语句;而例(7')中句末出现的是谓词性成分"勇敢",我们就既可以把它看成是一个双宾句,又可以把它看成是一个兼语句,从而出现了双宾句和兼语句的重合现象。例(8)和例(8')也是类似的情况。

总之，表示称呼等的认定类动词，既可以出现在双宾句中，也可以出现在兼语句中。如果句中出现三个名词性成分，一般来说，判定其句式的标准就是看句中第二个名词性成分的后面是否还出现了"是、为、作"等判断关系的动词。

第九部分　宾语偏误例析

59.为什么不能说"读和写一本书"？

在日常表达中，我们既可以说"读一本书"，也可以说"写一本书"，但我们一般不说"*读和写一本书"，这与"一本书"这个宾语的不同语义身份有关，也与连词"和"的用法以及汉语中音节搭配的规律有关。

首先，"读一本书"这个动宾搭配中，"一本书"在"读"之前已经存在了，它是"读"的受事对象，"读"的对象就是这"一本书"；而"写一本书"中，在"写"之前，"一本书"并不存在，只有"写"的动作完成后，才会出现"一本书"这个成品，所以"一本书"是"写"的结果宾语。"读"和"写"的宾语并非是同一个"一本书"，自然不能一起放在同一个宾语前面。

其次，连词"和"主要连接并列的名词性词语，如"小张和小李、电脑和平板、草原和大海、你的和他的"等。"和"也可以连接做主语或宾语的谓词性词语，而且没有音节方面的限制。如"勤劳和善良是中华民族的传统美德"中，形容词"勤劳""善良"用"和"连接做句子的主语；"我喜欢阅读和写作"，双音节动词"阅读""写作"用"和"连接做宾语；"读和写都很重要"中，单音节动词"读""写"用"和"连接做主语；但是即使是做主语，"读和写"后面也不能带宾语，如"*读和写文章都很重要"也是不能说的，我们只能说成"读文章和写文章都很重要"。

"和"也可以连接"双音节谓词性词语"（黄伯荣、廖序东，2017），但是"连接做谓语的动词、形容词时，动、形限于双音节。谓语前或后必有共同的附加成分或连带成分"，如"事情还要进一步调查和了解、会议讨论和通过了明年的财务预算、泰山的景色十分雄伟和壮丽"（吕叔湘，1999）。"读"和"写"都是单音节动词，即使后面带了连带成分，也不能用"和"连接。

最常连接谓词性词语表示更进一层意思的连词有"并""并且"两个。"并且"本身就是双音节词，一般不能连接两个单音节动词；而单音节的"并"除了"连接小句"外，也"多连接并列的双音节动词"，如"要继续保持并发扬优秀的民族传统、会议讨论并通过了今年的工作计划"等（吕叔湘，1999）。

由此可见，汉语中基本没有连接做谓语的两个并列单音节动词的连词。英语中"read and write"是很常见的表达方式；但是在汉语中，两个单音节动词如"读""写"等可以用"和"连接仅限于做主语而且后面不带宾语的情况。连接一起带宾语的并列关系动词，常要求动词是双音节形式，我们可以使用"和"，如"思考和起草了这个提案"；而我们更经常使用的是"并""并且"，如"描写并/并且分析了这种现象""研究并/并且讨论了这个问题"；当然，有时候其中的"并、并且"也可以省略，如"分析解释了其中的原因"等。

60. 为什么"很有朋友"不可以说，"很有学问"却可以说？

绝大多数存在、变化、消失类动词不能受程度副词修饰，如"*很在、*很发展、*很死亡、*很消失"等都是不能说的。但其中有个例外情况就是"有"。"有"表示"领有，具有"，后面可以带宾语，一般情况下，"有+宾语"并不能受程度副词修饰，因此，我们不能说"*（我）很有了朋友"或"*（我）非常有了朋友"。类似的表达如"*我很有一本书、*情况已经非常有了变化、*公司最有合作伙伴、*家里特别有电视"等也都是不能说的。

但是，"有些名词跟'有'结合，不用程度副词，也能有程度深的意思"，如"他可是有年纪了、这个人有学问"（吕叔湘，1999）等，"年纪"累积到一定的量，"年老"的程度就会加深，"学问"累积到一定的量，"知识水平高"的程度就会加深。也即有些情况下，随着"有"的对象数量的累加，能够引起某种性质程度的加深。正因为如此，一些"有+宾语"的组合已经凝固为表示性质的形容词，如"有底、有劲、有理、有力、有利、有门、有名、有谱、有趣、有数、有望、有限、有效、有心、有序"等，都可以受程度副词的修饰。

由于"有"的对象的"量"变能够引起"质"变，也即"有"是一个含有程度义的动词，汉语中一部分"'有+名'可受'很、挺、最'等程度副词修饰，表示评价"（吕叔湘，1999），例如"他很有学问、这孩子很有绘画天赋、他的想法特别有创意、这种枸杞最有效果、这个人挺有来头的"等。

"有+名"能够受程度副词修饰表示评价，需要注意几点问题。

首先，能够进入"程度副词+有+名"结构的名词都是抽象名词，贺阳（1994）考察了三千多个名词，发现由表具体实物意义的具体名词如"沙发、电视、病人、足球"等构成的"有+名"不能受程度副词的修饰，我们赞同这样的看法。

第二，"程度副词+有+名"结构中，程度副词修饰的不是动词"有"，而是整个动宾结构"有+名"。例如"很有学问"中，"很有"是不能单说的，从组合层次的角度来说，是"有"和"学问"先组合在一起，然后再受"很"的修饰。整个结构不是说"有"的程度高，而是说"有学问"的程度高。

第三，从语义上看，"程度副词+有+名"结构表示的是对该结构中名词所指对象的一种评价，评价的内容是这些所指对象在大小、高下、强弱等方面所具有的性质以及这些性质所达到的程度，而且这种评价总是从积极的"大、高、强"等方面去评价而不以消极的"小、下、弱"等方面去评价（贺阳，1994）。例如"比较有个性"的意思是"个性比较强"，"很有水平"的意思是"水平很高"，"最有气势"的意思是"气势最强"等。

第四，因为"程度副词+有+名"结构中的名词本身隐含着有关名词所指对象的大小、高下、强弱等性质的意义成分，因此，该结构中的名词一般不宜再受表示诸如此类性质的定语修饰；但是可以接受对概念的外延加以限制的限定性定语修饰（贺阳，1994）。例如：

（1）*比较/很/非常/最有显赫的地位　比较/很/非常/最有社会地位
　　　*比较/很/非常/最有突出的能力　比较/很/非常/最有业务能力

*比较/很/非常/最有重大的价值　比较/很/非常/最有理论价值
　　*比较/很/非常/最有显著的成就　比较/很/非常/最有学术成就
(贺阳，1994)

最后，和所有受程度副词修饰的动词一样，"程度副词＋有＋名词"结构中，"有"在句法表现方面存在着去动词化特点，后面也不能再加动态助词"了、过"等。例如：

(2) 有了意见　　很有意见　　*很有了意见
　　 有了战斗力　很有战斗力　*很有了战斗力
　　 有过好感　　特别有好感　*特别有过好感
　　 有过好奇心　最有好奇心　*最有过好奇心

总之，"程度副词＋有＋名"结构，表示对与名词相关性质的一种积极肯定的评价，对名词和动词"有"都有一定的限制要求。名词只能是抽象名词，而"有"后也不能加动态助词"了、过"等。

61.为什么不能说"特别会汉语"，却能说"特别会说话"？

"会"后面可以带宾语，比如我们可以说"会汉语"，但我们却不能说"*特别会汉语"，是因为"会汉语"这个动宾结构前面不能加程度副词修饰。

汉语中的程度副词"很、最、挺、特别、非常、十分"等修饰动词以及动宾结构非常受限制。普通的动作动词带宾语一般不能受程度副词修饰，只有心理活动动词和部分能愿动词能够受程度副词的修饰。

"会"既可以充当普通动作动词，又可以充当能愿动词。"他特别会汉语"中的"会"，意思是"熟习、通晓"(吕叔湘，1999)，是一个普通动词，普通动词"会"后面可以带宾语，但不能受程度副词修饰。

"会"的另一个身份是能愿动词。能愿动词"又叫助动词，能用在动词语、形容词语前边表示客观的可能性、必要性和人的主观意愿,有评议作用"(黄伯荣、廖序东,2017)。有些能愿动词可以受程度副词的修饰,例如"非常愿意(去)、很想(听)、特别能够(理解)"等。但能愿动词不是所有情况下都能受程度副词修饰,要具体情况具体分析。

"会"作为能愿动词,主要有三种意思。一种表示"懂得怎样做或有能力做某事","会+动宾结构"前一般不加程度副词修饰,如"会喝酒、会用电脑、会查字典"等①。"会"的第二种能愿动词义为"有可能",这种情况下,"会+动宾结构"也不能受程度副词修饰(吕叔湘,1999),如"*他很会来北京的、*我们特别会卖出这批产品的、*你很会实现自己的愿望"等。"会"的第三种能愿动词义为"善于做某事",在这个义项上,"会+动宾结构"前面可以加"很、最"等程度副词修饰,如"他特别会说话"义为"他善于做说话这件事",类似的再如"他很会审时度势、小狗非常会讨好主人、这个演员特别会融入角色"等。

与"会"相类似的另一个能愿动词是"能"。它的第一个义项是"有能力或有条件做某事",如"能去图书馆、能说话、能上网、能蹦迪"等;它的第二个义项是表示"有可能",如"能来北京、能下雨、能出现奇迹"等。这两种义项上②也都不能受程度副词修饰。"能"也可以表示"善于做某事"的意思,在这个义项上,与"会"相似,"能+动宾结构"也可以受程度副词修饰(吕叔湘,1999),如"他很能团结周围的同事、我们特别能理解你的心情、这句话最能表达我们的呼声"等。

总之,普通动词"会"能带宾语,但不能受程度副词修饰;而能愿动词"会+动宾结构",与"能"相似,只有在表示"善于做某事"的意思时,才能受程度副词修饰。

---

① 这种意思上的"会+动词结构"前面如果加上"很",其意思就变成第二种"善于做某事"了。
② "能"还有"表示情理上或环境上许可"的意思,多用于疑问或否定,如"当时不能通知你、这个房间能住人吗、这里能吸烟吗"也不能受程度副词修饰。

62. 为什么不能说"我带在身边孩子"？

"*我带在身边孩子"是一个动词后面既带宾语又带补语的例子。这个句子偏误的原因在于其中宾语和补语的排序不对。

我们知道，如果句中动词的后面既带宾语又带非趋向补语，那么其排序方式有"动词+宾语+补语"和"动词+补语+宾语"两种。而具体选择哪种语序，一个是与其长度有关，一个是与句子的信息焦点有关。

首先，我们认为，宾语与补语的排序跟二者的长度有关，或者换句话说，跟充任宾语或补语的成分的音节数量有关。音节数量较少的成分往往居前，而音节数量较多的成分往往居后。在"*我带在身边孩子"中，补语是介词短语"在身边"，音节数较多；而宾语是名词"孩子"，只有两个音节，所以音节数量较多的补语"在身边"应该放在宾语"孩子"后面，类似的例子比如"*我带在身边箱子、*我带在身边闺蜜"等也都属于语序偏误。

其次，更为重要的是，"句子的信息编排往往是遵循从旧到新的原则，越靠近句末信息内容就越新。句末成分通常被称作句末焦点"（张伯江、方梅，1996）。宾语和补语都是居于谓语动词之后的，谁能成为传递新信息的焦点，谁的位置就居后；反之，则处在句中距离动词较近的位置。当宾语是不带修饰语的人物名词时，我们很容易把它理解为有定成分，这可以通过句式变换来验证。"孩子、箱子"等都可以变成"把"字句中的"把"字宾语，"*我带在身边孩子"可以变换为"我把孩子带在身边"，"*我带在身边箱子"也可以变换成"我把箱子带在身边"，而"把"字宾语往往都是有定成分[①]。有定成分一般都属于旧信息，也即"孩子、箱子"等人物名词属于说话人和听话人都知道的旧信息，而旧信息是不适合居于句末焦点位置的。"*我带在身边孩子、*我带在身边箱子"等属于语序偏误，这是最主要的原因。当我们在"孩子、箱子"等前面加上"一个"等修饰语

[①] "把"字宾语有时候也可以是无定的，但祈使句中的"把"字宾语一定是有定的（储泽祥，2010b），"孩子、箱子"等也都可以出现在祈使句"把"字宾语的位置上，如"把孩子带在身边、把箱子带在身边"等。

后，它就由有定成分变成了无定成分，信息量增多，居于传递新信息的句末焦点位置就合情合理了。

虽然宾语或补语的音节数和句末是信息焦点这两个因素都会影响宾语和补语的排序，但我们认为，句末是信息焦点这一因素可能是更关键的因素。如果我们增加宾语的修饰成分，使其音节数变多，但保持其有定成分的特点，也即如果宾语变长，但却仍然是旧信息，那整个动补宾结构的语序还是偏误语序。例如"*我带在身边姐姐的孩子、*我带在身边你送给我的那份礼物、*我带在身边那个刚买的登机箱"等等，都显得非常不自然；汉语中更常见的表达，往往是把这些有定成分用"把"字提前到动词前面的"把"字宾语位置上，即"我把姐姐的孩子带在身边、我把你送给我的那份礼物带在身边、我把那个刚买的登机箱带在身边"等。

总之，宾语和补语的排序，既跟其音节数多少有关，更跟句末是信息焦点的语用要求有关。

63.为什么不能说"爬上来山顶"？

"*爬上来山顶"这个表达的偏误之处在于其中复合趋向补语和处所宾语的排序出现了问题。复合趋向补语是由"上、下、进、出、回、过、起、开"等后面分别加上"来"或"去"构成的[①]。我们把复合趋向补语的两个音节分别称为"趋$_1$"和"趋$_2$"，那么动词 V 后面带宾语 O 和复合趋向补语，除掉"把"字句格式，共有 3 种可能的排序，即：

A：V+趋$_1$+趋$_2$+O

B：V+趋$_1$+O+趋$_2$

C：V+O+趋$_1$+趋$_2$（张伯江、方梅，1996）

比如，宾语是"一本书"，复合趋向补语是"出来"，那么可能的表达方式就

---

① 现代汉语中一般没有"起去、开去"的表达方式（陆俭明，2002a）。

有"A 拿出来一本书、B 拿出一本书来、C 拿一本书出来"等。但是，这3种可能的语序只是针对事物宾语而言的，如果宾语O是处所宾语，那么合法的语序只有一种，即"B：V+趋$_1$+O+趋$_2$"。

上面"*爬上来山顶"中，宾语是处所"山顶"，因此，我们既不能说"*爬上来山顶"，也不能说"*爬山顶上来"，合法的语序只有一种，即"爬上山顶来"。处所宾语之所以必须要放在复合趋向补语中间，是因为处所宾语实际上并非动词V的宾语，也非"趋$_1$+趋$_2$"的宾语，而仅仅只是"作用相当于一个介词"（吕叔湘，1980）的"趋$_1$"的宾语，当然只能紧挨在"趋$_1$"后面出现[①]。处所宾语要放在复合趋向补语的中间，类似的例子再如"跑下楼去、走进教室来、跑出大门去、溜回家来、飘过山岗去、打开门来"等。

还有一种容易与"爬上山顶来"发生混淆的情况，比如"爬上楼梯来"可以说，同时，"爬楼梯上来"的说法也是成立的，这似乎就与处所宾语只能放在复合趋向补语中间的规则相矛盾了。而实际的情况是，"爬上楼梯来"中，"楼梯"是表示终点的处所宾语，"爬"完之后，我们的位置是在"楼梯"上面，其中的"上"和"来"都是趋向补语，"爬上楼梯来"叙述的是"一个"位移行为事件。而"爬楼梯上来"是回答"你们是怎么上来的"这个问题的，"爬楼梯"是"上来"的具体方式，与之相对的还有"坐电梯上来"等。其中的"上来"不再是趋向补语，"爬楼梯"和"上来"之间是一种连谓关系。而且，虽然"爬楼梯"可以放在"上来"的前面，但是"楼梯"却不能放在"上来"的后面，也即"*爬上来楼梯"的说法也是不成立的。类似的情况再如"滑下滑梯去"是"动+补+宾+补"结构，而"滑滑梯下去"则是连谓结构等。

总之，叙述一个位移行为事件，动词后面既带处所宾语又带复合趋向补语时，处所宾语要放在复合趋向补语的中间；这与"方式+行为"的连谓结构"（动+宾）+趋向动词"表达的意思并不相同。

[①] 具体可以参考"处所宾语与复合趋向补语如何排序？"这一节的内容。

64.为什么不能说"吃了方便面一个月"?

"*吃了方便面一个月"这是一个动词后面既带宾语又带时量补语的例子。其中"方便面"是"吃"的宾语,时量补语"一个月"表示"吃"这个动作的持续时间。这个表达的偏误之处在于其中的时量补语"一个月"和宾语"方便面"的语序不对。

陈平(1987)指出,"如果发话人在提到某个名词时,仅仅是着眼于该名词的抽象性,而不是具体语境中具有该属性的某个具体的人和事物,那么这一名词性成分就是无指成分。"王静(2001)也曾经把不同类型名词性成分的"个别性"程度进行了比较,认为"个别性"由高到低的排序为"代词—有生名词—无生名词"。我们知道,无生名词一般都是无指成分,个别性程度最低,因此,它必须放在时量补语的后面。这里的"方便面"是一个无生名词,同时也是一个典型的无指名词,只是指一种抽象的食物类别,它的句法位置只能在时量补语之后,因此"吃了方便面一个月"的说法不成立,表达"吃方便面"的动作持续了"一个月"的时间,应该说成"吃了一个月方便面"。有时候,我们也会在时量补语后面加上"的",说成"吃了一个月的方便面"。类似的意思我们也还可以用"吃方便面吃了一个月"这种重动结构来表达。

"动词+了+时量补语+无生名词宾语"表示动作持续多长时间的例子,再如"打了二十分钟游戏、看了一个小时电影、玩了三天斗兽棋、写了三天作业"等,表达类似的意思,它们一般也都能在时量短语后加上"的"。

由于无生名词也属于无指名词,"个别性"程度太低,因此,当它和时量补语同现时,要放在时量补语后面;而当它和动量补语同现时,同样也要放在动量补语的后面,形成"动词+了+动量补语+无生名词宾语"的结构。例如"*吃了方便面三次"也属于语序偏误,应该改成"吃了三次方便面"。类似的例子再如"打了两次游戏、看了一回电影、玩了三次斗兽棋、用了一次电脑"等。

需要补充的一点是,如果"*吃了方便面一个月"后面加"了",这种表达也不是完全不能成立。但如果把时量补语"一个月"放在宾语"方便面"后面，我们更容易理解为"吃方便面"这个动作结束后过了"一个月"的时间了。类似的例子再如"吃了药一个小时了，可以喝水了""抽了血30分钟了，应该出结果了""打了针半个小时了，可以离开了"等。也即如果是"动＋了＋无生名词宾语＋时量补语＋了"的语序，主要表达动作结束后经历了多长时间，当然，其中时量补语后面的"了"是必不可少的。而我们前面讨论的主要是表达动作行为持续了多长时间的情况。

总之，无生名词放在动词后面做宾语，和时量补语共现表示动作持续了多长时间的意思时，无生名词一般要放在时量补语的后面，按照"动词＋时量补语＋无生名词宾语"的语序排列。

65.为什么不能说"主张张老师"？

"*主张张老师"之所以不能说，主要是因为其中的动词"主张"不能带名词性宾语"张老师"。

现代汉语中的及物动词，根据其所带宾语的不同，可以分成三类，即名宾动词、谓宾动词和名谓宾动词。名宾动词是只能带名词性宾语的动词，现代汉语中大多数及物动词都属于名宾动词，例如"敲（黑板）、砍（树）、收拾（衣服）、揍（他）"等。谓宾动词是只能带谓词性词语做宾语的动词，如"打算（努力学习）、估计（会迟到）、进行（改革）、予以（褒奖）"等。名谓宾动词则是既可以带名词性词语做宾语，又可以带谓词性词语做宾语的动词，例如"喜欢（这件衣服的颜色）/喜欢（锻炼身体）""同意（你的观点）/同意（派他去）""称赞（他）/称赞（你做得对）""埋怨（他）/埋怨（安排的房间太差）"等（黄伯荣、廖序东，2017）。

"主张"的动词义为"对于如何行动持有某种见解"（中国社会科学院语言研究所词典编辑室，2012）。其后面经常带谓词性词语做宾语。"主张"带的谓词性宾语可以是一个单独的动词，例如"主张开战、主张讲和"；也可以是动宾、状中等各种动词短语，如动宾短语"主张采用迂回战术、主张开发潜能"，状中短语"主张在实践中学习、主张马上动身"，动词性联合短语"主张描写和解释、主张修复和使用"，主谓短语"主张快乐至上"等。

"主张"也不是完全不能带名词性词语做宾语，但常常出现在专业的法律领域，最常见的就是"主张权利"这种动宾组合。例如：

（1）对个人财产还是夫妻共同财产难以确定的，主张权利的一方有责任举证。

（2）我们的社会需要这样为"小事"积极主张权利的一个个普通公民。

（3）第三人主张权利的，承租人应当及时通知出租人。

（4）在人的发展问题上，存在主义主张个人的自我生成论。

（5）而胡适则主张开放民治、实行宪政的好人政府。

"主张权利"的例子最多，上面的前三个例子都是这种用法。而例（4）（5）"主张"虽然是带名词性短语做宾语，但这些名词性宾语都是表示抽象意义的。

总之，在一般日常表达中，"主张"很少带名词性词语做宾语，因此有些教材把"主张"归入谓宾动词一类（黄伯荣、廖序东，2017）。实际的情况是，"主张"虽然是一个名谓宾动词，但其所带的名词性宾语非常有限，且多为抽象意义名词语。"主张"不能带表具体意义的名词性宾语，更不能带指人名词做宾语。因此，"*主张张老师"这种说法肯定是偏误表达。类似的意思，我们可以说成"支持张老师"。

66.为什么不能说"我想结婚她"？

"*我想结婚她"这种偏误可能是由母语负迁移造成的。"结婚"在英语中对应的是动词"marry"，它是一个及物动词，可以直接带宾语，因此"I want to marry her"是很自然的表达。但是汉语中，"结婚"后面不能带宾语。

汉语中的"结婚"是一个离合词[①]。离合词介于词和短语之间，这些词既可以"离"开，中间插入"着、了、过、个、数量短语"等进行有限的扩展；也可以"合"在一起以一个双音节词的形式整体存在。比如"结婚"，我们既可以"离"开说"我结了两次婚、我结过一次婚"，也可以"合"在一起，表达为"他结婚后就变了、结婚后他和父母一起住"等。不管是"离"还是"合"，其本身的结构关系和意义内容并不发生变化。

从结构关系来看，离合词主要有动补式和动宾式两种，其中动宾式离合词占比更高。动宾式离合词因为结构内部已经有宾语成分了，所以后面一般都不再带宾语[②]。"结婚"就是一个动宾式离合词，后面不能再带宾语。不能带宾语，但并不是说不能引出"结婚"行为的另一个参与者，"结婚"行为的另一个参与者不能出现在动词宾语的位置上，但可以用介词引导，以介词宾语的形式出现在"结婚"的前面，即表达成"我想和她结婚"是完全可以的。很多不能带宾语的动宾式离合词都是用介词来引出动作行为的另一个参与者的。例如：

（1）结婚　　*结婚她　　　和她结婚

　　　离婚　　*离婚他　　　跟他离婚

　　　见面　　*见面朋友　　与朋友见面

　　　鞠躬　　*鞠躬老师　　向老师鞠躬

　　　毕业　　*毕业济南大学　从济南大学毕业

除了放在介词宾语的位置上之外，有时候动作行为的另一个参与者还可以放在离合词的两个音节中间，不过后面一般需要加上"的"。例如：

（2）帮忙　　*帮忙他　　给他帮忙　　帮了他的忙

　　　解围　　*解围他　　给他解围　　解了他的围

　　　吃亏　　*吃亏坏人　?因坏人吃亏　吃了坏人的亏

　　　上当　　*上当坏人　?因坏人上当　上了坏人的当

[①] 具体可以参考前面"非动宾式离合词可以带宾语吗？""动宾式离合词可以带宾语吗？"两节的内容。

[②] 肖洋（2021）发现3861个动宾式离合词中，能够带宾语的有164个，只占动宾式离合词总数的4.25%。

总之，动宾式离合词一般不再带宾语，动作的另一个参与者不能放在动词宾语位置上，但有时候可以用其他方式引出。

67.为什么不能说"我把他的鬼话相信了"？

"*我把他的鬼话相信了"之所以属于偏误表达，并不是因为其中"把"字宾语不符合要求，而是句子中的动词"相信"不能出现在"把"字句中。

"把"字句是汉语中的一种特殊句式。很多主动宾句中的动词宾语都可以前移至"把"字宾语的位置上，从而变换成"把"字句。例如：

（1）我吃了他的苹果。——我把他的苹果吃了。

（2）洪水冲垮了大坝。——洪水把大坝冲垮了。

（3）他收拾了一下衣橱。——他把衣橱收拾了一下。

（4）家长批评了孩子一顿。——家长把孩子批评了一顿。

虽然很多情况下"把"字句和一般的主动宾句可以互相转换，但是"把"字句的成立是需要一定的条件的。

首先，我们知道，"把"字宾语虽然也有是无定成分的情况，但大多数情况下，还是要求由有定成分来充当的。也即"把"字宾语习惯上是说话双方意念上已知的人或者事物。宾语中常常有"这、那"等修饰语（黄伯荣、廖序东，2017）。例如：

（5）*我把一本书买了。——我把那本书买了。

（6）*请把一本词典给我。——请把桌子上的那本词典给我。

（7）*快去把一位大夫请来。——快去把张大夫请来。

其次，除了对宾语有要求外，"'把'字句中动词前后常常有别的成分，动词一般不能单独出现，尤其不能单独出现单音节动词。通常后面有补语、宾语、动态助词，至少也要用动词的重叠式"（黄伯荣、廖序东，2017）。例如：

（8）*把口罩戴——把口罩戴上

（9）*别把东西扔——别把东西到处乱扔

（10）*把问题讨论——把问题讨论讨论

（11）*把地种——把地种上玉米

上面的例（8），动词"戴"后面加了补语"上"，例（9）中动词"扔"前面加了"到处"和"乱"两个状语，例（10）使用的是动词的重叠形式，例（11）使用的是动词带宾语的形式。如果只用光杆动词，上面的"把"字句都是不合格的。

再次，能愿动词、否定词等只能置于"把"字之前，不能放在"把"字短语和动词之间（黄伯荣、廖序东，2017）。例如：

（12）*我们把行李应该收拾好。——我们应该把行李收拾好。

（13）*大家先把饭可以吃了。——大家可以先把饭吃了。

（14）*你为什么把帽子不摘了？——你为什么不把帽子摘了？

上面的例（12）（13）的能愿动词"应该""可以"和例（14）的否定词"不"都要放在"把"字之前。

最后，也是非常重要的一点是，"把"字句也叫处置式，"把"字句的谓语动词一般都具有处置性。就是动词对受事要有积极影响（黄伯荣、廖序东，2017），使其发生某种变化，或产生某种结果。因此，"把"字句的谓语动词往往是及物的、表示强烈动作的动词。不及物动词不能带受事宾语，自然不能出现在"把"字句中；心理活动动词、判断动词、趋向动词和"有、没有"等也都因为其不具有强处置性，而不能构成"把"字句。例如：

（15）我喜欢这个创意。——*我把这个创意喜欢了。

（16）老张是一位物理老师。——*老张把一位物理老师是了。

（17）上刀山，下火海。——*把刀山上了，把火海下了。

（18）我有一本《新华字典》。——*我把一本《新华字典》有了。

上面的例（15）的"喜欢"是心理活动动词，例（16）的"是"是判断动词，例（17）的"上、下"是趋向动词，例（18）的"有"是表领有的动词，它们都因为不具有处置义而不能出现在"把"字句中。

"*我把他的鬼话相信了"中的"把"字宾语"他的鬼话"是有定成分，"相信"后面也带了动态助词兼语气词"了"，句中也没有出现能愿动词或否定词

"不"。之所以仍然是偏误句，原因就在于其中的动词"相信"是表示心理感知的动词，它不能对受事成分造成强烈的影响。如果我们改换成处置义动词，说成"我早就把他的鬼话抛到九霄云外了"，这个句子就是一个合格的句子了。所以，"我相信了他的鬼话"可以说，但是把宾语"他的鬼话"前置到"把"字宾语的位置上，说成"*我把他的鬼话相信了"，这个句子就不成立了。

第十部分 宾语相关教学建议

68.如何进行不同构成材料宾语的教学？

我们知道，从构成材料的角度来说，宾语可以由名词性词语来充当，也可以由谓词性词语来充当。名词性词语是宾语最常见的构成材料，具体包括名词、代名词、定中短语、同位短语、名量短语、"的"字短语、方位短语、名词性的联合短语等各种情况。而谓词性词语则包括动词、形容词以及各种谓词性短语。

关于不同构成材料宾语的对外汉语教学，王静的关注较多。王静（2006）将宾语分为体词性宾语（一般体词宾语、处所词宾语）、谓词性宾语（动词宾语、名动词宾语、形容词宾语）、小句宾语和双宾语（体词性双宾语、谓词性双宾语、小句双宾语）等四大类九小类，分析了各类宾语的各种形式的偏误，并探讨了产生偏误的原因。王静（2007a、2007b）考察了几部现行大纲和教材对宾语这一语法点的安排和介绍情况，同时，对其所在学系的留学生使用宾语的情况进行了三次调查（包括自然语料和问卷调查），提出了宾语的习得难度顺序，由难到易依次为：名动词宾语，双宾语，动词宾语，小句宾语，处所词宾语，形容词宾语，一般体词宾语。其中的名动词宾语较为特殊，这类宾语是"影响、准备、剥削"等名动词。其主要语法特点包括两点：第一，"可以充任准谓宾动词的宾语"，如"受到影响、作准备、进行剥削"等；第二，它们可以前面不加"的"而直接受名词修饰，如"政治影响、思想准备、经济剥削"等（朱德熙，1982）。

关于不同构成材料宾语的教学，我们认为需要注意几点。

首先，我们需要遵循不同构成材料宾语习得的难易顺序来安排教学。我们基本赞同王静（2007a、2007b）提出的宾语习得顺序，即名词性宾语较容易习得，而谓词性宾语的习得难度较大。因此，在教学中，我们在初中级阶段可以主要进行名词性宾语的教学，而谓词性宾语的教学则可以在中级甚至高级阶段逐步展开。此外，如果是汉语进修生，我们可以主要介绍名词性宾语的相关内容，而避开或者少量介绍谓词性宾语的相关内容。

其次，动词充当的动语和宾语是一对句法成分，对于宾语的教学，不能离开动词来单独进行。我们知道，根据动词所带宾语的构成材料，动词可以分为名宾动词、谓宾动词和名谓宾动词三类。名宾动词及其所带的名词性宾语，属于一般情况；而谓宾动词和名谓宾动词两类则都可以带谓词性宾语（黄伯荣、廖序东，2017）。因此，谓词性宾语作为宾语教学中的难点问题，其教学更是需要结合谓宾动词和名谓宾动词的教学展开。

最后，谓宾动词和名谓宾动词作为宾语教学中的难点问题，我们既要讲练其规则，又要进行具体动词及其所带宾语的实例教学；相比较而言，我们更应该侧重实例教学。谓词性宾语又可以分为两类：单个的动词或形容词，以及主谓、动宾、动补、连谓结构或由副词充当修饰语的偏正短语等属于真谓词性宾语；而某些双音节动词（即名动词），以及由体词、形容词修饰的偏正结构构成准谓词性宾语。谓宾动词和名谓宾动词也可以根据其所带宾语的类型而分为真谓宾动词、准谓宾动词以及名真谓宾动词、名准谓宾动词几类。这种属于规则性的东西，我们可以讲给学生，但汉语言文学专业的中国学生理解起来都有一定的难度，外国学生接受起来的难度就更是可想而知。所以对于谓词性宾语的教学，我们认为应该结合具体动词进行实例的操练。谓宾动词和名谓宾动词作为动词里的特殊类型，基本属于封闭的类，其数量并不是很多，而使用频率比较高的数量就更少了。因此，我们可以结合具体动词进行教学，当在高级阶段教学中遇到这些动词时，我们可以进行这类动宾组合的实例操练。特别是"进行、加以、给以"等准谓宾动词，其所带准谓词性宾语的构成材料并不复杂。例如"进行"：

(1) 进行研究　　　　　　进行讨论　　　　　　进行思考
　　 进行深入（的）研究　进行热烈（的）讨论　进行长时间（的）思考
　　 *进行深入地研究　　*进行热烈地讨论　　*进行长时间地思考

通过动词和宾语搭配关系的反复操练，帮助学生排除偏误用法，培养其对正确组合的语感，帮助其建立一定的语言习惯，使其在掌握这个动词用法的同时，习得这类准谓词性宾语。

总之，不同构成材料的宾语的教学，要根据其难易程度分阶段教学；而对于难度较大的谓词性宾语，更要与动词教学相结合；必要情况下可以通过实例操练，通过讲解和操练具体动词用法的方式，来实现对相关谓词性宾语的理解和掌握。

69.如何进行不同语义类型宾语的教学？

我们前面已经讨论过，从语义角度来看，宾语包括受事宾语、施事宾语和中性宾语三种类型。而其中中性宾语包括的范围也是非常广的，结果、处所、时间、工具、方式、原因、目的等都属于中性宾语的范围，它们和施事宾语一起被称为非受事宾语。

对于不同语义类型宾语的教学，我们认为应该注意两个方面的问题。

一、遵循不同语义类型宾语的习得顺序

汉语中，宾语的语义类型非常丰富，既有其他语言中也均有存在的施事宾语、受事宾语、处所宾语、对象宾语、结果宾语等类型，也有工具宾语、方式宾语、原因宾语和目的宾语这几种汉语特有的宾语类型（唐小菲，2019）。而不同语义类型宾语的习得难度也各不相同，其中，出现频率最高、习得难度最小的自然是受事宾语。魏红（2008）指出，受事、处所和对象宾语是较常见的宾语类型。除此之外，其他语义类型的宾语，王希（2019）也指出，其难度等级大致为"对象、等同＞处所、时间、结果＞目的、施事＞致使＞杂类、方式、工具，对象宾语是最容易理解的，工具宾语是最难理解的"。由此可见，在不同语义类型的宾语中，我们应该遵循一般的习得难度来安排教学顺序，习得难度最小的受事宾语当然应该安排在初级阶段，之后可以逐步展开对象宾语和处所宾语的教学，而像时间、目的、原因、工具、杂类等语义类型的宾语教学，则应该安排在相对高级的教学阶段。

宾语教学自然离不开动词教学，而有些动词所带宾语的语义类型往往不止一种。魏红（2008）指出，常用动词中带宾类型数量最多的是能带 11 类宾语的"打"；50% 的动词都是带 1 类或是 2 类宾语；带 3 类（包括 3 类）宾语以上的占 37%，其中带 5 类以上宾语的只占 6%。总体上，常用动词平均带宾能力大致是带 2 类宾语。比如"'跑'可以带处所、施事、结果、致使、等同、方式、目的共 7 类宾语；'吹'可以带受事、处所、对象、施事、结果、工具、杂类、方式、同源共 9 类宾语；'打'可以带受事、处所、对象、施事、结果、工具、杂类、等同、方式、时间、同源共 11 类宾语"（魏红，2008）。由于同一个动词也经常会带 2 类或 2 类以上的宾语，那么在某一个具体动词的教学过程中，我们也要注意合理安排其所带宾语的教学顺序，优先安排其常见语义类型宾语的教学，而使用频率较低、习得难度较大的语义类型，其教学则可以适当后延。

二、规则教学和语块教学相结合

各种语义类型的宾语，有的可以进行类推，有的则不大能类推甚至绝对不能类推。比如"打"，我们可以说"打人"，其中的"人"这个受事宾语还可以换成"孩子、老婆、同事、学生"等很多其他词语，这说明"打"带的受事宾语具有很强的类推性。而有的动词比如"唱"可以带方式宾语"高音"，这个方式宾语只替换成"低音、中音、男声、女声"等有限的几种形式，这就属于有限类推的情况。而像"做针线"中，"做"带的"针线"这个工具宾语，则不能被其他词语替换掉，这就属于不能类推的情况。储泽祥（1996）认为动宾短语中的"V+常规 O"结构有很强的类化作用。类推能力强的受事、对象、结果等宾语往往都是常规 O，类推能力弱的处所、工具、方式、原因等宾语往往都是代体 O。

由于不同语义类型宾语的类推能力不同，我们对它们的教学也就可以采取不同的策略。Ellis & Natsuko（2014）基于第二语言习得研究概括出的十一条教学原则中的第一条就是"教学要确保学习者既发展丰富的惯用表达，也要发展基于规则的语言能力"。从心理语言学角度说，基于规则的语言能力和惯用表达技能分别取决于二语学习者语言表征两大系统的发展，一是基于规则的系统（rule-based system），一是基于范例的系统（exemplar-based system）（张博，2020）。

我们认为，对于常见的类推能力强的受事、对象、结果等宾语，我们更应该侧重于规则的教学，指出其所带宾语的特点后，可以反复进行同类型宾语的替换练习，这也是常见的基于规则的语法教学的基本模式。而对于那些不常见的基本没有类推能力的工具、方式、原因等宾语类型，我们在教学过程中很难像其他宾语一样去讲解它的语义关系和使用条件，因此只能基于范例系统，进行惯用表达技能的教学，也即把"动+宾"结构看成是一个整体进行语块教学。

所谓语块，是指"由词或其他成分组成的连续或非连续的序列。这种序列像是已经预制好的，作为一个整体储存在记忆中，在使用时作为一个整体从记忆中提取，而不是由语法规则生成和分析的"（Wray，2002）。而语块教学，则是指"以'满足流利性和直接的功能性需求'（Ellis & Natsuke，2014）为教学目标，选择日常交际中常用的、整体性强的语块为教学重点，整体输入、强化操练，使学习者（尤其是初学者）形成良好的语块意识，掌握丰富的具有特定功能的语块，在不同的表达情境中恰当地提取应用，提高语言表达的流利性和准确性"（张博，2020）。比如像一些带不容易归类的其他类型宾语的动宾结构如"闯红灯、上年纪、闹情绪、出风头、吃父母"等，我们很难讲清其动宾组合的理据和规则，也没有可以类推的其他类似组合，我们就可以把它们作为一个语块进行整体的熟语化教学。

总之，我们认为，对于不同语义类型宾语的教学，我们既要遵循不同语义类型宾语的习得顺序的规律，又要针对不同类型宾语的具体情况，坚持规则教学和语块教学相结合的原则。

70.如何进行双宾语的教学？

一个动词一般只带一个宾语成分，而在一般情况之外，现代汉语中也存在着比较特殊的双宾语构造，即一个动词后面带两个宾语的情况。其中近宾语也叫间接宾语，一般指人；而远宾语也叫直接宾语，一般指物或者事情。此外，从语义类型的角度来看，双宾语包括给予类、取得类、表称类、结果类、使动类、处所类等各种类型。作为一种比较特殊的宾语构造，双宾语的对外汉语教学应该引起一定的重视。

一、重视双宾语的分阶段教学

双宾语的类型较为复杂，其使用的频率和习得的难度也各不相同。王红厂、郑修娟（2014）将双宾句式分为二大类五小类，并对中级阶段留学生双宾语句式的偏误情况进行了考察与分析，在此基础上确定了双宾语句式小类的学习难度顺序："V+代词（虚指）+O＜V+给+O_1+O_2＜V+O_1+O_2（给予类）＜V+O_1+O_2（等同类[①]）＜V+O_1+O_2（取得类）"。而母语为汉语的人和留学生各类双宾语句使用频率的先后顺序则是"V+O_1+O_2（给予类）"＜"V+O_1+O_2（取得类）"＜"V+给+O_1+O_2"＜"V+O_1+O_2（等同类）"＜"V+代词（虚指）+O_2"（"＜"读作先于）。其中的"V+代词（虚指）+O"是"喝它二两酒"这类的情况，并不能算作是真正的双宾语类型。所以，结合各类双宾语的使用频率和习得难度，我们认为，给予类双宾语的教学应该优先于其他类型，而"V给"带双宾语格式的教学则应该放在"V"带双宾语格式的教学之后展开。

王静（2013）从另一个角度讨论了双宾语不同类型的教学顺序。王静（2013）指出，双宾语中的直接宾语除了可以是体词性短语外还可以是谓词性短语和小句。论文总结了留学生中介语语料库中收集到的双宾语偏误，分析发现体词性双宾语偏误较多，小句双宾语其次，而谓词性双宾语最少。而如果把偏误数量的多少跟其使用频率相挂钩就会发现，其中谓词性双宾语偏误率最高，达56.3%；小句双宾语的偏误率其次，达41.5%；体词性双宾语的偏误率最低，为33.4%。这就说明，留学生体词性双宾语[②]的使用频率最高，掌握情况也最好，其次是小句双宾语，而谓词性双宾语的掌握情况最差。因此，在双宾语教学中，体词性的双宾语肯定应该是最先展开教学的，其次才可以在较为高级的阶段开展小句双宾语和谓词性双宾语的教学。

[①] 王红厂、郑修娟（2014）的等同类双宾语大致与我们提到的表称类双宾语相当。
[②] 体词性双宾语基本就等于名词性双宾语。

二、重视双宾语不同类型的教学

吕叔湘（1999）在《现代汉语八百词》中根据双宾语中的两个宾语是否都必须出现而将双宾语分为 A、B、C、D 四类。刘月华、潘文娱、故韡（2001）也把能带双宾语的动词进行了类似的分类。其中"告诉""求""通知"等成句时，后边必须带间接宾语，直接宾语可以不说，或者放在句首，不能只出现直接宾语；"借""租"等成句时后边必须有直接宾语，间接宾语可以不说；"教""请教""问""还""给""赔"等成句时，后边可以只出现直接宾语，也可以只出现间接宾语；"称""叫"成句时，后边必须出现两个宾语，缺一不可。例如：

（1）A：这件事我可以告诉老王吗？

　　B：你告诉他吧。（刘月华、潘文娱、故韡，2001）

（2）我想租（你）一间房子。（刘月华、潘文娱、故韡，2001）

（3）王老师教我。

　　王老师教数学。（刘月华、潘文娱、故韡，2001）

（4）人们都叫他无事忙。

　　*无事忙人们都叫他。

　　*他人们都叫无事忙。（刘月华、潘文娱、故韡，2001）

由于不同类型的双宾语构造，其是否能允许合格的单宾语格式存在，以及可以允许的单宾语格式的具体情况也各不相同，我们对于双宾语的教学，就应该区别对待。不同类型的双宾语，我们应该讲清其所带宾语情况的差异。

此外，有一些双宾语动词，如"送、借"可以转换成"V 给""V……给……""给/从……V……"等其他格式（王静，2013）。但像"告诉""教"等一些动词就不可以这样转换，比如"告诉他一个消息"，我们既不能说成"*告诉给他一个消息、告诉一个消息给他"，也不能说成"给他告诉一个消息"等。这种变换格式上的差异也需要我们给留学生分类介绍。

除了注意从本体角度区分双宾语构造的不同类型外，不同类型双宾语的偏误情况也各不相同。周岚钊（2009）通过分析发现，使用"给"字双宾结构的时候，学生最常出现的偏误情况是泛化，而"教"类双宾结构，最严重的偏误情况是回避，"告诉"类双宾结构最严重的偏误情况是间接宾语的遗漏。张铃（2018）则认为"给予类"双宾语句遗漏间接宾语现象最为严重，"取得类"双宾语句误加现象比较严重，"表称类"双宾语句误用情况比较严重等。虽然二者由于调查对象和考察方式等原因，结论不尽一致。但这毕竟提示我们，不同类型双宾语构造的偏误重灾区各不相同，我们可以在教学中有所侧重，针对留学生在这种双宾构造中的高发性偏误，重点讲解，重点操练，这样就能起到事半功倍的效果。

三、重视双宾语的对比教学

重视双宾语的对比教学包括两个方面的意思，一个是重视双宾语格式与其他相似格式之间的对比（张岑阳，2018），一个是重视汉语和留学生母语中双宾语构造的对比。

我们知道，表称类[①]有些双宾语句式跟兼语句式、主谓短语做宾语句式在形式上较为相似，需要我们细心辨别。例如：

（5）a.大家夸他"活神仙"。

b.大家夸他是"活神仙"。

（6）a.他通知我明天休班。

b.他让我明天休班。

（7）a.我送他很多小说。

b.我知道他有很多小说。

上面的例（5）a是双宾句式，b在"他"后多了个"是"，就变成了兼语格式。例（6）中"我"后面跟的是谓词性短语，a中第一个动词是"通知"，句子是双宾语构造，而b中第一个动词是使令动词"让"，句子就变成了兼语格式。例（7）a的第一个动词是表示"给予"义的"送"，句子是双宾语构造，而b中第一个动词是"知道"，"他"后多了个动词"有"，句子就变成了主谓短语做宾语的格式。虽然我们在教学中不一定需要专门把这些格式之间的差别讲给留学

---

① 基本就是朱德熙（1982）提到的"等同类"。

生,但是作为对外汉语教师,我们对于双宾语构造与其他相似格式之间的差别,应该做到了然于心。

此外,双宾语并非是现代汉语中所特有的一种句法现象,很多留学生的母语比如英语中也存在着双宾语这种句法格式。而汉语和留学生母语中的双宾语构造,既有相似之处,也有不同之处。这就需要我们把汉语与留学生母语中的双宾语进行对比,找出它们之间的共同点,借助母语正迁移帮助学生理解并正确掌握汉语的双宾语构造;同时更要明确它们之间的差异,防止学生因为母语负迁移而出现类似"*他做我一个奶酪蛋糕①"这样的双宾语偏误现象。

71.如何进行不及物动词带宾语的教学?

根据所带宾语的情况,动词可以分为及物动词和不及物动词两类(黄伯荣、廖序东,2017)。对于及物动词和不及物动词的界定,学界历来争议较多。传统上我们认为,及物动词后可以带宾语,而不及物动词后不能带宾语(王珍,2006)。但是语言事实表明,不及物动词有时候也能带宾语。因此,朱德熙(1982)指出:"只能带准宾语的动词是不及物动词,除了准宾语之外,还能带真宾语的是及物动词。"黄伯荣、廖序东(2017)则认为"能带受事宾语的动词是及物动词,不能带受事宾语的动词是不及物动词"。我们基本赞同后者的看法,但是对于不及物动词带宾语的情况,还需要进一步更加深入地认识。

一、对不及物动词带宾语的再认识

目前学界对不及物动词又出现了非宾格动词和非作格动词的再分类。非作格动词(unergative verb)例如"哭、咳嗽"和非宾格动词(unaccusative verb)例如"死、沉(船)"等。这两类不及物动词虽然都只带有一个论元,而且通常情况下这个唯一的论元又都出现在动词前面表层句法主语的位置上,但动词与论元

---

① 英语中有"He made me a cheese cake."这样的双宾语句式,因此,受母语负迁移的影响,留学生可能就会出现"*他做我一个奶酪蛋糕"这样的偏误。

之间的深层语义关系并不一样（潘海华、韩景泉，2008）。非作格动词只有一个深层逻辑主语，没有深层逻辑宾语，因此其句法表层主语位置上的核心论元不能移位至宾语位置，比如"孩子咳嗽了"不能变换成"咳嗽孩子了"。而非宾格动词则只有一个深层逻辑宾语，没有深层逻辑主语，因此其句法表层主语位置上的核心论元可以自由地移位至宾语位置，比如"一只狗趴着"，可以有"门口趴着一只狗"的变换格式。

非宾格动词后面可以带核心论元宾语，而非作格动词一般情况下则不允许。不过，刘探宙（2009）研究发现，非作格动词在一定的条件下也可以带宾语①，孙天琦、潘海华（2012）更是在此基础上做了进一步的研究，总结了非作格动词带宾语的条件，即非作格动词带宾语结构必须有显性话题，其宾语可以是计数结构或对比焦点，且宾语应该是话题的子集。例如：

（1）这次流感病了一大群孩子。（刘探宙，2009）

（2）立定跳远已经跳了三十个同学了。（刘探宙，2009）

（3）左边泳池只游男生。（孙天琦、潘海华，2012）

（4）一号场地跳这组运动员，二号场地跳那组运动员。（孙天琦、潘海华，2012）

上面的几个例子中的动词都是非作格动词，其中例（1）（2）属于计数结构，而例（3）（4）属于对比结构；而且这几个句子中的话题都以主语这种显性形式存在，且宾语跟话题之间存在着"集合—子集"的关系，如例（1）"一大群孩子"一定属于一个更大的类似于"幼儿园的孩子们"的集合，例（3）的"男生"一定是类似于"全部学生"这种集合的子集。

事实上，汉语中还存在一类特殊的不及物动词带宾语的情况，如"他经常去美国（来中国、跑上海、飞北京、睡大床）"。非宾格动词和非作格动词都可以这样用。这种现象多发生在非正式文体中，宾语多是处所名词（郑丽娜，2015）。孙天琦（2009）将这类结构中的非典型宾语称为"旁格（oblique）宾语②"，并认

---

① 这里所说的宾语指的是核心论元充当的宾语，不包括"飞北京、哭长城"等处所、对象一类的非核心论元宾语。

② 旁格宾语除了处所，也可以是其他类，比如"哭他的苦命"就是"哭"带的原因宾语。

为它虽占据宾语位置，但不能像典型宾语一样话题化，是边缘性修饰成分。也即不管是非宾格动词还是非作格动词，还都可以有带处所等旁格宾语的用法。

由此可见，不及物动词中的非宾格动词经常可以带施事等核心论元宾语，而非作格动词带核心论元宾语的限制条件比较多，此外，它们也都可以有带处所等旁格宾语的用法。

二、结合母语和具体动词展开教学

郑丽娜（2015）指出，英语中不及物动词后面一般不能出现论元，但在地点短语前置（locative inversion）结构或"there 插入结构"中，一些英语不及物动词的唯一论元可以位于其后，出现不及物动词带宾语现象，如"Into this scene walked John's sister"和"There comes a bus"。而吴英花（2017）也提到了日语、韩语中不及物动词带宾语的情况。由此可见，不及物动词带宾语并非是汉语中的特例现象。既然留学生的母语中存在着类似的语言现象，我们在教学中就可以借母语之力，辅助学生汉语不及物动词带宾语的习得。郑丽娜（2015）通过调查发现，母语对英语背景学习者使用汉语不及物动词带宾语结构产生了一些影响，例如他们在表存现的非宾格动词上使用了不少"方位短语＋存现类非宾格动词＋宾语"结构，这是因为英语中表存现的非宾格动词也可以用于这样的结构。留学生的母语可以辅助我们的教学，但我们也要注意汉语与英语等其他语言中不及物动词带宾语具体情况的差别，以防止母语对学生汉语学习造成的负迁移。

此外，虽然我们在汉语本体研究中区分非宾格动词和非作格动词，但在对外汉语教学中，则没必要过分强调二者的差别，以免增加学生的负担。非作格动词带核心论元宾语所受限制较多，在实际语言表达中出现的频率也不高，因此在教学特别是初中级阶段的教学中，可以少讲或者基本忽略这种用法。不过分强调非宾格动词和非作格动词的区别，至于不及物动词带宾语的教学，我们就更需要借助于具体动词来展开。Herschensohn, Julia（2000）的"二语建构观"（constructionism）认为，二语习得者会先习得句法系统，因为抽象的句法特征来自普遍语法，不需要学习，二语习得者的主要任务是学习目标语词库中的词汇以及重设参数值（郑丽娜，2015）。也即二语教学中，词汇教学应该占有非常重要的地位。郑丽娜（2015）的研究也表明，使用频率等词汇本身的因素对英语背景学习者使用汉语非宾格动词带宾语结构的影响很大。因此，我们的教学中，应该首先选择"来、去、病、死、走"等那些汉语中常用的不及物动词，讲清其具体用法。比如"来"，我们首先要告诉学生，这是一个不及物动词，不能带受事宾语；其次，我们还可以告诉学生，其后面可以带施事宾语和处所宾语，带施事宾语比如"一位新同学来了"可以变换成"来了一位新同学"，带处所宾语比如"来北京了、来教室了、来家里了"等等。某一个不及物动词带宾语的具体情况讲清了，再通过反复大量的练习，学生自然能掌握其用法。这样，通过词汇教学的方式，积少成多，学生就能逐步习得汉语中的不及物动词带宾语。

72.如何进行主宾可换位句的教学？

主宾可换位句也即我们常说的可逆句。汉语属于典型的孤立语，没有丰富的形态变化，所以语序和虚词是表达语法意义的重要手段。一般来说，汉语句子的语序固定，语序变了，要么句子不再成立，要么句子的逻辑真值义会发生变化。但是，在语序重要的一般特点之外，汉语也还存在着主语和宾语可以自由换位而句子逻辑真值义基本不变的特殊句法现象，比如"A 一锅饭吃三个人⟷B 三个人吃一锅饭""A 大地覆盖着白雪⟷B 白雪覆盖着大地"等都属于主宾可换位的可逆句。如何把这类特殊的句法现象引入对外汉语教学，是一个值得探讨的理论问题。

一、科学对待主宾可换位句的教学

首先，我们应该正确认识主宾可换位句在对外汉语教学中的地位。一方面，主语和宾语可以自由换位的可逆句只是现代汉语中的一种特殊句法现象，因此，它不应该成为对外汉语句法教学的重点，其地位也不可能高于"把"字句、"被"字句等汉语传统意义上的特殊句式；另一方面，这种主宾可换位句在现代汉语中虽然占比不多，但也确实存在，对其进行讲解，也确有必要，只有把主宾可换位句引入对外汉语教学，才能让学生更加全面地了解汉语语法，他们对汉语的学习也才能更加深入，掌握的汉语也才能更加地道；而且其主宾可换位的特点在其他语言中不太常见，引入教学也容易激发学生对汉语语法的学习兴趣。也即从客观角度来说，主宾可换位句的对外汉语教学确有必要，但也无须把它摆在最为重要的位置上。

其次，主宾可换位句的数量较少，而其主宾换位所受到的句法语义限制条件较多，学生习得和教师教学的难度都比较大，因此，对这一句式教学的引入不需要太早，应该是在学生掌握了汉语基本语法常识的基础上来进行，以中高级阶段为宜。初级阶段的汉语学习者，刚刚花一段时间建立起汉语基本语序的认知，如果这一阶段"引入大量的可逆句教学，会使学生很迷惑、不知所措，有时候它能颠覆学生固有的汉语 SVO 语序印象"（张媛，2018）。如果在初级阶段遇到类似"北京是中国的首都"这样的例子，学生问它和"中国的首都是北京"之间的关系，我们可以简单回答"其所表达的意思基本一致"，而不需要展开教学，引入主宾可换位句式的概念。

再次，我们对于主宾可换位句式的本体研究成果较多，发现的主宾可换位句语义小类非常丰富，对各个语义小类主宾可换位的动因和句法语义限制条件也进行了深入挖掘。但是本体的理论研究不同于第二语言的实践教学，在对外汉语教学中，主宾可逆句的语义小类我们不需要全部都介绍给学生，其可逆的深层动因等也需要考虑其是否有助于学生对于这类句式的理解和掌握，所以讲不讲，讲多少，什么时候讲，都需要以教学为本，灵活掌握。

最后，在本体研究中，我们所概括的主宾可换位句的语义类型有供用—益得类、存现—移位类、致动—自动类和相互对称类等四类。根据这四种语义类型习得的难度差异，我们认为，首先可以进行的是相互对称类的教学，这类主宾可换位句在有些学生的母语中也有出现，教学难度最低；其次是供用—益得类的相关类型；存现—移位类由于其中的 VP 很多都是动补结构，所以其教学应该更晚一些展开；而致动—自动类由于牵涉到人们的心理感受等抽象活动，谓语部分 VP 又常常是中补结构，所以宜放在最高级阶段展开教学。当然，我们这里对于主宾可换位句的教学顺序，只是做了一个大致的安排，是否合理还需要经过教学实践的检验；而且各个大类中的某些语义小类，其教学的先后顺序可能也会异于整个大类的安排。

二、各类主宾可换位句教学例举

我们认为，与本体的理论研究略有不同，主宾可换位句的教学，也还是应该以动词为中心，结合其句式义，通过介绍动词的具体用法来展开。

相互对称类的教学首先可以介绍表示等值义的"是、等于"的用法，指出当动词前后的名词语所指相同时，主宾语可以互换位置。典型例句如：

（1）A 三加二等于五。⟷B 五等于三加二。

（2）A 北京是中国的首都。⟷B 中国的首都是北京。

其次是"挨着、对着"这种表示镜面义（张珍，2012）的动词的用法，典型例句如：

（3）A 校门对着车站。⟷B 车站对着校门。

（4）A 小张挨着小李。⟷B 小李挨着小张。

动词"炒、炖、拌、加"出现在供用—益得类主宾可换位句中，但由于它们的语义都包含"把没有主次之分的两样东西放在一起"的特征，与相互对称类的动词有相似之处，所以也可以先展开教学。典型例句如：

（5）A 西红柿炒鸡蛋⟷B 鸡蛋炒西红柿

（6）A 白菜炖豆腐⟷B 豆腐炖白菜

"笼罩、覆盖"等动词构成的主宾可换位句，其主宾语有相互之间完全占有的关系，可以先于其他存现—移位类主宾可逆句展开教学；"V 满"类的情况与之类似，但其教学需要保证在动补结构的教学之后展开。典型例句如：

（7）A 田野笼罩着乌云。⟷B 乌云笼罩着田野。

（8）A 大地覆盖着白雪。⟷B 白雪覆盖着大地。

（9）A 教室坐满了学生。⟷B 学生坐满了教室。

供用—益得类可逆句式有基础式、对举式和数量对应式等三种句法表现形式。我们结合其句式语义，重点介绍数量对应式。其各种语义小类中，以使用频率为依据，我们主要介绍"A 式：受事 +V+ 施事⟷B 式：施事 +V+ 受事""A 式：处所 +V+ 施事/受事⟷B 式：施事/受事 +V+ 处所"两类，而又尤其以施受对立的格式为讲解的重点。典型例句如：

（10）A 一锅饭吃三个人。⟷ B 三个人吃一锅饭。

（11）A 一张床睡三个人。⟷ B 三个人睡一张床。

一定要给学生讲清楚，能够进入这种语义格式的动词非常有限，就是"吃、睡"等几个高频口语词。而且这类句子的教学最好在学生掌握了"把"字句之后，让学生通过"把"字句的变换来习得。

存现—移位类主宾可换位句主要教学"V 进"类、"V 出"类、"V 过"类等几个带单纯趋向补语的类型。典型例句如：

（12）A 试管里滴进许多红色溶液。⟷ B 许多红色溶液滴进试管里。

（13）A 洞口透出一缕灯光。⟷ B 一缕灯光透出洞口。

（14）A 天空划过一道闪电。⟷ B 一道闪电划过天空。

这类主宾可换位句中需要出现一个处所成分，其句法语义限制条件较为复杂，需要给学生讲清讲透。而且这种类型的教学，需要在学生习得了存现句后再展开。

致动—自动类主宾可换位句教学难度最大，主要围绕 VP 为"V 死"和"V 腻/烦"的类型展开。学生需要首先掌握动词的使动用法和动补结构的用法。"V 死"中的"V"一般为心理活动动词，这种格式的教学还需要在学生掌握了心理动词的用法和"死"的程度副词义的基础上展开。典型例句如：

（15）A 那件事后悔死他了。⟷ B 他后悔死那件事了。

（16）A 火锅吃腻了我们。⟷ B 我们吃腻了火锅。

（17）A 数学课讲烦了张老师。⟷ B 张老师讲烦了数学课。

以上我们以动词为核心，介绍了对外汉语教学中常见的主宾可换位句的典型用例。当然，除了介绍其主宾可换位的特点外，主宾可换位句两种不同表达方式在语义特别是语用方面的具体差异，我们也需要用通俗易懂的方式给学生讲清楚，讲明白。

参考文献

安丰存（2007）题元角色理论与领有名词提升移位，《解放军外国语学院学报》第3期。
白丁（1994）略论汉语双面动词，《中南民族学院学报（哲学社会科学版）》第5期。
白荃（2000）"不"、"没（有）"教学和研究上的误区——关于"不"、"没（有）"的意义和用法的探讨，《语言教学与研究》第3期。
北京大学中文系现代汉语考研室（2002）《现代汉语》，北京：商务印书馆。
北京语言学院语言教学研究所（1986）《现代汉语频率词典》，北京：北京语言学院出版社。
北京语言学院语言教学研究所（1992）《现代汉语补语研究资料》，北京：北京语言学院出版社。
蔡强、凌征华（2013）基于语料库的"做"与"作"用法辨析，《时代文学（上半月）》第6期。
蔡瑱（2006）论动后复合趋向动词和处所名词的位置，《暨南大学华文学院学报》第4期。
常辉（2014）日本学生汉语空主语和空宾语的不对称现象研究，《世界汉语教学》第2期。
常辉、周岸勤（2013）母语为英语的学习者汉语中的空论元研究，《语言教学与研究》第3期。
晁继周（2006）"作决定"还是"做决定"，《应用写作》第6期。
陈昌来（2000）《现代汉语句子》，上海：华东师范大学出版社。
陈昌来（2002）《二十世纪的汉语语法学》，太原：书海出版社。
陈昌来（2003）《现代汉语语义平面问题研究》，上海：学林出版社。
陈平（1987）释汉语中与名词性成分相关的四组概念，《中国语文》第2期。
陈平（1988）论现代汉语时间系统的三元结构，《中国语文》第6期。
陈平（1994）试论汉语中三种句子成分与语义成分的配位原则，《中国语文》第3期。
陈平（2004）汉语双项名词短语结构与话题——陈述结构，《中国语文》第6期。
陈瑞婷（2013）"作"与"做"的区分，《牡丹江大学学报》第3期。
陈晓蕾（2008）基于构式语法的双数量结构考察，北京语言大学硕士学位论文。
陈忠（2006）《认知语言学研究》，济南：山东教育出版社。
陈忠（2007）复合趋向补语中"来/去"的句法分布顺序及其理据，《当代语言学》第1期。

储泽祥（1996）动宾短语和"服从原则"，《世界汉语教学》第 3 期。
储泽祥（1998）动词的空间适应性情况考察，《中国语文》第 4 期。
储泽祥（2004）处所角色宾语的判定及其典型性问题，《语言教学与研究》第 6 期。
储泽祥（2006）处所角色宾语及其属性标记的隐现情况，《语言研究》第 4 期。
储泽祥（2010a）汉语施事宾语句与 SVO 型语言施事、受事的区分参项——兼论汉语"句位高效"的类型特征，《民族语文》第 6 期。
储泽祥（2010b）事物首现与无定式把字句的存在理据，《语言研究》第 4 期。
崔屹（1994）试谈"是"的古今用法及词性演变，《咸阳师专学报（综合版）》第 5 期。
戴浩一（1988）时间顺序和汉语的语序，《国外语言学》第 1 期。
戴维·克里斯特尔（2000）《现代语言学词典》，沈家煊译，北京：商务印书馆。
刁晏斌（2004）《现代汉语虚义动词研究》，大连：辽宁师范大学出版社。
刁晏斌（2007）试论"程度副词＋一般动词"形式，《世界汉语教学》第 1 期。
刁晏斌（2015）虚义动词"搞"的使用情况及其变化，《宜春学院学报》第 5 期。
丁加勇（2006）容纳句的数量关系、句法特征及认知解释，《汉语学报》第 1 期。
丁声树、吕叔湘、李荣等（1961）《现代汉语语法讲话》，北京：商务印书馆。
丁烨（2009）汉语副词"是"的产生及其年代，《语文学刊》第 20 期。
董成如（2004）转喻的认知解释，《解放军外国语学院学报》第 2 期。
董成如（2011）汉语存现句中动词非宾格性的压制解释，《现代外语》第 1 期。
董成如、杨才元（2009）构式对词项压制的探索，《外语学刊》第 5 期。
董松涛（2000）"做"与"作"，《汉字文化》第 3 期。
董秀芳（1998）述补带宾句式中的韵律制约，《语言研究》第 1 期。
窦春秋（2019）现代汉语词典（第 7 版）离合词研究，浙江师范大学硕士学位论文。
杜道流、何升高（1998）制约同现宾补次序的因素，《淮北煤师院学报（社会科学版）》第 4 期。
杜海军、盛爱萍（2008）双数量结构研究述评，《语文学刊》第 1 期。
杜永道（2013）"作"与"做"的用法，《新长征（党建版）》第 11 期。
范方莲（1963）存在句，《中国语文》第 5 期。
范继淹（1985）无定 NP 主语句，《中国语文》第 5 期。
范开泰（1985）语用分析说略，《中国语文》第 6 期。
范开泰、张亚军（2000）《现代汉语语法分析》，上海：华东师范大学出版社。
范晓（1996）三个平面的语法观，北京：北京语言文化大学出版社。
范晓（2001）动词的配价与汉语的把字句，《中国语文》第 4 期。
范晓（2007）"被"后宾语在篇章中与上下文关系的考察，《语言科学》第 3 期。
范妍南（2007）对外汉语教学中的动宾式离合词带宾语问题，《语言教学与研究》第 5 期。
方经民（1994）有关汉语句子信息结构分析的一些问题，《语文研究》第 2 期。
方梅（1993）宾语与动量词的次序问题，《中国语文》第 1 期。

方梅（1995）汉语对比焦点的句法表现手段，《中国语文》第4期。
冯英（2021）概念隐喻视角下"打"的多义性研究，《英语广场》第32期。
符达维（1987）"两个动词联合起来管一个宾语"并非新的结构，《重庆师院学报（哲学社会科学版）》第1期。
高艳（2007）趋向补语"来""去"使用不对称的语用考察，《晋中学院学报》第2期。
高永安、康全中（2001）"做""作"两个字的关系，《北京广播电视大学学报》第2期。
龚千炎（1997）《中国语法学史》，北京：语文出版社。
古川裕（2002）<起点>指向和<终点>指向的不对称性及其认知解释，《世界汉语教学》第3期。
郭春贵（2003）复合趋向补语与非处所宾语的位置问题补议，《世界汉语教学》第3期。
郭继懋（1990）领主属宾句，《中国语文》第1期。
郭继懋（1999）试谈"飞上海"等不及物动词带宾语现象，《中国语文》第5期。
郭俊（2010）从认知角度解释主宾语可互换句，《唐山师范学院学报》第1期。
郭玲、陈燕（2001）"作"与"做"辨析，《编辑之友》第4期。
郭锐（1993）汉语动词的过程结构，《中国语文》第6期。
郭锐（1997）过程和非过程——汉语谓词性成分的两种外在时间类型，《中国语文》第3期。
郭锐（2002）述结式的论元结构，载徐烈炯、邵敬敏主编《21世纪首届现代汉语语法国际研讨会论文集》，杭州：浙江教育出版社。
郭圣林（2007）可逆句研究二题，《广西社会科学》第1期。
韩翠娥（2017）"现代汉语程度副词修饰动词"的研究，重庆师范大学硕士学位论文。
韩景泉（2000）领有名词提升移位与格理论，《现代外语》第3期。
韩景泉、潘海华（2005）显性非宾格动词结构的句法研究，《语言研究》第3期。
韩景泉、潘海华（2016）汉语保留宾语结构句法生成的最简分析，《语言教学与研究》第3期。
贺凯林（1987）"作"还是"做"？《湖南师范大学社会科学学报》第6期。
贺阳（1994）"程度副词有名"试析，《汉语学习》第2期。
胡建华（2008）现代汉语不及物动词的论元和宾语——从抽象动词"有"到句法—信息结构接口，《中国语文》第5期。
胡骏飞、陶红印（2017）基于语料库的"弄"字句及物性研究，《外语教学与研究》第1期。
胡勇（2016）"吃食堂"的认知功能分析，《世界汉语教学》第3期。
黄伯荣、廖序东（2017）《现代汉语（增订六版）下册》，北京：高等教育出版社。
黄南松（1989）论部分宾语的有定性，《烟台师范学院学报（哲学社会科学版）》第3期。
黄培（2010）述语为动补结构的主宾可逆句研究，东北师范大学硕士学位论文。
黄文龙（1998）"V不了"的否定焦点与语法意义浅析，《湘潭师范学院学报（社会科学版）》第5期。
季艳（2005）"V不下"与"V不了"句法语义语用对比探析，《常熟理工学院学报》第3期。
贾钰（1998）"来/去"作趋向补语时动词宾语的位置，《世界汉语教学》第1期。

金椿姬（1990）谈"弄",《语言教学与研究》第 2 期。
金立鑫（2003）趋向补语和宾语的位置关系，载赵金铭主编《对外汉语研究的跨学科探索》，北京：北京语言大学出版社。
柯理思（2000）论表示说话者主观判断的"不了"格式及其语法化过程,《现代中国语研究》第 1 期。
孔凡涛、郝思瑾（2005）谈汉语语法教材中的"作"与"做"——现代汉语教学摭谈,《徐州教育学院学报》第 4 期。
孔雪（2021）泛义动词"弄"的教学策略,《文化产业》第 11 期。
蓝天照（1994）毕竟不能等量观——谈"做"与"作"的用法,《阅读与写作》第 6 期。
黎锦熙（1992）《新著国语文法》（汉语语法丛书本），北京：商务印书馆。
李惠超（2019）修辞中的转喻与语法中的转喻,《当代修辞学》第 6 期。
李航（2014）双数量结构供用类否定形式可逆句研究，上海师范大学硕士学位论文。
李杰（2004）不及物动词带主事宾语句研究，复旦大学博士学位论文。
李劲荣（2017）"宾补争动"的焦点实质,《汉语学习》第 5 期。
李俊杰（2012）泛义动词"搞"的多角度研究，延边大学硕士学位论文。
李临定（1983）宾语使用情况考察,《语文研究》第 2 期。
李临定（1986）《现代汉语句型》，北京：商务印书馆。
李敏（1998）现代汉语主宾可互易句的考察,《语言教学与研究》第 4 期。
李青（1997）论宾语对受事主语变换为受事宾语的限制条件,《汉语学习》第 3 期。
李泉（1994）现代汉语"形＋宾"现象考察,《中国人民大学学报》第 4 期。
李晓东（2008）结果补语语义指向研究，首都师范大学博士学位论文。
李行健（1998）《现代汉语规范字典》，北京：语文出版社。
李秀林（2002）现代汉语中的"是"字句,《集宁师专学报》第 3 期。
李雪妍、张利红（2020）泛义动词"弄"的用法分析,《黑龙江教师发展学院学报》第 2 期。
李艳惠、陆丙甫（2002）数目短语,《中国语文》第 4 期。
李旸（2014）"做实""坐实"大不同,《语文月刊》第 4 期。
李英哲、陆俭明（1983）汉语语义单位的排列次序,《国外语言学》第 3 期。
李宇明（1987）存现结构中的主宾互易现象研究,《语言研究》第 2 期。
李宇明（1996）领属关系与双宾句分析,《语言教学与研究》第 3 期。
李昱（2015）语言共性和个性在汉语双宾语构式二语习得中的体现,《语言教学与研究》第 1 期。
李子云（1990）补语的表述对象问题,《中国语文》第 5 期。
厉雅维（2013）泰国学生习得"弄"、"搞"、"干"等泛义动词问题研究，黑龙江大学硕士学位论文。
梁东汉（1960）现代汉语的被动式,《内蒙古大学学报（社会科学）》第 2 期。
廖秋忠（1985）篇章中的框—棂关系与所指的确定,《语法研究和探索》第 1 期。

刘春光（2014）认知视角下的现代汉语语序研究，上海师范大学博士学位论文。
刘大为（1998a）关于动宾带宾现象的一些思考（上），《语文建设》第 1 期。
刘大为（1998b）关于动宾带宾现象的一些思考（下），《语文建设》第 3 期。
刘丹青（2008）《语法调查研究手册》，上海：上海教育出版社。
刘丹青、徐烈炯（1998）焦点与背景、话题及汉语"连"字句，《中国语文》第 4 期。
刘芳（2010）动词"搞"的搭配和语义倾向研究，复旦大学硕士学位论文。
刘慧（2011）动词后"来/去"充当的趋向补语与宾语的语序问题，《现代语文（语言研究版）》第 2 期。
刘丽（2021）探讨"作""做"的交叉使用与规范，《汉字文化》第 24 期。
刘宁生（1984）句首介词结构"在……"的语义指向，《汉语学习》第 2 期。
刘宁生（1994）汉语怎样表达物体的空间关系，《中国语文》第 3 期。
刘培玉（2001）关于把字句的结构分析，《上海财经大学学报》第 3 期。
刘瑞明（1992）论"打、作、为"的泛义动词性质及使用特点，《湖北大学学报（哲学社会科学版）》第 1 期。
刘瑞明（1998）不是"混蛋"动词，而是泛义动词——泛义动词论稿之一，《喀什师范学院学报》第 1 期。
刘书龙（2002）"作"与"做"的用法辨析，《编辑之友》第 S1 期。
刘探宙（2009）一元非作格动词带宾语现象，《中国语文》第 2 期。
刘晓惠（1999）粘宾动词研究，上海师范大学硕士学位论文。
刘晓林（2001）也谈不及物动词带宾语的问题，《外国语（上海外国语大学学报）》第 1 期。
刘鑫民（1995）焦点、焦点的分布和焦点化，《宁夏大学学报》第 1 期。
刘勋宁（2001）"做"和"作"，你分清了吗？《语文建设》第 12 期。
刘月华（1980）可能补语用法的研究，《中国语文》第 4 期。
刘月华（1998）《趋向补语通释》，北京：北京语言文化大学出版社。
刘月华、潘文娱、故韡（2001）《实用现代汉语语法》，北京：商务印书馆。
卢英顺（1995）语义指向研究漫谈，《世界汉语教学》第 3 期。
卢英顺（2010）"V 不了（O）"结构的语法意义及相关问题，《汉语学习》第 2 期。
卢英顺（2016）从认知图景看不及物动词带宾语问题——兼谈对外汉语教学中的相关问题，《汉语学习》第 3 期。
鲁川（2005）"预想论"：现代汉语顺序的认知研究，《世界汉语教学》第 1 期。
鲁健骥（1994）外国人学汉语的语法偏误分析，《语言教学与研究》第 1 期。
陆丙甫（1993）《核心推导语法》，上海：上海教育出版社。
陆俭明（1988）双宾结构补议，《烟台大学学报（哲学社会科学版）》第 2 期。
陆俭明（1990a）汉语句法成分特有的套叠现象，《中国语文》第 2 期。
陆俭明（1990b）"VA 了"述补结构语义分析，《汉语学习》第 1 期。
陆俭明（1990c）述补结构的复杂性——《现代汉语补语研究资料》序，《语言教学与研究》第 1 期。

陆俭明（1997）关于语义指向分析，载黄正德主编，《中国语言学论丛（第一辑）》，北京：北京语言文化大学出版社。

陆俭明（2002a）动词后趋向补语和宾语的位置问题，《世界汉语教学》第1期。

陆俭明（2002b）再谈"吃了他三个苹果"一类结构的性质，《中国语文》第4期。

陆俭明（2003）《现代汉语语法研究教程》，北京：北京大学出版社。

陆俭明（2004a）"句式语法"理论与汉语研究，《中国语文》第5期。

陆俭明（2004b）有关被动句的几个问题，《汉语学报》第2期。

陆俭明（2009a）《现代汉语语法研究——乔姆斯基生成语法分析（七）》，超星学术视频 http://video.chaoxing.com。

陆俭明（2009b）构式与意象图式，《北京大学学报（哲学社会科学版）》第3期。

陆俭明（2016）从语言信息结构视角重新认识"把"字句，《语言教学与研究》第1期。

陆俭明、沈阳（2016）《汉语和汉语研究十五讲》，北京：北京大学出版社。

陆烁、潘海华（2009）汉语无定主语的语义允准分析，《中国语文》第6期。

陆志韦（1957）《汉语的构词法》，北京：科学出版社。

鹿荣、齐沪扬（2010）供用句的语义特点及可逆动因，《世界汉语教学》第4期。

吕叔湘（1942）《中国文法要略》，北京：商务印书馆。

吕叔湘（1946）从主语、宾语的分别谈国语句子的分析，载吕叔湘（1984）《汉语语法论文集（增订本）》，北京：商务印书馆。

吕叔湘（1965）被字句、把字句动词带宾语，《中国语文》第4期。

吕叔湘（1966）单音形容词用法研究，《中国语文》第2期。

吕叔湘（1979）《汉语语法分析问题》，北京：商务印书馆。

吕叔湘（1981）关于"的、地、得"和"做、作"，《语文学习》第3期。

吕叔湘（1984）《汉语语法论文集（增订本）》，北京：商务印书馆。

吕叔湘（1986）汉语句法的灵活性，《中国语文》第1期。

吕叔湘（1987）说"胜"和"败"，《中国语文》第1期。

吕叔湘（1989）未晚斋语文漫谈之三，《中国语文》第2期。

吕叔湘（1999）《现代汉语八百词（增订本）》，北京：商务印书馆。

吕文华（1994）"把"字句的语义类型，《汉语学习》第4期。

罗建军（2007）"搞"的词义扩张，《濮阳职业技术学院学报》第4期。

罗婧竹（2012）经济的泛义动词"搞"，《青年文学家》第17期。

马建忠（1898）《马氏文通》，北京：商务印书馆。

马庆株（1981）时量宾语和动词的类，《中国语文》第2期。

马庆株（1983）现代汉语的双宾语构造，载北京大学中文系《语言学论丛》编委会编《语言学论丛（第十辑）》，北京：商务印书馆。

马婷婷（2017）语义双向选择视阈下结果补语的语义指向对象，《汉语学习》第6期。

马希文（1987）与动结式动词有关的某些句式，《中国语文》第6期。

毛颖（2010）现代汉语粘宾动词研究，上海师范大学硕士学位论文。

梅立崇（1994）也谈补语的表述对象问题，《语言教学与研究》第2期。

孟琮、郑德怀、孟庆海等（1999）《汉语动词用法词典》，北京：商务印书馆。

孟庆海（1986）动词＋处所宾语，《中国语文》第4期。

孟艳丽（1998）"把"字句语义结构分析，《解放军外语学院学报》第6期。

南晓民（2004）"做"的起源与"做"、"作"释读，《辞书研究》第2期。

倪旸、龙涛（2008）基于对称性关系语义分析的汉语主宾互易句成因新解，《北京理工大学学报（社会科学版）》第2期。

潘海华（1997）词汇映射理论在汉语句法研究中的应用，《现代外语》第4期。

潘海华、韩景泉（2008）汉语保留宾语结构的句法生成机制，《中国语文》第6期。

潘淼（2014）《英语为母语的留学生"给予"义双宾语的习得》，华中师范大学硕士学位论文。

潘淼（2015）基于留学生在"给予"义双宾语学习中的偏误情况调查研究，《荆楚理工学院学报》第3期。

彭小川、李守纪、王红（2006）《对外汉语教学语法释疑201例》，北京：商务印书馆。

齐沪扬（2005）《对外汉语教学语法》，上海：复旦大学出版社。

齐沪扬（2007）《现代汉语》，北京：商务印书馆。

齐沪扬、唐依力（2004）带处所宾语的"把"字句中V后格标的脱落，《世界汉语教学》第3期。

祁峰（2012）现代汉语焦点研究，复旦大学博士学位论文。

钱曾怡（2022）"做""作"考辨，《方言》第1期。

仇伟（2006）不及物运动动词带处所宾语构式的认知研究，《四川外语学院学报》第6期。

冉丹（2010）"弄"字小议，《青年作家（中外文艺版）》第4期。

任静（2021）国际汉语教学中的离合词偏误分析与教学研究，西北大学硕士学位论文。

任鹰（1999）主宾可换位供用句的语义条件分析，《汉语学习》第3期。

任鹰（2000）"吃食堂"与语法转喻，《中国社会科学院研究生院学报》第3期。

任鹰（2001）主宾可换位动结式述语结构分析，《中国语文》第4期。

任鹰（2005）《现代汉语非受事宾语句研究》，北京：社会科学文献出版社。

杉村博文（2002）论现代汉语"把"字句"把"的宾语带量词"个"，《世界汉语教学》第1期。

申雪（2009）基于语料库的外国学生双宾语句偏误分析，《语文学刊》第24期。

沈家煊（1995）"有界"与"无界"，《中国语文》第5期。

沈家煊（1999）《不对称和标记论》，南昌：江西教育出版社。

沈家煊（2002）如何处置"处置式"？——论把字句的主观性，《中国语文》第5期。

沈家煊（2003）现代汉语"动补结构"的类型学考察，《世界汉语教学》第3期。

沈家煊（2004）动结式"追累"的语法和语义，《语言科学》第6期。

沈家煊（2006）"王冕死了父亲"的生成方式——兼说汉语"糅合"造句，《中国语文》第6期。

沈家煊、完权（2009）也谈"之字结构"和"之"字的功能，《语言研究》第2期。
沈开木（1983）表示"异中有同"的"也"字独用的探索，《中国语文》第1期。
沈开木（1984）"不"字的否定范围和否定中心的探索，《中国语文》第6期。
沈开木（1996）论"语义指向"，《华南师范大学学报（社会科学版）》第1期。
盛楚云（2018）"来"充当简单趋向补语与宾语共现的语序问题探究，《兰州教育学院学报》第8期。
施春宏（2008）动结式"V累"的句法语义分析及其理论蕴涵，《语言科学》第3期。
石定栩（2009）谓词性宾语的句法地位，《语言科学》第5期。
石毓智（2001）《肯定和否定的对称与不对称》，北京：北京语言文化大学出版社。
石毓智（2005）论判断、焦点、强调与对比之关系——"是"的语法功能和使用条件，《语言研究》第4期。
宋文辉（2007）《现代汉语动结式的认知研究》，北京：北京大学出版社。
宋玉柱（1990）处所主语"被"字句，《天津师范大学学报（社会科学版）》第1期。
宋玉柱（1991）《现代汉语特殊句式》，太原：山西教育出版社。
宋玉柱（1995）《语法论稿》，北京：北京语言学院出版社。
孙超（2016）现代汉语不及物动词带旁格宾语结构的研究，《成都师范学院学报》第5期。
孙淑娟（2012）认知语言学视界下动趋结构带宾语语序差异分析，《贵州社会科学》第7期。
孙天琦（2009）谈汉语中旁格成分作宾语现象，《汉语学习》第3期。
孙天琦、潘海华（2012）也谈汉语不及物动词带"宾语"现象——兼论信息结构对汉语语序的影响，《当代语言学》第4期。
孙逊（2003）"作贡献"与"做贡献"的辨析，《长春教育学院学报》第2期。
谭景春（1995）材料宾语和工具宾语，《汉语学习》第6期。
谭景春（1997）"动＋结果宾语"及相关句式，《语言教学与研究》第1期。
唐翠菊（2002）数量词在多层定名结构中的位置，《语言教学与研究》第5期。
唐翠菊（2005）从及物性角度看汉语无定主语句，《语言教学与研究》第3期。
唐小菲（2019）非受事宾语的对外汉语教学研究，华中师范大学硕士学位论文。
唐玉柱（2002）等距与汉语存现句的主语宾语问题，《华南师范大学学报（社会科学版）》第1期。
陶红印、张伯江（2000）无定式"把"字句在近、现代汉语中的地位问题及其理论意义，《中国语文》第5期。
陶琦玲（2021）面向对外汉语教学的"做"、"作"+宾语搭配研究，上海大学硕士学位论文。
田靓（2012）汉语作为外语第二语言教学的"把"字句研究，北京大学博士学位论文。
田明秋（2010）也说泛义动词——以"打"和"弄"为例，《郑州大学学报（哲学社会科学版）》第3期。
铁艳凤（2010）泛义动词"弄"的探析——兼与"搞"、"干"、"做"的对比研究，暨南大学硕士学位论文。

同任（2016）如何判别"作贡献"与"做贡献"哪个对？，《辽东学院学报（社会科学版）》第 1 期。

王还（1984）《"把"字句和"被"字句》，上海：上海教育出版社。

王还（1985）"把"字句中"把"的宾语，《中国语文》第 1 期。

王红厂、郑修娟（2014）中级阶段留学生双宾语句式的学习难度顺序与偏误分析，《沧州师范学院学报》第 4 期。

王红旗（2006a）非指称成分产生的原因和基础，《汉语学习》第 1 期。

王红旗（2006b）指称不确定性产生的条件，《语文研究》第 3 期。

王红旗（2014）汉语主语、宾语的有定与无定，载北京大学中国语言学研究中心《语言学论丛》编委会编《语言学论丛（第五十辑）》，北京：商务印书馆。

王红旗（2021）"有定""无定"与指称的功能概念的关系，《语文研究》第 4 期。

王洪磊（2017）英语母语者对汉语空宾语结构的加工：基于跨通道启动的研究，《语言文字应用》第 3 期。

王惠（1997）从及物性系统看现代汉语的句式，载北京大学汉语语言学研究中心《语言学论丛》编委会编《语言学论丛（第十九辑）》，北京：商务印书馆。

王静（2001）"个别性"与动词后量成分与名词的语序，《语言教学与研究》第 1 期。

王静（2006）留学生汉语宾语偏误分析，《暨南大学华文学院学报》第 4 期。

王静（2007a）留学生汉语宾语习得难度研究，《海外华文教育》第 3 期。

王静（2007b）留学生汉语宾语习得难度研究（续），《海外华文教育》第 4 期。

王静（2009）汉语名动词宾语的习得情况调查研究，《云南师范大学学报（对外汉语教学与研究版）》第 3 期。

王静（2013）留学生汉语双宾语偏误分析，《海外华文教育》第 4 期。

王娟、周毕吉（2016）带保留宾语的被动句与抢夺类双宾句的深层句法联系，《现代外语》第 1 期。

王俊毅（2001）及物动词与不及物动词分类考察，《语言教学与研究》第 5 期。

王力（1980）《汉语史稿》，北京：中华书局。

王丽彩（2005）"来"、"去"充当的趋向补语和宾语的次序问题，《广西社会科学》第 4 期。

王启龙（1995）带宾形容词的统计分析，《语言教学与研究》第 2 期。

王素梅（1999）论双音节离合词的结构、扩展及用法，《沈阳师范学院学报》第 4 期。

王希（2019）外国学生非受事宾语习得情况研究，重庆大学硕士学位论文。

王秀珍（2000）关于结果宾语，《汉语学习》第 2 期。

王学奇（2007）再释"是"，《河北师范大学学报（哲学社会科学版）》第 2 期。

王裕恩（1993）浅谈"是"字句，《大连大学学报》第 2 期。

王占华（2000）"吃食堂"的认知考察，《语言教学与研究》第 2 期。

王珍（2006）汉语不及物动词带宾语结构存在的认知理据，《汉语学报》第 3 期。

魏红（2008）面向汉语习得的常用动词带宾情况研究，华中师范大学博士学位论文。

魏红、储泽祥（2007）"有定居后"与现实性的无定 NP 主语句，《世界汉语教学》第 3 期。

温宾利、陈宗利（2001）领有名词移位：基于MP的分析，《现代外语》第4期。
邬娅雯（2018）以对外汉语教学的视角浅谈双宾语，《文化创新比较研究》第5期。
吴春光（2014）试论可受程度副词修饰的心理动词的鉴别及分类，《青年作家》第14期。
吴福祥（2002a）能性述补结构琐议，《语言教学与研究》第5期。
吴福祥（2002b）汉语能性述补结构"V得/不C"的语法化，《中国语文》第1期。
吴怀成（2011）动量词与宾语的语序选择问题，《汉语学报》第1期。
吴锡根（1994）粘宾动词及其构成的句型，《杭州师范学院学报》第1期。
吴英花（2017）汉、韩、日不及物动词带宾语结构对比，《开封教育学院学报》第2期。
吴忱（2016）对外汉语教学中双宾句习得的教学建议，《福建广播电视大学学报》第6期。
吴玉珍、陈兆雯（2018）"V+来/去"与"O"共现的语序研究，《兰州交通大学学报》第6期。
吴中伟（2019）语法教学的几点反思——关于教学目标、方法、策略，《国际汉语教学研究》第2期。
席嘉（2013）"是"表示强调的来源和演化，《语言研究》第3期。
夏小声（2000）"作"、"做"分合述评，《西北第二民族学院学报（哲学社会科学版）》第3期。
肖贤彬、陈梅双（2008）留学生汉语动宾搭配能力的习得，《汉语学报》第1期。
肖洋（2021）动宾式离合词带宾现象的共时与历时考察，浙江师范大学硕士学位论文。
邢福义（2004）承赐型"被"字句，《语言研究》第1期。
邢公畹（1997）一种似乎要流行开来的可疑句式——动宾式动词+宾语，《语文建设》第4期。
熊仲儒（2003）汉语被动句句法结构分析，《当代语言学》第3期。
熊仲儒（2007）"是……的"的构件分析，《中国语文》第4期。
徐杰（1999）两种保留宾语句式及相关句法理论问题，《当代语言学》第1期。
徐杰（2001）"及物性"特征与相关的四类动词，《语言研究》第3期。
徐杰、李英哲（1993）焦点与两个非线性句法范畴："否定""疑问"，《中国语文》第2期。
徐开妍（2017）韩国留学生汉语宾语误加偏误分析，《现代语文（语言研究版）》第5期。
徐烈炯（2001）焦点的不同概念及其在汉语中的表现形式，《现代中国语研究》第3期。
徐时仪（2003）"搞"的释义探析，《上海师范大学学报（哲学社会科学版）》第4期。
许国萍（1998）用字辨析："作"与"做"，《修辞学习》第5期。
许歆媛（2020）汉语保留宾语结构的生成模式再探，《同济大学学报（社会科学版）》第4期。
玄玥（2017）保留宾语类把字句与完结短语理论，《语言教学与研究》第3期。
玄玥（2018）"追累"动结式与完结短语理论，《汉语学习》第3期。
延俊荣（2003）给予句研究，复旦大学博士学位论文。
杨德峰（2005）"时间顺序原则"与"动词+复合趋向动词"带宾语形成的句式，《世界汉语教学》第3期。
杨德峰（2014）程度副词修饰动词再考察，《汉语学习》第4期。
杨德峰、范麾京（2016）对外汉语教学语法体系反思文构建原则会议——从三本语法教材谈起，《国际汉语教学研究》第2期。

杨帆、韩威（2016）基于汉语中介语语料库的述宾式离合词偏误类型分析与对策，《东方论坛》第1期。

杨凯荣（2006）论趋向补语和宾语的位置，《汉语学报》第2期。

杨丽君（2002）动词"搞"在现代汉语中的语用考察，《语言文字应用》第2期。

杨萌萌、胡建华（2021）双宾结构的微观句法，《语言研究》第1期。

杨锡彭（1992）粘宾动词初探，《南京大学学报》第4期。

杨秀杰（2005）隐喻及其分类新论，《外语学刊》第3期。

姚双云（2011）"搞"的语义韵及其功能定位，《语言教学与研究》第2期。

叶蜚声、徐通锵（2010）《语言学纲要（修订版）》，北京：北京大学出版社。

叶狂、潘海华（2018）逆动式的最新研究及把字句的句法性质，《语言研究》第1期。

叶南（2005）趋向补语方向的多维性与宾语位置的关系，《西南民族大学学报（人文社科版）》第6期。

叶向阳（2004）"把"字句的致使性解释，《世界汉语教学》第2期。

尹丹（2017）现代汉语普通话中话题标记"是"的研究，陕西师范大学硕士学位论文。

尹世超（1991）试论粘着动词，《中国语文》第6期。

尤婷婷、张觉（2016）论"做"、"作"之间的语义用法差别，《中国文字研究》第1期。

游舒（2005）现代汉语被字句研究，武汉大学博士学位论文。

游舒（2015）被字句隶属性宾语的位移及其制约，《南阳师范学院学报（社会科学版）》第7期。

于婷婷（2011）动结式补语语义指向的判别条件研究，北京大学硕士学位论文。

余小庆（2015）从认知角度看动词"打"的多义性，《商丘职业技术学院学报》第4期。

俞志强（2011）论把字句宾语属性明确性与句子语境的匹配，《世界汉语教学》第1期。

袁博平（2002）汉语中的两种不及物动词与汉语第二语言习得，《世界汉语教学》第3期。

袁毓林（1998）《汉语动词的配价研究》，南昌：江西教育出版社。

袁毓林（2004a）《汉语语法研究的认知视野》，北京：商务印书馆。

袁毓林（2004b）论元结构和句式结构互动的动因、机制和条件——表达精细化对动词配价和句式构造的影响，《语言研究》第4期。

詹人凤（1989）动结式短语的表述问题，《中国语文》第2期。

曾超华（2006）主宾易位句研究综述，《语文学刊》第6期。

曾传禄（2009）汉语位移事件与句法表达，《集美大学学报（哲学社会科学版）》第3期。

曾骞（2013）现代汉语系词"是"与几个相关问题，南开大学博士学位论文。

张斌（2008）《新编现代汉语》，上海：复旦大学出版社。

张伯江（1989）施事宾语句的主要类型，《汉语学习》第1期。

张伯江（1991a）动趋式里宾语位置的制约因素，《汉语学习》第6期。

张伯江（1991b）关于动趋式带宾语的几种语序，《中国语文》第3期。

张伯江（2000）论"把"字句的句式语义，《语言研究》第1期。

张伯江、方梅（1996）《汉语功能语法研究》，南昌：江西教育出版社。
张博（2020）"语素法""语块法"的要义及应用，《语言教学与研究》第 4 期。
张岑阳（2018）对外汉语双宾句教学研究，黑龙江大学硕士学位论文。
张国宪（1988）结果补语语义指向分析，《汉语学习》第 4 期。
张国宪（2001）制约夺事成分句位实现的语义因素，《中国语文》第 6 期。
张姜知（2012）"把"字宾语的指称类型及其语体相关性，《当代修辞学》第 2 期。
张姜知（2013）无定成分作"把"字宾语的限制条件及语用功能，《外国语（上海外国语大学学报）》第 2 期。
张金圈（2010）"复合动趋式＋宾语"语序演变的动因与机制，《宁夏大学学报（人文社会科学版）》第 5 期。
张克定（2009）图形—背景论视角下的汉语存现构式，《外国语文》第 5 期。
张觉（2001）"作"与"做"该如何区别使用，《汉语学习》第 2 期。
张黎（1987）句子语义重心分析法刍议，《齐齐哈尔师范学院学报（哲学社会科学版）》第 1 期。
张铃（2018）留学生习得汉语双宾句的调查研究，上海师范大学硕士学位论文。
张敏（1998）《认知语言学与汉语名词短语》，北京：中国社会科学出版社。
张潜（1993）主宾互易的同义句，《南京师大学报（社会科学版）》第 4 期。
张书岩主编（2000）《标准汉语字典》，上海：汉语大词典出版社。
张旺熹（1991）"把字结构"的语义及其语用分析，《语言教学与研究》第 3 期。
张旺熹（1999）《汉语特殊句法的语义研究》，北京：北京语言大学出版社。
张雪平（2008）"非现实"研究现状及问题思考，《解放军外国语学院学报》第 5 期。
张雪平（2009）非现实句和现实句的句法差异，《语言教学与研究》第 6 期。
张雪涛（1992）"V 趋 +N+ 了"句与"N+V 趋 + 了"句，《北京大学学报（哲学社会科学版）》第 6 期。
张谊生（1997）"把 + N+ Vv"祈使句的成句因素，《汉语学习》第 1 期。
张谊生（2004）《现代汉语副词探索》，上海：学林出版社。
张谊生（2005）现代汉语"把 + 个 +NP+VC"句式探微，《汉语学报》第 3 期。
张媛（2018）现代汉语可逆句及其国际教学，华中科技大学硕士学位论文。
张云秋（2004）《现代汉语受事宾语句研究》，上海：学林出版社。
张云秋（2005）动词对受事宾语典型性强弱的制约，《汉语学习》第 3 期。
张珍（2012）汉语可逆句对外教学探析，曲阜师范大学硕士学位论文。
赵金铭（1996）对外汉语语法教学的三个阶段及其教学主旨，《世界汉语教学》第 3 期。
赵元任（1968）《汉语口语语法》，北京：商务印书馆。
郑丽娜（2015）英语背景学习者汉语不及物动词带宾语结构习得研究，《世界汉语教学》第 3 期。
郑漫（2016）泛义动词"搞"研究，西华师范大学硕士学位论文。
中国社会科学院语言研究所词典编辑室（1996）《现代汉语词典（修订本）》，北京：商务印书馆。
中国社会科学院语言研究所词典编辑室（2012）《现代汉语词典（第 6 版）》，北京：商务印书馆。

周长银（2012）现代汉语"追累"句式的生成研究述评，《北京科技大学学报（社会科学版）》第 1 期。

周长银、周统权（2016）"追累"句式的歧义新解，《山东外语教学》第 3 期。

周春水（2006）现代汉语中的"作"与"做"的辨析，《深圳职业技术学院学报》第 2 期。

周法高（1973）二十世纪的中国语言学，《香港中文大学学报》第 1 卷。

周刚（1998）语义指向分析刍议，《语文研究》第 3 期。

周岚钊（2009）基于 HSK 动态作文语料库的留学生双宾结构偏误研究，北京语言大学硕士学位论文。

周丽颖（2010）形容词带宾语现象与"兼类说"，《广西社会科学》第 4 期。

朱斌（1998）真准谓宾动词，《汉语学习》第 6 期。

朱德熙（1979）与动词"给"相关的句法问题，《方言》第 2 期。

朱德熙（1982）《语法讲义》，北京：商务印书馆。

朱德熙（1985a）现代书面汉语里的虚化动词和名动词——为第一届国际汉语教学讨论会作，《北京大学学报（哲学社会科学版）》第 5 期。

朱德熙（1985b）《语法答问》，北京：商务印书馆。

朱德熙（1986）变化分析中的平行性原则，《中国语文》第 2 期。

朱庆祥（2009）双面句式研究概观，《阜阳师范学院学报（社会科学版）》第 3 期。

朱庆祥（2019）从信息互动角度看三类把字句宾语的有定性特征，《语言科学》第 4 期。

朱天娇（2012）述宾式动词带宾语现象的对外汉语教学研究，渤海大学硕士学位论文。

朱行帆（2005）轻动词和汉语不及物动词带宾语现象，《现代外语》第 3 期。

祝建军（2002）近代汉语动词"打"的语义泛化，《烟台大学学报（哲学社会科学版）》第 3 期。

资中勇（2007）静态对称关系词语研究，《上海大学学报（社会科学版）》第 3 期。

邹海清（2004）供用句的非动态性特征与句式语义，《乐山师范学院学报》第 11 期。

Chen, Ping (2004) Identifiability and definiteness in Chinese. *Linguistics*, 42.

Chomsky, N. (1971) Deep structure, surface structure and semantic interpretation. In *Semantics* (ed. by Danny Steinberg and Leon Jacobovits), London: Cambridge University Press.

Chomsky, N. (1976) Conditions on rules of grammar, *Linguistic Analysis*, 2.

Croft, W. & D. Alan Cruse (2004) *Cognitive Linguistics*. Cambridge: Cambridge University Press.

Dowty, David (1991) Thematic proto-roles and argument selection. *Language*, 3.

Ellis, Rod & Natsuko Shintani (2014) *Exploring Language Pedagogy Through Second Language Acquisition Research*. London and New York: Routledge.

Firbas, Jan. (1992) *Functional Sentence Perspective in Written and Spoken Communication*. Cambridge: Cambridge University Press.

Goldberg, A. (1995) *Construction: A Construction Grammar Approach to Argument Structure*. Chicago, IL: University of Chicago Press.

Halliday, Michael A. K. (1967) Notes on transitivity and theme in English, *Journal of Linguistics*, 3.

Herschensohn, Julia (2000) *The Second Time Round: Minimalism And L2 Acquisition*. Amsterdam: John Benjamins.

Lakoff, G. (1987) *Women, Fire and Dangerous Things: What Categories Reveal about the Mind*. Chicago: University of Chicago Press.

Lakoff & Johnson. (1980) *Metaphors We Live by*. Chicago: The University of Chicago Press.

Perlmutter, David (1978) Impersonal passives and unaccusativce hypothesis. In *Proceedings of the 4th Annual Meeting of the Berkeley Linguistics Society*. Berkeley: University of California.

Perlmutter, David (1989) Multiattachment and the unaccusative hypothesis: The perfect auxiliary in Italian. *Probus*, 1.

Wray, Allison (2002) *Formulaic Language and the Lexicon*. Cambridge: Cambridge University Press.

Yuan, Roping (1999) Acquiring the unaccusative/unergative distinction in a second language: Evidence from English-speaking learners of L2 Chinese. *Linguistics*, 37.

后 记

终于到了可以为这本小书写一篇后记的时候，心中未免有些小小的激动。回想这本小书从立意到成稿，中间竟也跨越了不长不短的三个年头。

首先，衷心地感谢我的导师齐沪扬教授。2020 年春天，正是国内外新冠疫情肆虐的阶段，齐老师也因为探亲买不到回国的机票而被阻滞在美国，大概快到 5 月份的某一天，齐老师发微信给我，问我想不想参与"对外汉语教学语法丛书"的写作。收到信息的我既惊喜，又迟疑。惊喜于老师肯给我这样宝贵的机会，参加书系的写作于我而言，不仅仅是一份至高无上的荣誉，更是对自身能力的一次检验与提升；迟疑于我的能力与精力能否胜任这一任务，一旦参与这项集体工作，同时也就意味着多了一份责任与担当，万一不能按要求完成，岂不是给老师的集体项目抹黑？稍做犹疑之后的 6、7 月份就是拟定大纲的阶段，然后到 2021 年 6 月提交部分书稿，到现在提交全部书稿，这中间的整个过程，都是齐老师在全力地托举我，推着我前进的过程。翻看这期间与老师的聊天记录，既有对我性格与做事风格的精准分析，又有对我拖延不前的细声督促，更多地则是在我打退堂鼓时候的鼓励与扶持，在我思路枯竭时候醍醐灌顶的指点与引导。没有老师对我的信任与支持、鼓励与帮助，很难想象我能完成这份书稿，这句感谢发自肺腑。

其次，要感谢书系句子成分专辑的主编郭晓麟老师。郭老师于我而言是美貌与能力并举的女神级老乡，待人接物温柔亲切。很荣幸能写一本她主编的小书，也很惭愧在她每次询问进度时都没能给出让她满意的答复。面对我写作中出现的各种问题，郭老师从来没有过责备与批评，而是耐心地为我讲解，贴心地帮我找到解决问题的办法。感谢她的暖心扶持！

另外，也要感谢我的同门吴春相、邵洪亮、黄健秦等各位老师，在写作过程中遇有问题，也常向他们请教！感谢上师大的胡建锋老师和北语的张旺熹等各位老师，与出版社的对接工作大部分都是由他们完成的，这完美地解决了我们在出版方面的后顾之忧！

最后，还要感谢我的家人。我家"神兽"自从知道我要写本小书开始，就积极参与其中，帮我选问题，替我测语感，我把这本小书的写作比作交给老师的一份作业，人家更是获得了灵感，拿出我监督他完成作业的架势来，时不时地催问一下我的完成进度，对比别人的优秀表现来对我进行鞭策教育，更常在我洗漱完毕准备上床的很多个晚上，执着地文武并用，让我最终乖乖地坐回到书桌前。这份以其人之道还治其人之身的督促与管制，让我既苦又甜，而对我作业的如期提交，无疑是很有帮助的。也要感谢老人的理解与支持。寒假期间，写作进入了关键阶段，由于时间紧迫，过年也没有好好陪伴他们，大年初二就要匆匆返济，父母虽有不舍，但更多的是理解与支持。

之所以把"宾语"作为自己的写作选题，一方面源于宾语在整个对外汉语语法教学中的重要地位，另一方面也是源于自己这些年来的关注焦点。主语与宾语的自由换位一直是自己多年科研过程中的一个重要关注对象，而在之前的教学工作中，对于宾语的一些问题，自己也是处在模棱两可、似懂非懂的状态。因此，这次的写作，也给了自己一个梳理和提升的机会，帮助自己解决了一部分教学科研中的困惑与问题。此外，写作过程中一直在科学性与教学性方面来回摇摆，既想把问题讲得更加深入透彻，又担心这样的论述不利于教学中的参考与实践，可能最终摆在大家面前的成品也还是存在着本体意味太浓重而教学参考性不足的缺憾。再次，囿于能力，有些问题我们目前还只能给出倾向性的答案或者自己的看法，是否合理还需要进一步的考察。最后，与宾语相关的教学问题实在是太多，我们这里只能是例举性地分析几个问题，管中窥豹，总有种还有太多问题没有讲完、讲透的感觉，只好期待今后还能有机会与大家一起分析探讨。

怀着惴惴不安的心情交上了作业，质量如何还有待读者朋友们评判，更欢迎大方之家不吝赐教，批评指正！

鹿荣

2022 年于济南